中国中西部地区绿色发展后发优势研究

温怀德 戴 军◎著

重庆大学出版社

内容简介

在党中央“共同富裕”的理念指引下，广大中西部地区有没有可能通过后发优势，将“绿水青山转化为金山银山”，使这些地区也共同富裕起来？本书在梳理以往关于绿色发展和后发优势的文献基础之上，提出中西部地区根据自身的人力资本比较优势，可以使绿色技术进步获得更快发展，并因此进一步带来绿色发展的“后发优势”。本书使用 ARDL 边限检验方法、空间计量方法、广义矩估计方法等对相关理论命题进行实证验证。最后基于研究结论提出了政策建议，尤其是为中西部地区借助后发优势实施绿色发展战略提供了针对性政策建议。上述结论对绿色发展和后发优势理论研究是有益的补充。对于广大欠发达的中西部地区实施绿色发展战略具有较强的理论支撑作用。

图书在版编目(CIP)数据

中国中西部地区绿色发展后发优势研究 / 温怀德，戴军著. 一一 重庆 ：重庆大学出版社，2022.10

ISBN 978-7-5689-3568-5

Ⅰ. ①中… Ⅱ. ①温… ②戴… Ⅲ. ①绿色经济—区域经济发展—研究—中国 Ⅳ. ①F127

中国版本图书馆 CIP 数据核字(2022)第 204038 号

中国中西部地区绿色发展后发优势研究

温怀德　戴　军　著

责任编辑:龙沛瑶　　版式设计:龙沛瑶

责任校对:谢　芳　　责任印制:张　策

*

重庆大学出版社出版发行

出版人:饶帮华

社址:重庆市沙坪坝区大学城西路 21 号

邮编:401331

电话:(023) 88617190　88617185(中小学)

传真:(023) 88617186　88617166

网址:http://www.cqup.com.cn

邮箱:fxk@cqup.com.cn (营销中心)

全国新华书店经销

重庆升光电力印务有限公司印刷

*

开本:720mm×1020mm　1/16　印张:20　字数:287 千

2022 年 10 月第 1 版　　2022 年 10 月第 1 次印刷

ISBN 978-7-5689-3568-5　定价:69.00 元

前　言

进入21世纪以来，后发优势理论被传入中国，并迅速在学术界引起巨大反响，一系列研究随之出现。伴随着充分利用体制机制优势基础上的技术引进、模仿和学习，中国经济增长一路高歌猛进，并且成为近几十年来全球增长最稳定的经济体。国内相关理论研究也因此从一开始的林毅夫与杨小凯关于后发优势还是后发劣势之争，逐渐演变成为如何解释和发挥好后发优势理论。就目前实际情况来看，我国经济增长后发优势战胜了后发劣势。经济增长的后发优势似乎已经被实践证明。在绿色经济、低碳经济、可持续发展等概念的基础上，联合国开发计划署于2002年首次提出了“绿色发展”概念。这一概念一经提出就引起学术界高度关注，并引发了各国政府关注。中共中央总书记习近平在2013年就提出了要推进绿色发展，决不以牺牲环境为代价去换取一时的经济增长。其后，党的十八届五中全会又明确将绿色发展作为国家治理的基本发展理念之一。我们的研究问题是，绿色发展有可能存在后发优势吗?

我国以追赶模式发展至今，已经稳居世界第二大经济体，并且仍在快速发展，预计不久将位居世界经济的第一位，并初步跨入发达经济体行列。持续稳定的经济增长使我国已经出现了经济相对发达的东部地区，但同时也还存在经济相对欠发达的广大中西部地区。本书所指东中西部地区主要是依据国家“七五计划”所划分的内陆东部、中部、西部三个地区。2000年国家出台西部大开发计划，享受优惠政策的范围扩大至12省区市，而中部地区则降至8省区市，东部地区仍为11省区市。东部地区是指中国北京、天津、河北、辽宁、上海、江苏、浙江、福建、山东、广东、海南等沿海省区市，不含中国台湾、香港、澳门；中部地区是指中国山西、安徽、江西、河南、湖北、湖南、黑龙江、吉林等省区市；西部地区是指中国四川、重庆、贵州、云南、陕西、甘肃、青海、宁夏、新疆、西藏、内蒙古、广西等省区市。其中西藏由于数据缺失较多,本书计量分析时不含该自治区,同时将四川与重庆数据合并。中西部地区虽然也有部分相对发达的中心城市,但总体上人均收入还不高,也未能明显带动省域经济发展,因此本书将中西部地区整体视为欠发达地区。在党中央“共同富裕”的理念指引下,广大的中西部地区有没有可能通过后发优势,将“绿水青山转化为金山银山”,使这些地区也共同富裕起来?即中西部地区是否具有绿色发展的后发优势?这便是本书要重点解决的问题。而该领域的研究工作尚未得到学术界的关注。

本书提出了经济增长动力转变是推动绿色发展的重要原因。即经济增长源动力从主要依靠物质资本和劳动力(传统经济增长模式),转变为主要依靠人力资本和绿色技术进步(知识经济增长模式),伴随着收入可持续增长,碳排放和环境污染会出现先增长而后下降的趋势。也就是说在生产要素层面,人力资本和绿色技术进步可能是绿色发展的关键因素。本书也进一步指出,影响人力资本和绿色技术进步的因素,例如环境规制、研发等,也有利于绿色发展。本书观察到我国中西部地区人力资本具有比较优势,在此基础上研究发现中西部地区人力资本对绿色技术进步的促进作用更大,以及环境规制转为促进绿色技术进步的拐点更低,因此判断中西部地区在两类技术之间更多地选择了绿色技术进步方向。同时,中西部地区能够从绿色技术进步获得更多的 GDP 增长收益,即中西部地区选择绿色技术进步方向使这些地区获得了经济增长的后发优势。将 GDP 换为绿色 GDP,上述结论不变,即中西部地区选择绿色技术进步方向使这些地区获得了绿色 GDP 增长的后发优势。总结起来就是,中西部地区具有绿色发展的后发优势。本书通过 sys-GMM 估计方法、ARDL 边限检验方法、空间计量检验方法等进行了实证研究,基本证明了上述观点。

本书的研究确认了中西部地区具有绿色发展的后发优势,这对绿色发展和后发优势理论研究是一个有益的补充,也进一步确认了后发优势理论的正确性。该结论对于广大欠发达的中西部地区实施绿色发展战略具有较强的理论支撑作用,使这些地区更为坚定地走绿色发展道路。同时,也有利于中西部地区实施更为积极的教育政策、环境政策、产业政策和绿色技术政策等。这当然也会给类似具有人力资本比较优势、绿色技术进步发展良好的发展中国家提供更加坚定走绿色发展道路的信心。

本书第1章“绪论”由温怀德负责整理撰写。第2章“基于后发优势的绿色发展文献综述”由温怀德负责整理撰写。第3章“中国区域绿色发展现状分析”由戴军负责整理撰写。第4章“经济增长源动力转变与绿色发展”由温怀德负责整理撰写。第5章“贸易开放下的中国环境规制与人力资本”由戴军负责整理撰写。第6章“贸易开放下中国环境规制与绿色技术进步”由戴军负责整理撰写。第7章“人力资本、绿色技术进步与中国中西部地区绿色发展的后发优势”由温怀德负责整理撰写。第8章“研究结论与展望、启示与建议”由温怀德负责整理撰写。温怀德博士供职于杭州师范大学钱江学院、杭州师范大学基础部，戴军博士供职于杭州师范大学钱江学院。

本书引用了前人关于绿色发展、绿色GDP、绿色技术进步、后发优势等方面的基本理论研究文献，以及几类主要生产要素与EKC假说的文献，贸易开放下环境规制与人力资本的文献，贸易开放背景下环境规制与绿色技术进步的相关文献，后发优势与绿色发展相联系的相关文献等，共涉及国内外400余篇文献。这些文献为本书提出中西部地区绿色发展也存在后发优势可能性的观点提供了坚实基础。在此一并表示感谢！

本书的写作受到国家社会科学基金青年项目的资助，项目题为“欠发达地区基于后发优势的绿色发展战略研究”，编号16CJL050。本书作者对国家社会科学基金办公室的资助表示感谢。本书的前期工作，包括方法和理论源泉以及数据积累部分来自温怀德博士和戴军博士的博士论文研究工作，在此也对谭晶荣教授、马淑琴教授两位博士生导师的前期精心指导表示由衷的感谢！当然，本书作者文责自负。自国家社科基金青年项目立项以来，项目组已经完成并发表7篇直接相关的较高水平研究论文，这些工作和成果也离不开项目组全体成员在项目立项研讨、项目过程指导、数据搜集与处理等方面的贡献，在此作者对项目组成员表示由衷感谢!

同时,本研究的开展和本书的完成离不开杭州师范大学各项优势研究资源的支持,以及钱江学院提供的良好研究工作条件。尤其是学校和学院科研管理部门在本研究立项前后给予的具体指导和帮助,对本研究起着至关重要的作用。在本书完稿的最后阶段,领导和同事也给予了充分的理解和支持。在此作者对学校和学院领导的关心支持,以及科研管理部门相关工作人员的具体帮助,表示由衷感谢!

本书虽作为国家社会科学基金青年项目的总结性研究成果,但仍然可能存在不足之处。首先是理论研究方面,严谨性和完整性仍有提升空间;其次是实证研究方面,新的方法不断推陈出新,相关结论的稳健性还有待进一步检验;再次是数据方面,由于2010年之前的部分数据取自早期博士论文研究时的积累,而随着统计方法和技术的更新,部分情况下新出版的统计年鉴会更新早年的一些数据,本书作者虽对数据进行了核实,但海量数据的验证工作可能会存在疏漏的地方;最后是作者问题,本书第一作者作为项目负责人,在2017年后开始参与行政管理工作,而且工作内容日益艰巨繁杂,虽仍坚持不懈从事学术研究工作,但精力分散明显。这些都导致本书的研究可能并非尽善尽美。如对本书研究内容存有异议,本书作者欢迎读者提出宝贵的批评和建议。

本书作者

2021年10月于杭州师范大学下沙校区

目　录

第1章

1 绪论

1.1 研究背景及意义

1.1.1 研究背景

当前绿色发展正受到学术界、各国政府和国际组织的高度重视。罗马俱乐部(1972)率先在全球范围内掀起了对高能耗、高污染的传统工业文明的反思。Pearce 等(1989)的研究报告中,绿色经济概念首次出现。绿色经济是一种生产方式集约化的新兴经济形态,主要特征是资源节约化、污染减量化以及产品附加值高,强调资源节约和环境友好。UNDP 即联合国开发计划署(2002)发布研究报告,“绿色发展”概念进入人们视野,是指以效率、和谐、持续为目标的经济增长和社会发展方式。2003 年英国发布白皮书,首次提出“低碳经济”,它是指在可持续发展理念指导下,通过技术创新、制度创新、产业转型、新能源开发等多种手段,尽可能地减少煤炭、石油等高碳能源消耗,减少温室气体排放,达到经济社会发展与生态环境保护双赢的一种经济发展形态。此后,在许多场合下“绿色”和“低碳”被结合起来使用。在 IPCC 关于环境气候的多个报告基础上,Stern(2006)对气候环境问题再次发出警告,加快了全球绿色经济发展。2008 年,为应对经济衰退和环境气候问题,联合国秘书长潘基文提出“绿色新政”概念,主要涉及环境保护、污染防治、节能减排、气候变化等方面,鼓励对环境项目进行投资,以修复自然生态系统,并促进绿色经济增长和就业。随后 UNEDP 即联合国环境规划署连续多次发布关于绿色新政方面的研究报告。当前绿色发展已经逐渐成为全球新共识。

随着中国经济的高速增长,环境问题日益暴露。改革开放以来,中国进出口贸易和外商直接投资均得到了快速发展,不仅充分发掘了国内劳动力要素,也带来了大量的资金、技术、理念。与此同时,国内市场也迅速与国际接轨,带来了日趋激烈的经济竞争。中国加入世界贸易组织后,国内国际两个市场进一步得到开发,生产要素活力也进一步得到激发,经济增长潜力得到了再次提升。目前中国已经成为全球中低端制造品生产基地,经济总量居于全球第二位。但是经济增长的同时,大量的环境污染也出现。Nordhaus(1991)提出温室气体物排放所造成的环境污染是不可逆的,并且具有累加性。而且部分有害污染物排放需要相当长的时间才能被自然环境所消解。环境污染加剧又反过来威胁到人们的身体健康和经济的可持续增长。对发展中国家来说,不能再走先污染再治理的老路,必须在达到生态环境承载"阈值"之前及时改善环境质量。这就要求中国必须走绿色发展和可持续发展的道路。

当前,中国共产党和政府已经充分认识到环境保护和可持续发展的重要性,将绿色发展理念作为治国理念之一。2013 年 5 月 24 日,习近平总书记强调,要更加自觉地推动绿色发展、循环发展、低碳发展,决不以牺牲环境为代价去换取一时的经济增长。当年 9 月习近平总书记进一步指出,我们既要绿水青山,也要金山银山。宁要绿水青山,不要金山银山,而且绿水青山就是金山银山。党的十八届五中全会鲜明地提出了创新、协调、绿色、开放、共享的发展理念,明确将绿色发展作为治国理政的新发展理念。2021 年 4 月,习近平总书记出席领导人气候峰会,提出我国把生态文明理念和生态文明建设纳入中国特色社会主义总体布局,坚持走生态优先、绿色低碳的发展道路。同时,中国宣布力争 2030 年前实现碳达峰、2060 年前实现碳中和。这是中国基于推动构建人类命运共同体和实现可持续发展作出的重大战略决策,需要付出艰苦努力。与此同时,不仅国内东部地区积极进行绿色转型,中西部地区的江西、贵州、海南、四川、重庆等欠发达省份(市),也都明确提出了绿色或低碳发展战略。

基于以上背景可以发现,绿色发展的实际内涵更多地指向经济、生态属性,而较少涉及社会、文化等属性。因此本书认为,绿色发展是一种通过有效节能减排和高效资源使用,实现经济增长与资源环境保护相互协调的可持续发展方式。中国实施绿色发展战略既存在明显优势也面临着巨大挑战。绿色发展优势方面:第一是体制机制优势。中国政府坚持绿水青山就是金山银山的绿色发展理念,具有很强的政策动员和执行能力,绿色低碳和可持续发展理念已经落实在各方面政策之中。对于国家提出的2030年前实现碳达峰、2060年前实现碳中和等目标,中国政府也有信心有能力实现。第二是要素升级优势。中国经济具备了从高速发展向高质量发展转型的条件,劳动力、物质资本、人力资本、绿色技术进步等都得到了较为充分的积累或发展,尤其是人力资本、绿色技术进步逐渐成为拉动经济增长的主要动力,为绿色和可持续发展创造了良好条件。改革开放以来,教育投入的持续高增长带来了教育的长足发展,使人力资本要素逐年积累并成为世界第一大人力资本国,并且人力资本积累增速已经超过了劳动力增速。人力资本积累又促使了中国技术进步快速接近或达到世界前沿。同时,教育的发展也使得人们的绿色消费、绿色出行等观念逐渐形成。这些都促使了中国经济以世人惊叹的速度增长。生产要素升级为绿色发展创造了良好条件。对于中西部地区而言,在倾斜的教育政策下,人力资本水平与东部地区的相对差距和绝对差距均在缩小,也形成了较好的绿色发展要素优势。

绿色发展劣势方面:第一,短时间难以摆脱中低端产品世界工厂的国际分工格局。这一分工格局决定了较长一段时期内,中国制造业都将面临较为严峻的资源消耗与污染排放压力。这使得中国实施绿色发展战略具有相当大的机会成本。当前中国正努力提升产品质量和附加值,力争占据全球制造的中高端产品市场,但预计要达到这一结果尚需时日。第二,中国经济发展极不平衡,中西部地区产业发展基础和绿色研发力量薄弱。没有中西部地区的绿色发展,就不能形成全国性的绿色发展。绿色发展并不是回归原始生产和生活状态,而是一种依靠更多人力资本积累和更高知识含量绿色技术进步的新发展模式。因此,中西部地区相对薄弱的产业基础和技术基础可能成为这些地区绿色发展的障碍。由于空气污染、水污染等环境问题具有“公地悲剧”性质,且中西部地区生态环境本身更为脆弱,这也对中西部地区实现经济发展和环境保护的协调提出了更高要求。

中西部地区也认识到了绿色发展的重要性。许多地区已经明确提出了绿色或低碳发展的赶超战略,不少新闻媒体跟进报道。四川省重点发展数字经济,目前四川省成都市已成为全国主要数字经济中心,2020 年数字经济产值达 2 万亿元。贵州省重点发展大数据产业,已经逐渐成长为中国数据中心。重庆市重点发展的电子信息产业,已成为当地经济增长第一动力。湖北、湖南、河南、安徽、江西、广西、云南、陕西等地也都将数字经济、绿色制造作为经济发展重点,其中湖北、湖南、河南、安徽数字经济产值超过 1 万亿元。重庆、湖北、广西、四川、江西、贵州等地数字经济占 GDP 的比重超过 30%。然而经济学界对于中西部地区的绿色发展问题尚未做好充分的理论准备,相关领域还缺乏高水平的重要研究成果。现实需求与理论准备脱节,使得该领域理论研究具备紧迫性。

基于以上分析,绿色发展已经在中国形成共识,但要实现绿色发展却存在现实的困难。本文拟将中国中西部地区的绿色发展作为研究对象,以此作为中国全面实现绿色发展的突破点。过去中国依靠"后发优势"获得了相对更快的经济发展,而近年来中西部地区也利用后发优势实现了比东部地区总体更快的发展速度。"后发优势"是 Gerchenkron(1962)率先提出的一种发展经济理论,认为落后国家可以得益于后发优势,其落后程度越高增长速度就越快,并收敛于发达国家。本研究尝试将绿色发展与后发优势联系起来,考察中国中西部地区能否也依托后发优势实现绿色发展。

1.1.2 研究意义

在全球面临越来越严峻的环境污染的背景下,包括中国在内的许多发展中国家已经不再将经济增长视为唯一目标,而是更加关注绿色发展。中西部地区生态环境更为脆弱,作为主要水系的上游地区环境污染的影响也更大,因此在强调经济发展的同时更要保护好环境。如何在更为落后的局面下既要经济赶超,又要很好地保护环境,这是一个异常重要和困难的课题。因此,本书提出中西部地区应更关注绿色发展的后发优势。本书拟从人力资本、绿色技术进步、环境规制等角度进行研究,试图破解上述困境。

1)理论意义

目前基于后发优势理论的绿色发展相关研究还未见报道,而绿色发展是当前各国重点推行的战略,中国也不例外。但中国作为后发国家,存在中西部大量欠发达地区,要进行绿色发展恰恰最需要利用后发优势理论,这既是一种理论创新也是本课题研究最直接的理论意义所在。将后发优势理论与绿色发展相结合是一个新问题,缺乏相关文献基础,尤其是缺乏利用现代经济学方法进行的理论与实证研究,这使得该领域还有大量值得深入研究的地方。这将同时为绿色发展理论和可持续发展理论提供有益理论补充。具体来说:

(1)研究证实经济增长动力转变对绿色发展的影响

通过理论研究提出,传统经济增长模式向知识经济增长模式的转型会带来绿色发展。即经济增长源动力从主要依靠物质资本和劳动力(传统经济增长模式),转变为主要依靠人力资本和绿色技术进步(知识经济增长模式),伴随着收入可持续增长,碳排放和环境污染会出现先增长而后下降的趋势。也就是说生产要素层面,人力资本和绿色技术进步可能是绿色发展的关键因素。如上述观点得到实证研究尤其是分区域实证研究的验证,对当前的中国生产要素层面的经济改革具有重要的现实意义,对发展中国家经济转型和可持续发展也具有重要的理论借鉴意义。

(2)绿色发展背景下重新认识人力资本水平变化的动因

由于人力资本可能是绿色发展的关键因素之一,因此在绿色发展背景下,十分有必要从新的角度深入探讨影响人力资本水平的内在环境经济学逻辑。通过理论分析讨论环境规制、绿色技术进步等对人力资本水平的影响,提出环境规制对人力资本水平的非线性影响,以及绿色技术进步对人力资本的影响。

这有助于捋清环境规制、绿色技术进步与人力资本水平等三个对绿色发展至关重要的变量之间的关系。如果上述观点得到实证研究尤其是分区域实证研究的验证,将为中国和类似发展水平的发展中国家更为积极地实施绿色发展战略提供理论支持,是可持续发展理论的有益补充。

(3)绿色发展背景下重新认识绿色技术进步的影响因素

由于绿色技术进步可能是绿色发展的关键因素之一,因此在绿色发展背景下,十分有必要从新的角度深入探讨影响绿色技术进步的内在环境经济学逻辑。在偏向性技术进步分析框架下纳入质量升级理论,分析环境规制、人力资本对绿色技术进步的影响。提出人力资本水平有利于促进绿色技术进步,并进一步提出人力资本水平与绿色技术进步之间存在相互促进的关系;环境规制与绿色技术进步呈"U"型关系;贸易开放可能不利于绿色技术进步,但提升环境规制有助于降低贸易开放对绿色全要素生产率的抑制效应等命题。过去关于波特假说检验的研究,主要针对发达国家,而且很少针对生产技术进步,针对绿色技术进步的检验研究就更少。如果上述观点得到实证研究尤其是分区域实证研究的验证,将是对波特假说的补充与丰富,对今后此类研究也具有一定的参考价值,同时也为中国实施绿色技术创新战略提供决策参考。

(4)中西部地区绿色技术进步方向选择与后发优势

主要关注中西部地区在环境规制下,人力资本比较优势是否促使这些地区选择绿色技术进步方向,以及绿色技术进步是否能给这些地区带来经济增长后发优势。当我们把经济增长收益改为绿色 GDP 增长收益后,观察中西部地区是否能够从绿色技术进步中获得更大绿色 GDP 增长收益,这对绿色发展而言至关重要。如果证实中西部地区能够从绿色技术进步中获得更大绿色 GDP 增长收益,即绿色技术进步使这些地区获得绿色发展的后发优势,这对绿色发展理论和后发优势理论都是有益补充。

2)现实意义

目前许多中西部地区,都明确提出了绿色或低碳发展的赶超战略。然而经济学界显然尚未做好充分的理论准备，相关领域还缺乏高水平的重要研究成果。现实需求与理论准备脱节，使得该领域研究具备了现实意义。

虽然国内关于绿色发展的重要研究成果颇丰，但中西部地区的绿色发展仍有诸多问题亟待研究，存在现实的理论需求。本书利用后发优势推动中西部地区的绿色发展，将丰富该领域的文献，并且为国家或相关地区的绿色发展战略提供理论与政策借鉴。

(1)政策借鉴意义

①激励中西部地区更加坚定地走绿色发展道路。

本研究如果证实了中西部地区具有绿色发展的后发优势，那么中西部地区应有选择地承接东部地区的产能转移，避免成为“污染避难所”，同时实施更为积极的环境政策、产业政策和技术政策等。这当然也会给类似具有人力资本比较优势，绿色技术进步发展良好的发展中国家提供更加坚定走绿色发展道路的信心。

②具体政策借鉴方面。

这里将结合中西部地区绿色发展的优势与劣势，从绿色要素培育（人力资本、绿色技术等）、绿色产业功能布局、传统产业绿色发展、绿色发展配套政策等方面，分析中西部地区基于后发优势的绿色发展政策及建议。

第一，环境规制政策。学术界认为，环境规制强度提高可能会刺激企业进行绿色技术研发，这使得企业部分岗位更需要熟练劳动力，因此倒逼人力资本积累。反过来，当环境规制强度弱的时候，人力资本水平就可能因此不变或下降。本书的研究成果进一步确认上述观点，这将对全国尤其是中西部地区的环境保护政策制定产生实践指导意义，使各级政府更为积极地提升环境规制强度，从而有利于环境改善和人力资本水平提升，有利于全国尤其是中西部地区实现可持续发展。

第二，绿色技术政策。本书将证明针对绿色技术进步的波特假说成立，以及证明环境规制、人力资本、研发等对绿色技术进步的促进作用，这将会对全国尤其是中西部地区绿色生产技术进步政策制定产生积极的借鉴意义。

第三,人力资本积累政策。本书的研究突出了促进人力资本水平提升的重要性,也会对全国尤其是中西部地区的人力资本积累政策和教育政策制定产生积极的借鉴意义。尤其是发现中西部地区具有人力资本比较优势,这有利于国家进一步巩固向中西部地区倾斜的教育政策。当前中国中青年人口比例开始下降,人口红利正在消失,促进人力资本积累有利于实现人口素质型红利,进而实现产业转型升级以及可持续发展。

(2)遏制环境质量退化的需要

目前中国的环境污染问题凸显,越来越多的中国人生活在遭受污染的空气、水、土壤环境当中。尤其是中西部地区生态环境相对更为脆弱,一旦超过环境承受力就会带来无可挽回的损失,更有必要保护好环境。本书的研究就是在这样的现实背景下进行的,改善中西部地区生态环境正是本研究的主要现实意义之一。

(3)应对国际环境压力的需要

在中国对外开放过程中,常常在环境与气候有关议题上被西方发达国家发难。例如,部分西方发达国家经常指责中国是温室气体排放最主要的国家,试图强迫中国承担超出发展中国家应承担的国际减排义务;又比如日本、韩国等发达国家也经常将自身的空气质量下滑归咎于中国北方的空气污染;等等。如果经济学理论支持主动提升环境规制强度的可能性,那么中国更为积极地实施绿色发展战略,不仅有利于自身的可持续发展,也将一定程度上缓解来自西方社会的环境与气候压力。

1.2 研究内容与研究方法

1.2.1 研究思路与内容

1)研究思路

本研究着眼于中国中西部地区基于后发优势理论的绿色发展问题。首先通过文献梳理提出可能的研究方向,将绿色发展与绿色 GDP、后发优势、绿色技术进步及人力资本等相关理论结合起来。继而通过测算环境规制、人力资本、绿色 GDP、绿色技术进步等,分析中国以及中西部地区环境规制、绿色 GDP、绿色技术进步及人力资本等的现状。理论分析中国绿色发展的关键性影响因素;理论分析绿色发展背景下人力资本积累的影响因素;理论分析绿色发展背景下绿色技术进步的影响因素;理论分析人力资本、绿色技术进步与中西部地区绿色发展具有后发优势的可能性。而后根据上述理论分析所提出的命题进行实证分析,以利用中国 29 个省级地区为研究样本,对主要研究变量选取适当的指标进行测算,运用空间计量、广义矩估计、ARDL 边限检验等方法对上述理论命题进行实证研究,得到结论。最后依据研究结论提出系列政策建议。

2)研究内容

(1)核心指标测算

对环境规制、绿色 GDP、绿色技术进步及人力资本水平等关键变量的指标选取与测算方法进行研究,而后进行指标测算和结果分析。本研究通过主要化石能源消费来估算二氧化碳排放量,而后通过主要环境污染物排放量的货币化损失估算综合环境污染损失,然后在此基础上测算不同的环境规制强度指标。随后,利用主要资源消耗量数据以及相应物价指数对资源消耗损失进行测算,结合前述综合环境污染损失,进而测算绿色 GDP。关于绿色技术进步,则是利用 DDF 方向性距离函数和 Malmquist 固定参比模型对全国各省区市基于比值的 Malmquist-Luenberger 生产率指数进行测算,以此作为衡量绿色技术进步的指标。关于人力资本,本书利用全国人口变动情况抽样调查样本数据,对全国及各省区市人口的平均受教育年限进行测算,以此作为衡量人力资本水平的指标。本书还根据以上核心指标的测算结果,进行东中西部比较分析,并对地区间存在差异的原因进行初步探讨。

(2)经济增长源动力转变与绿色发展

通过一个简明的分析框架,从理论上扩展 Copeland 和 Taylor(2003)提出的 EKC"经济增长源动力解释论",即经济增长源动力从主要依靠物质资本和劳动力,转变为主要依靠人力资本和绿色技术进步,伴随着收入可持续增长,碳排放和环境污染会出现先增长而后下降的趋势。本部分基于我国 1995—2017 年省级面板数据,使用系统广义矩估计(sys-GMM)方法进行实证分析。重点分析知识经济代表性生产要素人力资本、绿色技术进步是否已经成为促进经济增长的重要因素,以及这种变化是否导致碳排放、环境污染变化。扩展的 EKC 假说"经济增长源动力解释论"如得到验证,我们将明确知识经济代表性生产要素人力资本、绿色技术进步是否为绿色发展的关键影响因素。

(3)绿色发展背景下的人力资本水平影响因素

本部分主要探索绿色发展背景下,影响人力资本水平的内在环境经济学逻辑。将 Acemoglu 等(2002)提出的偏向性技术进步理论和 Grossman 和 Helpman(1991)提出的质量升级理论相结合,提出环境规制、绿色技术进步等对人力资本水平的经济学影响,重点讨论环境规制对人力资本水平是否存在着"U"型影响,以及拐点是否已经出现;同时讨论绿色技术进步对人力资本水平的影响。随后利用国家层面数据采用 ARDL 边限检验,以及利用 1995—2017 年中国省际面板数据,采用系统广义矩估计(sys-GMM)方法进行实证分析。

(4)绿色发展背景下的绿色技术进步影响因素

本部分主要研究绿色发展背景下,影响绿色技术进步的内在环境经济学逻辑。在偏向性技术进步分析框架下纳入质量升级理论,分析环境规制、人力资本水平等对绿色技术进步的影响。提出人力资本水平有利于促进绿色技术进步;环境规制与绿色技术进步呈“U”型关系;贸易开放可能不利于绿色技术进步,但提升环境规制有助于降低贸易开放对绿色全要素生产率的抑制效应等命题。为验证这一理论命题,本研究构建空间邻接、地理距离和地理经济距离等三种空间权重矩阵,利用1995—2017年中国省级地区面板数据,基于空间杜宾模型进行实证分析。

(5)中西部地区绿色技术进步方向选择与后发优势

观察中西部地区人力资本水平、绿色技术进步等知识经济代表性生产要素的变化情况,分析其比较优势情况。主要关注我国中西部地区在环境规制下,人力资本比较优势是否促使这些地区选择绿色技术进步方向,以及绿色技术进步是否为这些地区带来经济增长后发优势。随后通过系统广义矩估计(sys-GMM)方法,利用1995—2017年我国29个省级地区面板数据进行实证研究。重点讨论中西部地区人力资本对绿色技术进步的促进作用是否更高,以及环境规制转为促进绿色技术进步的拐点是否更低,以此判断中西部地区在两类技术之间是否更多地选择了绿色技术进步方向;讨论中西部地区是否能够从绿色技术进步中获得更大的经济增长收益,以此判断中西部地区选择绿色技术进步方向是否获得了经济增长的后发优势。

(6)中西部地区绿色GDP的后发优势

前一部分主要研究了人力资本比较优势背景下中西部地区绿色技术进步是否为这些地区带来经济增长的后发优势,本部分进一步研究中西部地区是否因此产生绿色GDP增长的后发优势,从而最终证实中西部地区是否具有绿色发展的后发优势。同样通过系统广义矩估计(sys-GMM)方法,利用1995—2017年我国29个省级地区面板数据以及分东西部的面板数据进行实证研究。

(7)中西部地区基于后发优势的绿色发展政策分析

上述研究将证明中西部地区是否存在绿色发展的后发优势,以及存在绿色发展后发优势的理论原因。这里将结合中西部地区绿色发展的优势与劣势，从绿色要素培育(人力资本、绿色技术等)、绿色产业功能布局、传统产业绿色发展、绿色发展配套政策等方面，分析中西部地区基于后发优势的绿色发展政策建议。

1.2.2 研究方法

1)数理经济学方法

利用多种基本数学方法进行分析。若考虑生产函数为连续型，定义所需变量及中间产品函数并考虑消费者效用函数后，可以求解家庭预算约束下总效用最大化的汉密尔顿方程，得到经济增长的最优平衡路径，并观察长期稳定增长时各变量所需的基本条件。若考虑上述生产函数为非连续型，则利用边际分析等方法，借鉴偏向性技术进步理论、传统 EKC 理论等，分析主要变量之间的相互关系。随后推导出基本的计量方程。

2)计量经济学方法

本书强调数据可靠、方法实用、手段成熟的原则，运用权威统计机构的数据资料进行实证分析。将空间计量与古典计量结合起来，回归分析时首先采用空间统计分析 Moran's I 指数法检验因变量是否存在空间自相关性，如果存在空间自相关性则采用空间计量经济学方法，否则采用古典计量分析方法。古典计量分析包括面板数据回归分析、时间序列回归分析。面板数据回归分析中，若在其水平值上不具有单整性，则采用动态面板数据进行估计，否则采用混合截面回归分析、随机效应回归分析、固定效应回归分析等估计方法。经初步统计分析，本课题的大多数数据并不具有水平单整性。同时，本研究也不排除其他合适的时间序列研究方法，例如当面板数据不具有水平单整性时，也可能采用 ARDL 边限检验的实证研究方法。

3)统计分析法

为了比较分析人力资本、物质资本、绿色技术进步、绿色 GDP 等在地区间的差异，拟运用方差分析（计算均值、极大和极小值之比、标准差等）等统计分析方法。在绿色技术进步、综合环境污染损失、绿色 GDP 测算时，需要使用指标体系评价与统计分析方法。此外，本书对于计量分析所需要的基本数据处理也都要依靠统计分析工具。

4）比较分析方法

基于本书的研究目标，我们把研究样本划分为东中西部地区三个组别，因此比较分析必不可少。不仅在现状分析环节进行比较，也在统计分析和计量分析方面多次进行东中西部地区三个组别比较，尤其是将中西部地区与东部地区进行比较分析，以利于得到更有针对性的研究结论。

1.3 创新点以及重点、难点

1.3.1 研究创新点

1）学术观点创新

本书的核心观点是中西部地区在绿色发展方面具有后发优势，中西部地区可实施更为积极的绿色发展战略，实现绿色赶超。具体而言：

①从后发优势理论角度研究绿色发展问题。目前学术界分别对绿色发展和后发优势进行了较为充分的研究，然而二者结合的研究却很少，处于起步阶段。面对国内中西部地区绿色发展的强烈要求，现实需求与理论准备脱节。本研究借助前人的研究，首先尝试探寻绿色生产要素，继而试图从后发优势理论角度探讨中西部地区的绿色发展问题，利用现代经济学方法探讨该领域面临的一些理论新问题。

②中西部地区在人力资本方面具有比较优势，因此在绿色技术进步方面获得了更多的发展。在国家对中西部地区倾斜的教育政策下，相对于物质资本而

言,东部地区和中西部地区间的人力资本存量差距相对较小。依据比较优势原理,中西部地区的发展可以更加注重依赖人力资本;由于机会成本等因素,发达地区仍将在一定时期内更依赖物质资本。同时,提出主要依赖人力资本的地区绿色产出增速大于主要依赖物质资本的地区。这将进一步补充人力资本理论。

③中西部地区转向绿色技术进步,会使这些地区具有后发优势。技术进步偏向存在路径依赖、绿色产出质量升级跨度大、环境规制存在明显经济损失等,导致东部地区技术进步偏向绿色技术的机会成本更大,使得中西部地区存在转向绿色技术的后发优势。中西部地区更多发展绿色技术进步将使这些地区获得 GDP 和绿色 GDP 增长的后发优势,即存在绿色发展的后发优势。

2)研究方法特色

①把理论研究与实证研究高度结合起来,将理论研究问题合理转化为实证分析问题,避免了研究内容大而空。

②广泛采用成熟的计量经济学方法。本书针对所提出的理论观点,大量搜集权威数据进行计量经济学检验,并且针对不同的情况采用不同的计量经济学方法,避免采用单一格式化的研究方法,从而使得研究结论更具实践指导意义。

③广泛使用分组和比较分析方法。本书将样本数据依据东中西部地区进行分组,从而在统计分析和计量分析中广泛使用比较分析方法,使得研究结论更加直观,更具现实指导意义。

1.3.2　研究重点、难点

本研究的主要目标是从理论上解释中西部地区存在的绿色发展后发优势,并利用成熟的计量经济学方法分析予以证实研究,最后结合现状分析等给出中西部地区基于后发优势的绿色发展政策建议,从而丰富绿色发展和后发优势方面的文献,并且为国家或地区的绿色发展战略提供政策借鉴。本研究重点是从环境经济学的逻辑寻找影响绿色发展的关键性因素,并且探索这些关键影响因素的内在动因及相互关系，进而研究中西部地区绿色发展存在后发优势的可能性。难点是寻找合适的理论框架和实证方法研究中西部地区绿色发展的后发优势问题。

第2章

2

基于后发优势的绿色发展文献综述

2.1 绿色发展后发优势相关概念内涵的文献综述

2.1.1 绿色发展理论

1) 绿色发展的概念内涵

绿色发展理念源于对传统发展模式的批判，关注传统工业化和城市化带来的气候变化和生态资源环境问题。绿色发展与绿色 GDP、绿色经济、低碳经济、绿色增长等概念具有相近的内涵。在许多场合下“绿色”和“低碳”被结合起来使用。

希克斯(1946)首次提出绿色 GDP。希克斯的绿色 GDP 也被称为可持续收入，认为只有当全部的资本和资产能够持续不断地增长时，经济增长或收入才是可持续的。绿色 GDP 的测算需要对环境投入所产生的价值进行度量，它等于 GNP 扣减环境、人力、知识等各项资本的折旧。衡量可持续收入意味着要调整国民经济核算体系。罗马俱乐部(1972)在全球范围内掀起了对高能耗、高污染的传统工业文明的反思。Pearce 等(1989)首次提出绿色经济概念，倡导“可承受的经济”，并认为经济发展应该考虑资源环境的可承受度，因此倡导“可承受的经济”即绿色经济，提出发展不仅需要保证当代人的福利增加，同时也要保证后代人的福利不被减少。因此绿色经济是资源环境得到高效利用、生态环境得到有效保护的集约型经济形态。

UNDP 即联合国开发计划署(2002)的报告率先提出了“绿色发展”概念，其内涵是高效、协调、可持续的生产生活方式和经济增长模式。随后英国的能源安全白皮书第一次提出“低碳经济”概念，内涵是指通过产业结构调整、技术与制度革新、绿色能源研发等方式，高效利用或减少使用各种不可再生的化石能源，从而达到碳减排和可持续发展，实现经济可持续增长与资源环境有效保护的经济发展形态。UNEP 即联合国环境规划署（2008）进一步发展了“绿色经济”概念，其内涵是保护社会长远公平和整体福利提升，明显减少环境污染和生态资源破坏的经济发展模式。UNESCAP（2005）提出绿色增长概念，UNESCAP 即联合国亚洲及太平洋经济社会委员会，认为经济快速增长使环境污染与资源破坏的形势不断严峻，人类的长远福祉面临巨大挑战。所以 UNESCAP 提出的绿色增长，就是要改变人们的生产生活方式、转型经济发展模式，通过提升生产过程中环境资源投入效率，从而实现、不断降低贫困人口数量、增强全社会整体福利，最终实现环境经济的可持续发展。OECD 即经济合作与发展组织（2011）进一步发展了“绿色增长”概念，提出要通过着力发展新经济和创新驱动实现可持续的绿色增长模式，从而能够有效保障生态环境保持平衡，并能够持续为生产和生活提供物质基础支撑。世界银行（2012）也对“绿色增长”进行了界定，其内涵是可持续的人类经济活动必须使自然环境能够不断提供发展所必需的资源环境投入，要合理测量绿色增长，就需要在 GDP 统计基础上进一步进行生态环境评价，对实现 GDP 所必须依赖的资源消耗与环境破坏予以测算和扣除。

国内学者结合中国当代发展实际，从环境、经济、社会、文化、可持续发展等多角度进一步丰富绿色发展内涵。胡鞍钢（2003）在国内较早提出绿色发展概念，认为绿色发展实质上是以科学发展观为指导思想的一种新型理念，是对科学发展观理论的一次升华，是经济社会和生态文明的高度协调发展。杨多贵（2006）也对绿色发展概念进行了探索，认为可持续发展需要通过社会经济变革与科学技术进步，提出绿色发展是解决气候问题、经济问题、环境破坏问题、资源枯竭问题的必然举措。孔德新（2007）提出实施绿色发展走生态文明道路，促进自然与社会协调发展，是社会经济可持续发展的必经之路。于晓蕾（2013）认为绿色发展属于客观经济规律，必须保持生态环境平衡，在不超过资源环境有限承受能力的基础之上实现经济增长。刘思华（2011）从资源与环境协调、绿色战略、生态文明理念、国际合作等多个维度论述了绿色发展，认为实施绿色发展战略，发展绿色经济是科学发展观的重要内容。胡鞍钢(2014)再一次发展了绿色发展概念，认为绿色发展必须实现环境、经济与社会三者的相互协调，并构建了“绿色增长—绿色福利—绿色财富”三圈模型。

马伯钧(2016)发展了绿色发展内涵，作者从马克思政治经济学的基本观点出发，提出绿色发展是在有效节能减排和高效资源使用的背景下，实现社会经济发展所产生的污染物排放不超过环境承受力的发展，减少污染物排放或不排放。邹巅和廖小平(2017)进一步解释了绿色和发展二者的关系，提出绿色和发展可以是协调统一的，而非必然出现对立，绿色和发展是人本位和生态本位的统一。并且认为绿色发展也就是绿色和发展内在融合所形成的一种又好又快的可持续发展方式。张涛(2018)提出合理协调经济增长与资源环境保护二者关系，就是绿色发展的本质；要实现社会经济协调的发展格局，实施可持续发展是绿色发展的必经之路。

2）绿色发展的指标体系构建

基于绿色发展理念内涵，国内外学者对绿色发展评价指标体系的构建和测度，主要围绕经济、环境和社会等维度展开。国际上，可持续发展的指标体系由耶鲁大学和哥伦比亚大学提出的环境可持续性指数(ESI)发展而来，后者是学术界绿色发展量化指标体系的最初版本。2006 年两校合作进一步发展了指标体系，提出环境绩效指数(EPI)。UNESCAP(2009)提出并构建了生态效率指标体系，其充分观测社会经济的宏观与细分部门，在此基础上提出了二级指标四个，三级指标 31 个。生态效率指标体系旨在构建一套测量环境资源影响以及经济发展真实成效的评价手段。经济合作与发展组织(2011)提出并构建了绿色增长指标体系，该指标体系包含生产中的资源环境、生活中的资源环境、资源环境资产、经济决策响应等方面的四个一级指标，以及相应的 14 个二级指标，并在此基础上细分出 23 个三级指标。联合国环境规划署(2012)提出了绿色经济评价指标体系，包含环境效率、社会发展、经济转型、人类进步四个主要方面，基本涵盖了社会经济活动的主要方面。世界银行(2012)提出并构建了绿色发展效益的指标体系，主要是利用多准则决策分析方法度量绿色发展决策的效益。绿色发展效益评价指标体系从社会经济与环境等多维角度进行观测。GGGI 即全球绿色增长研究所(2013)提出并构建了绿色发展水平指标体系，包含社会经济、国家概况、资源环境三个主要方面的一级指标，以及相应的五个二级指标，并细分出 18 个三级指标、56 个四级具体指标。

国内，2006 年中国科学院较早地构建了资源与环境综合绩效评价指数(REPI)。2010 年北京师范大学牵头的校政联合团队提出并构建了绿色发展指数，主要涵盖政府绿色政策情况、绿化增长情况、环境资源情况三个维度的一级指标。陈龙桂(2011)提出了绿色发展综合评价指标体系，涵盖了经济发展、资源变化、环境保护等方面的 26 个细分指标。李晓西等(2014)提出并构建了人类绿色发展指数，基于社会经济系统、资源与环境系统得到可持续发展均等重要的假设，相应地提出 12 个观测点，并以此估算全球 123 个地区和国家的人类绿色发展指数，并进行了排序。曾贤刚等(2014)从经济转型的效率、资源利用的绿色程度和幸福获得感三个维度构建绿色发展指标评价体系。佟贺丰等(2015)提出了可持续发展评价体系，主要包括生态环境、绿色产业、高能耗产业等相关七个行业，基于可持续发展理念进行了测算模拟。刘凯等(2017)着眼于城市层面构建了城市绿色水平评价指标体系，主要包含绿色层面的经济增长、绿色增长、财富增长以及环境治理等方面的一级指标，相应的 8 个二级指标，以及 25 个二级指标。郭玲玲等(2016)提出和构建了绿色指标评价体系，包括资源环境、自然生态、经济发展、人类水平和政府政策五个维度。刘明广(2017)基于绿色发展内涵构建了中国绿色发展水平指标体系，包含绿色生产、绿色生活、绿色环境、绿色新政四个维度和 42 个具体指标。程钰等(2019)提出了绿色发展评价指标体系，包括绿色化经济增长、福利增长以及财富增长等方面，并认为上述维度的协同发展就是绿色发展的本质。

地方层面，华逢梅(2008)针对长株潭城市群，从经济增长与经济开放、环境与资源、科教文卫等多个维度构建了竞争力层面的绿色评价体系。黄羿等(2012)提出的地方绿色发展水平评价体系，主要涵盖绿色城市、绿色产业和绿色发展水平等方面，二级指标包括 18 个，通过该指标体系测算了广州 2000—2009 年的绿色发展总体数值情况。李荣等(2012)针对北京、上海、天津、重庆四个城市构建了绿色发展测度指标体系，主要包括社会与经济系统、环境系统方面的一共 17 个指标，并具体测度了上述城市的绿色发展指数。戴鹏(2015)提出的绿色发展评价指标体系，主要针对青海省的绿色消费、绿色生产、绿色政策等五个一级指标，包含 10 个次级指标，以及具体的 58 个三级指标。朱斌等(2016)提出了城市层面的绿色发展概念，构建了涵盖城市发展、城市交通、城市环境等五大方面的绿色发展测度指标体系，具体又包括 29 个二级指标，并据此估算了福建所属地级城市 2009—2013 年的绿色发展水平。何建莹等(2017)针对宁波城市情况，提出了绿色发展水平测度指标体系，主要涵盖环保与环境质量、生活消费、资源消耗、经济增长质量等层面的主要指标，以及 25 个二级指标。庞丹靛(2017)针对南京城市情况构建了绿色发展水平评价指标体系，包括与绿色发展相关的承载水平、提升水平、效率水平等方面，具体又细分出 38 个二级指标。胡书芳等(2017)构建了地方层面绿色发展水平指标体系，涵盖人口与经济、环境与资源等方面的维度，包括 13 个二级指标，该研究具体估算了浙江五个年份的绿色发展指数。马骅(2018)也从环境与资源、社会与经济等维度构建了地方绿色发展水平指标体系，并对云南省的绿色发展做出了水平测度。赵细康等(2018)提出了广州绿色发展评价指标体系，主要包括资源环境系统和经济发展系统两方面，对广东省的全部地级城市进行了绿色发展水平估算。朱金鹤等(2018)则从社会发展与经济增长、生态承载力与环保等方面构建了绿色经济评价指标体系，并将上述方面作为一级指标，细分出 29 个二级指标，用于测算新疆 2006—2015 年绿色发展做出的水平测度。黄寰等(2019)从绿色压力、绿色状态、绿色响应等维度提出了地方绿色经济指标体系，并具体评估了西藏的绿色经济发展指标。

由于绿色发展理论内涵的丰富性和外延的复杂性，以及目前统计资料的有限性和统计口径的差异性，因此建立一个综合指数来反映区域绿色发展面临巨大挑战（程钰等，2019）。也就是说建立评价指标体系容易，但测算会面临较大挑战。

3）绿色发展影响因素与提升路径

绿色发展影响因素的研究成果较为丰富，国内外学者主要从政策、资源、金融、技术创新、产业结构变化等视角展开。理论研究方面，提出对通道与桥梁的生态环境系统实施合理管理是实现可持续发展的关键因素（Bryan G. Norton，2005），绿色创新是影响绿色发展的关键因素（Hargroves KC，2005；曹东等，2012；Bowen，2014；Pierre-Andre Jouveta，2013），金融发展是区域绿色发展的重要影响因素（黄建欢等，2014），城镇化水平、产业结构、人口密度、科技创新、市场化水平、贸易开放等是影响中国绿色发展水平的主要因素（程钰等，2019）。K. pitkanen（2016）以五个欧洲国家为研究对象，指出影响绿色经济的五个关键因素：经济和市场、技术和研发、政策和规则、网络和社会资本、公共认知。实证研究主要基于绿色发展水平及绿色发展效率测度展开，认为经济发展水平、城市化率、科技投入、技术创新、外商直接投资、对外开放、产业结构、环境规制、环境保护和生态环境禀赋等因素有利于提高绿色发展效率，提升绿色发展水平（Eiadat，2008；Pierre-Andre，2013；Lorek，2014；Honma 和 Hu，2014；钱争鸣和刘晓晨，2013；曾贤刚和毕瑞亨，2014；田泽等，2018；曹鹏和白永平，2018；郝汉舟和周校兵，2018；何爱平和安梦天，2019；郝淑双和朱喜安，2019）。近年来也有文献研究地方政府竞争及环境分权对绿色发展的影响（李光龙等，2019；邹璇等，2019）。

基于绿色发展影响因素，已有研究提出了若干绿色发展提升政策路径，主要从资源、经济、技术、消费及制度展开。Midilli 等（2006）提出鼓励加大绿色能源投资以替代化石能源，冯之浚和周荣（2010）指出中国实现绿色发展的根本途径是低碳经济；胡鞍钢等（2014）提出经济、自然、生态三位一体的绿色发展道路，其核心是有效的绿色增长管理，并探讨了包括绿色规划、绿色金融和绿色财政的绿色发展战略；李虹和熊振兴（2017）建议开征生态赤字税，通过税负转移促进绿色发展；黄茂兴和叶琪（2017）提出还应把握好地位、投入、力度、配置、定位等关键问题，确保绿色发展政策落到实处。促进绿色发展的途径还包括：实施区域差异化的节能减排政策（王兵等，2015）；降低资源能源消耗强度和污染物排放总量，提高全要素生产率增长率、劳动生产率增长率以及资源生产率水平（胡鞍钢，2016）；传统产业转型升级、需求结构优化、经济提质增效等（许宪春等，2019）；推进“生态、绿色、低碳”的集约型城镇化发展（高赢，2019）；加强环境治理力度，加强绿色发展制度安排和评估考核激励机制建设等（李正图，2013；甄霖等，2013；杨志江等，2017；肖金成等，2018）。

以下重点介绍人力资本、绿色技术进步对绿色发展影响的有关文献。在人力资本与绿色、低碳文献方面，Sheraz 等（2021）利用 1986—2018 年 G20 国家（不包括欧盟）的样本进行实证研究，指出人力资本降低了碳排放。Costantini 和 Monni（2008）认为投资人力资本有助于建立可持续发展道路。同样，Lan 等（2012）也证实了 FDI 对二氧化碳排放的影响高度依赖于人力资本。Hao 等（2021）研究调查了 1991—2017 年的七国集团，人力资本能减少二氧化碳的排放。Asghar 等（2020）支持人力资本低的地区外国直接投资导致二氧化碳排放量高。Bano 等（2018）利用 ARDL 和 VEC 模型的研究表明，巴基斯坦人力资本和二氧化碳排放量之间存在长期的关系。Khan（2020）利用 122 个国家的样本进行实证研究，认为人力资本增加会导致更多的能源消费，但在达到特定阈值后，将会减少 CO_2 排放。Yao 等（2020）调查了 20 个 OECD 国家的数据，长期估计结果也支持了 Khan 的观点。Zhang 等（2021）调查了巴基斯坦样本，认为从短期来看，人力资本与碳排放正相关，但从长期来看，人力资本与碳排放呈负相关。Bashir 等（2019）和 Sarkodie 等（2020）的研究结果则不同，认为人力资本恶化了中国的碳和环境退化功能。Dedeoğlu（2021）则认为美国人力资本与 CO_2 排放之间没有统计上的显著关系。

绿色技术（包括新能源技术、节能减排技术）对于绿色发展影响的研究也引起学术界关注，普遍认为绿色技术是节能减排的重要手段。Lantz 和 Feng（2006），Feng 等（2009）认为能源技术进步是节约能源和减少碳排放的有效途径之一。国际能源署（IEA，2013）提出，在减缓气候变化的各种途径中，绿色技术（包括可再生能源技术、能效技术等）预计将成为主导因素，理论上有助于减少 60%以上的目标 CO_2。但在不同的国家或地区，绿色技术的研发和推广速度通常不一样。因此，绿色技术创新的实际影响可能取决于特定的社会或经济环境（IEA，2015）。Jin 等（2017），Dong 等（2018），Sun 等（2021）先后得出结论，认为能源领域的技术进步可以减少研究所在国 CO_2 排放。Weina 等（2016），Nikzad 和 Sedigh（2017）提出，绿色技术创新已经成为全球减少 CO_2 排放的重要手段。Gu 等（2020）认为可再生能源技术专利和节能减排技术专利对碳强度具有负向影响。Paramati 等（2020）采用稳健的面板计量技术和 1991—2016 年的年度数据，以 25 个经合组织经济体为研究对象，认为绿色技术减少了碳排放。

另外一些研究虽然也承认绿色技术进步对于碳减排的作用，但认为在特定条件下可能起不到碳减排作用。Wang 等（2012）发现，能源技术专利在减少中国 CO_2 排放量方面没有起到显著作用，而采用自由碳技术的能源专利也仅对中国东部地区的 CO_2 减排起到促进作用。Braungardt 等（2016）认为，尽管绿色创新被视为绿色增长战略的一个基本要素，但由于反弹效应的存在，其对气候目标的影响一直受到长期争论。Weina 等（2016）揭示，对于意大利来说，绿色创新提高了环境生产力，但在减少 CO_2 排放方面未能发挥重要作用。Su 和 Moaniba（2017）认为，尽管理论上气候相关技术有利于应对气候变化，但实证证据并不充分。Popp（2012）指出，使用绿色技术往往需要初始成本，这使得贫穷经济体无法使用先进的减排技术和实现环境目标。Acemoglu 等（2012）认为，受到收入和时间等因素的影响，绿色技术创新对 CO_2 排放的影响可能为正，也可能为负。Du 等（2019）以 71 个经济体为研究对象，认为绿色技术创新对收入水平低于门槛的经济体而言，并没有显著的减排效果，而对于收入水平超过门槛的经济体，减排效果才变得重要。

2.1.2 绿色 GDP

1) 绿色 GDP 的概念内涵

学术界根据不同的绿色 GDP 内涵或定义，得出了不同的核算方法以及差异明显的核算结果。蒋志华和李瑞娟(2010)认为目前绿色 GDP 核算存在的主要问题就是核算结果差异过于明显。周民良(2015)同样指出绿色 GDP 测算研究结果的不稳定、不一致，是外界对绿色 GDP 核算提出质疑的原因。

联合国 1993 年正式提出了绿色 GDP 的概念。2003 年联合国等进一步提出，绿色 GDP 核算需要在经济总量中扣减自然资源耗减、环境降级与环境保护支出。中国科学院可持续发展研究组(1999)认为，绿色 GDP 就是传统 GDP 扣减自然部分的虚数和人文部分的虚数。Boyd(2006)提出绿色 GDP 应是 GDP 扣减自然价值之后的核算值。杨缅昆(2007,2008)认为，GDP 忽视负效用而且不能反映国民福利，因此提出国民福利总值即广义绿色 GDP 的概念，其内涵是经济活动的正负效用及在考虑人类物质精神生活之后的净影响。王金南等(2018)提出绿色 GDP 是在传统 GDP 之上，考虑扣除环境污染损失以及生态破坏损失后的净值。王金南等(2009)也认为，绿色 GDP 就是传统 GDP 扣除资源消耗损失与环境污染损失。国家统计局、国家环境保护总局(2004)联合推出《基于环境的绿色国民经济核算体系框架》和《中国环境经济核算体系框架》两份报告，其绿色 GDP 内涵主要考虑扣减环境污染损失。

2) 绿色 GDP 的指标体系构建

(1)考虑扣除资源环境损失的绿色 GDP 核算方法

学术界关于绿色 GDP 的核算方法大多是在传统 GDP 核算结果之上，扣除环境退化和自然资源损失。王金南(2018)认为这种核算方式是狭义的，一般只考虑自然环境的损失成本，而未考虑收益部分，因而存在争论。此类做法最典型的是 United Nations 等(2003)将 SNA 体系指标进行必要扩充，即核减自然资源损耗、环境退化和环境保护支出。这种做法主要有以下角度。

①已有 GDP 数据调整的角度。谭亚荣(2007)把社会经济生活各环节产生的自然资源耗减、环境污染和生态破坏等损失从 GDP 中扣减，根据这一出发点形成了绿色 GDP 核算指标体系。李金华(2009)根据这一思路提出了中国环境经济核算体系的范式。王树林等(2001)通过建立资源与环境指标体系测算北京市绿色产出，主要考虑排除资源与环境的因素，即扣减自然资源与环境退化成本，以及保护自然资源与生态环境所支出的成本。温怀德(2011)在核算杭州市绿色 GDP 时，也采用在已有 GDP 基础上扣减自然资源损失、环境污染损失和实际环境保护支出的方式。欧阳康(2017)指出了从政府绩效评估视角核算绿色 GDP 的方法，主要做法也是扣减环境污染损失和生态资源损耗损失。廖明球(2000)提出了一种改进的绿色 NDP 核算办法，主要从调整存量角度出发。绿色 NDP 即 NDP 扣减非生产自然资产损耗；其中 NDP 即总产出扣减中间投入以及固定资产损耗，最终绿色 GDP 就是绿色 NDP 加上固定资产损耗。

高敏雪等(2004)、於方等(2006)以及王金南等(2009)提出了绿色 GDP 的三种核算办法。第一种是生产法绿色 GDP 核算，具体来说就是在 GDP 基础上扣减中间投入以及各项环境成本。第二种是收入法绿色 GDP 核算，具体来说就是，生产税净值、固定资本折旧、劳动者报酬、利润扣除虚拟环境成本等四项共同构成绿色 GDP。第三种是支出法绿色 GDP 核算，具体做法是将环境成本视为资本形成的抵减项，也就是最终消费、净出口，以及资本形成扣除虚拟环境成本等构成绿色 GDP。

一些研究对绿色 GDP 调整项进行了必要扩展。例如，陈耀辉等(2002)提出，绿色 GDP 除了要考虑环境污染调整项，还应考虑地下经济调整项以及其他调整项。王金南(2018)在 2009 年核算绿色 GDP 时，扣减项从环境污染损失成本核算扩展到了生态破坏损失的成本核算。

②投入产出核算的角度。雷明(2000)基于投入产出核算方法探讨绿色国民经济测算问题,并相应提出了测算理论与实操方法。该研究主要是核算1992年中国绿色GDP,其结果是25347.3亿元。向书坚(2006)认为,考虑扣除资源环境损失的绿色GDP核算方法,主要是扣减自然资源耗减和环境退化成本,但提出调整不充分,忽略了非市场化的环境投入、产出等部分的核算。雷明(2000)也指出了方法的不足。第一,操作困难,如数据需求量大,模型参数选定困难,应用推广难度大,难以获得投入系数,以及不同污染物处理费用差异大但实际中污染治理行业存在污染物一并处理的情况等。第二,无法对核算范围进行拓展。钟定胜(2006)也提出了该方法的不足之处,即定价不稳定。污染物处置方法不同定价也因此不同,导致核算结果不稳定。

考虑扣除资源环境损失的绿色GDP核算方法,关注环境成本核算,基本假设是社会经济和生产过程必然伴随环境污染和自然资源消耗,却忽视了生态环境也可能因改善而带来效益增加。这种思路不利于制定环境政策时保护创造生态环境价值的积极性,不能准确度量整个生态环境的价值变化,因此也不能较好地满足绿色发展的国策需求。於方(2009)认为,绿色GDP核算存在的上述问题是由我国所处经济发展不发达阶段所决定的,即生态环境尚以被破坏为主。

(2)考虑资源环境改善的绿色GDP核算方法

随着社会各界对生态环境保护的持续关注,各级政府和企业的治理投入日益增加,生态环境状况也有局部改善的情况,一些研究也开始重视生态环境改善而带来的效益问题,这对绿色GDP实际上是做加法。杨缅昆(2001)较早考虑了生态环境的效益增加问题,提出绿色GDP核算既应该考虑外部经济与环境的效益增加情况,也应该扣减外部经济与环境的损耗情况。生态环境部重启绿色GDP研究,也明确提出绿色GDP核算既要考虑增加项也要考虑扣减项。王金南(2018)提出了经济与生态生产总值的概念,认为应该将生态环境系统带来的经济福利算入GDP。这种考虑资源环境改善的绿色GDP核算方法,是对绿色 GDP 核算的重要改进。

杨缅昆(2001)类似地也提出了新的绿色 GDP 核算办法，即在 GDP 基础上既考虑外部不经济，也考虑外部经济。陈梦根(2005)在 EDP 基础上进一步拓展了绿色 GDP 概念，即同时考虑社会经济活动的正负外部性经济价值。彭涛等(2010)提出的绿色 GDP 核算方法，就是传统经济核算结果扣除自然资源损耗、环境质量退化，并加上环境综合利用带来的经济价值。祁巧玲(2015)总结的生态环境部绿色 GDP 绿色核算方法，简单来说就是在传统 GDP 基础上扣除环境成本再加上环境收益。葛联迎(2013)提出的绿色 GDP，是在 GDP 基础上扣除资源环境损耗成本、环境退化损失成本，然后加上生态环境改善带来的收益。潘勇军(2013)提出了在已有绿色 GDP 核算的基础上，再考虑生态环境改善的效益，从而提出新的绿色 GDP 核算办法。马国霞等(2015)也提出了绿色国民经济核算体系，即在传统 GDP 基础上扣减生态环境退化成本，再加上生态环境产生的生产价值。何玉梅等(2017)在考虑自然资源损耗、环境污染损耗、生态环境治理损耗的基础上，同时考虑生态环境改善的收益，并且设置了较为丰富的二级指标，进一步完善了绿色 GDP 核算指标体系。王金南等(2018)提出类似绿色 GDP 概念的 GEEP，GEEP 在绿色国内生产总值基础上再考虑了生态系统调节服务价值，也即 GDP 扣除生态环境损失成本以及生态退化损失成本，再加上生态系统调节服务产生的价值。

(3)考虑调整系数的绿色 GDP 核算方法

稍近一些的研究提出了不对自然资源耗减和环境污染进行区分的方法，即分别对自然资源、环境、经济等系统进行指标化，并予以赋值和加权，进而对 GDP 核算出绿色调整系数。李金华(2009)提出了一种绿色 GDP 核算方法，主要就是核算自然资源损耗因子与环境污染因子，然后据此调整并得到绿色 GDP。徐斌(2009)提出了从自然资源、环境污染和社会经济等维度重新构建绿色 GDP 核算指标体系。郗希(2010)提出并构建了生态环境压力指数，利用拓展的索罗增长模型计算压力指数对经济增长的贡献，并据此测算得到绿色

GDP。贾湖等(2013)构建了新的绿色 GDP 核算指标体系,包括自然资源节约、环境污染友好、经济发展和社会进步四大指标的非货币化核算体系。吴翔(2014)提出了环境综合指标体系(ECI),绿色 GDP 就是通过测算该指标体系进而对 GDP 进行调整而得到的。冯俊华等(2014)运用模糊评价模型评价了当前的绿色 GDP 核算指标体系,认为核算缺乏全面性、过程缺乏精确性,因此提出了新颖的绿色 GDP 综合评价指标体系。欧阳康(2017)提出了包含主要资源环境损耗的指标体系,作者称其为绿色发展指数,并据此调整 GDP 得出绿色 GDP。

综合以上研究可以发现,已有相当多的文献对绿色 GDP 核算方法和评价指标体系进行了充分研究。但总的来看,绿色 GDP 在扣减和增加项的内容和计算方法方面还存在明显的不统一和不足。首先就是大量绿色 GDP 核算文献还没有考虑生态环境也能够产生效益问题;其次就是绿色 GDP 核算均是在已有 GDP 的基础上进行增加或减少一些核算项目,但实际上某些核算项目往往已经以各种方式进入了传统 GDP 体系,可能会陷入一种逻辑上的错误循环。例如环境保护支出一般会从 GDP 中扣除,但实际上环境保护支出确实从某些方面增加了投资和就业,因而也实际上产生了 GDP。最后是仍然存在许多研究仅从理论上提出核算方法,而未提供实践操作的核算,缺乏操作可行性,理论与实践的差距进一步使得不同研究的差异性较大。

2.1.3 绿色技术进步

1)绿色技术进步内涵

绿色技术进步就是经济体系发展出能够控制环境污染、减少能源与资源消耗、改善或提升生态环境质量的技术总和的不断进步。绿色技术是由环境友好型知识、工具和其他手段组成的技术体系,可以理解为基于生态环境改善目标,使用各个类型科学知识实现低污染或无污染、实现资源环境的高效集约化利用的全部技术。因此绿色技术进步不单指环境保护技术的进步，还指包括更丰富内容的技术体系的进步。这些技术涵盖节能技术与新能源技术、资源节约型材料和新材料技术、生态环境友好型生物技术、环境保护与环境污染治理技术、能源资源回收技术、生态环境监测技术、循环经济与清洁生产技术等方面。

经济快速增长使得生态环境破坏问题凸显。而生态环境的破坏又会反过来制约经济的增长。王兵和刘光天(2015)认为，生态环境是经济增长的重要变量，但生态环境破坏也能够成为制约经济增长的关键原因。因此，绿色发展的重要性越来越受到重视，绿色发展既要实现环境保护目标也要实现经济可持续增长目标。这就必然要求在生产发展过程中对资源环境的投入集约化、污染物排放减量化、生态环境友好化，这些都要求技术进步需要往绿色方向转向。Hailu 和 Veeman(2000)提出传统的全要素生产率(技术进步)没有足够充分地考虑资源与环境问题，绿色全要素生产率概念开始出现。同时认为在具体测算时，传统算法把投入到末端环境治理的资源以及治理生态环境破坏的技术开发也算作生产投入，因此会使得估算结果与真实的全要素生产率形成较大偏差。也就是说以往技术进步率测算只考虑环境投入"好"的产出而没有考虑"坏"的产出。景维民和张璐(2014)在国内较早地正式提出了绿色技术，其测算是基于全要素生产率考虑环境投入坏的产出之后的结果，相应提出了绿色全要素生产率概念，并把绿色全要素生产率作为绿色技术进步率。

2) 绿色技术进步的测算

绿色技术进步的测算最初是基于全要素生产率的测算。早期的全要素生产率测算主要是基于索洛余值法，这些研究包括王小鲁(2000)、王志刚(2006)等的研究。但 Felipe(1999)，易纲(2003)，岳书敬和刘朝明(2006)等研究认为索洛余值法测算会面临诸多问题，因为该计算方法的假定条件包括希克斯中性技术、市场完全竞争、规模收益不变等，而这些条件在当前的理论经济学中已经得到放松，并且这种条件放松也符合实际情况。因此，通过索洛余值法计算全要素生产率的研究文献近年来已经越来越少。

Chung 等(1997)基于 Directional Distance Function(方向性距离函数)提出了 Malmquist Luenberger Index(ML 指数),并以此计算全要素生产率。此后越来越多研究开始使用 ML 指数替代索洛余值法。Thomas 等(2011)进一步通过 DEA 算法(数据包络分析法)计算 Malmquist 指数,该方法可以将技术进步、纯技术效率、规模效率从全要素生产率结果中分离出来。这里的技术进步就是我们一般理解的创新性知识、创新性技术、新技术发明等,这是全要素生产率提升的重要原因;纯技术效率则是由生产工艺的提升或企业管理流程的改进,以及经济体系或社会出现显著改革或创新带来的,这种改革或创新也会带来全要素生产率增长;规模效率是指企业生产或社会经济规模扩大,进而由规模经济效应带来产出的进一步增长,这种效率改进也能够促使全要素生产率增长。Kumar(2006)利用 Chung 等(1997)的 ML 指数法测算了 41 个国家的全要素生产率。

随着对绿色技术进步的重视,学术界在进行生产效率评价时开始关注包括环境指标在内的更多变量,尤其是在生产投入中把资源和能源投入纳入进来,产出方面则不仅需要考虑传统的人们希望的经济产出,还需要考虑污染物排放等人们不希望产生的副产品。Feng 和 Serletis(2014)考虑资源消耗与生态环境污染对经济增长的不利,因此把主要污染物排放量作为“非期望产出”考虑到测算体系中,这样计算得到的结果就被称为绿色全要素生产率。这种充分考虑资源环境的绿色全要素生产率,有利于提升对区域的可持续发展绩效评价或者经济增长实绩的全面评价的准确性。Chen 和 Golley(2014)也采用 DEA 方法计算了 Malmquist 指数,测算了主要行业的环境绩效或者说绿色发展绩效。

国内方面,景维民和张璐(2014)较早地在国内采用 ML 指数法对绿色全要素生产率进行测算,他们将绿色全要素生产率视为绿色技术进步率,并据此开展进一步的环境经济学研究。在此之后,国内的绿色技术进步相关研究开始增多。随着绿色全要素生产率概念的提出,这方面的研究也丰富起来。陈超凡(2016)认为方向性距离函数符合可持续发展的经济活动理念,因为该方法既考虑了经济生活需要的期望产出，又考虑了资源利用最小化、环境污染最低化的非期望产出。该研究通过 ML 指数和 DDF 测算了工业行业领域的绿色全要素生产率，并以此进行实证研究，分析工业绿色全要素生产率影响因素。白俊红和蒋伏心(2015)测算了 1999—2013 年共 5 年中国各省区市的研发创新绩效。殷宝庆和刘洋(2018)、董直庆和王辉(2019)等也借鉴上述方法，测算了全国或区域的绿色技术进步率，并以此进行实证相关的研究。

2.1.4 后发优势理论

1) 后发优势理论内涵

Gerchenkron(1962)提出了“后发优势”理论，分析了后进国家利用其落后地位实现跨越发展的路径手段，并第一次指出了欠发达国家的落后可以成为发展的优势，并且这些国家越是落后其经济增长的速度就会越快，这种增速将会逐步收敛于一般发达国家。与此相关的，Abramovitz(1989)提出了“追赶假说”，认为从资本的单位收益或者从劳动生产率等角度看，一个地区或国家的经济增长最初的水平越低，初始的经济增长速度就越快，也就是说经济发展越落后其发展速度就可能越快。并认为，技术差距和社会能力决定了经济追赶的潜力和实际增长之间的差距；其中技术差距是追赶的外因，社会能力是追赶的内因，内外相互作用才使得追赶的潜力变为追赶的速度。Brezis 和 Krugman(1993)提出“蛙跳模型”。认为领先国家在旧技术方面具有丰富经验，新技术最初似乎并不是一种进步(淘汰旧技术代价较大)。而落后国家的经验较少，新技术允许他们利用较低的工资进入市场。因此后发国家可以通过技术引进、技术模仿乃至借鉴创新，从而拥有特定的技术后发优势，使得经济增长出现后发优势。

20 世纪末期，后发优势论被引入中国，有关的学术研究逐渐增多，既有争论合理与否的，也有探讨实现路径的，这些研究都为急于摆脱落后面貌的中国提供了快速实现经济增长的理论依据。在沃森“对后来者的诅咒”的概念基础上，杨小凯(2000)提出“后发劣势”，认为在较短的时间区间内，落后国家通过技术模仿可以实现经济的快速发展，但长期可能会失败，因此就要求落后国家不仅要把着眼点放在技术模仿上，更要通过体制改革，先进行制度模仿，再进行制度创新，从而充分发挥落后国家的后发优势。林毅夫(2003)针对杨小凯的观点提出，制度方面的借鉴学习未必能确保欠发达国家出现后发优势，欠发达国家实施宪政改革也有可能出现后发劣势的情况。欠发达国家经济追赶的关键还在于技术的合理引进和学习。随后，国内形成后发优势与后发劣势之争。总而言之，后发优势是欠发达国家或地区通过技术或者制度的引进、模仿乃至借鉴创新，从而获得因相对落后而产生的后发优势。总的来说，欠发达国家的学习、模仿成本远不如发达国家自主创新的成本，这就使得落后国家的技术和制度后发优势不弱于发达国家的先发优势。后发优势因此也被认为是欠发达国家经济更快速增长的主要原因之一。

2）后发优势的基本原因

郭熙宝和胡汉昌(2002,2004)分析提出了产生后发优势现象的主要原因，认为欠发达国家能够在发展速度方面实现追赶并缩小与发达国家的经济差距，最重要的理由是发达国家的资本流动及其引致的技术转移，同时信息技术的发展加速了这一过程。此外还提出，后发优势的来源应是多维度的，可以涵盖资本流动、技术传播、人力成本、制度借鉴和结构差异等，这些方面的因素相互作用共同促进了后发优势的形成。林毅夫(2003)提出欠发达国家要通过后发优势促使经济快速增长，其核心是利用与发达国家的技术差距，合理引进、学习、模仿先进技术，并努力缩小这种技术差距。林毅夫和张鹏飞(2005)进一步明确提出，欠发达国家可以通过技术追赶来发挥后发优势，并实现内生增长。Lin(2018)认为中国通过追求技术创新和结构转型能够拥有后发优势。以郭熙宝、林毅夫等为主要代表的国内学者不遗余力使后发优势理论中国化，并力图使之影响经济政策。Utku-ismihan(2019)认为信息和通信技术等知识变量对中东的一些国家具有后发优势作用。Vu 和 Asongu(2020)的实证研究证明,发展中国家从互联网技术应用中获得了更大的经济增长收益,即获得互联网的后发优势。

直到目前,学术界围绕着后发优势理论进行了丰富而卓有成效的理论研究和实证分析。这些成果可以涵盖外商直接投资引进及其外溢效应、技术引进模仿与创新、学习能力与人力资本积累、后发优势与后发劣势、制度改革与结构改善、经济有限赶超、贸易开放与全球化等方面。

2.2　生产要素与 EKC 假说的文献综述

目前关于 EKC 假说的研究已经非常丰富,既有大量研究证实了倒"U"曲线的存在(Li 等,2020;Zhang 等,2020),也有不少研究指出 EKC 的倒"U"曲线的证据并不充足(Pata 和 Aydin,2020),另有研究也提出了正 N、倒 N 或其他非线性曲线关系(Lin Lawell 等,2018)。大量研究人员验证了 EKC 假说的有效性,这些研究在调查经济增长与环境污染指标之间是否存在倒"U"型关系时,使用了各类型能源消费指标、各类型环境质量指标,同时解释因素包括了城市化、旅游业、全球化、贸易开放度、农业、工业化、全球化、民主、金融发展等(Pata 和 Aydin,2020;Lea 和 Marques,2020)。目前,同时将经济增长四要素与环境污染联系起来研究 EKC 假说的文献尚未发现。但以下文献分别调查了物质资本、劳动力、人力资本和知识等生产要素与环境污染的关系,这些研究为经济增长源动力与 EKC 研究提供了文献基础。

2.2.1　物质资本与环境污染

关于物质资本与环境污染二者关系,大多数研究认为物质资本会引起环境污染,但也有部分研究指出投入清洁技术和污染治理领域的物质资本,或者在人力资本积累的前提下进行的物质资本投资可以改善环境质量。总的来看,很可能并不是物质资本积累就一定会带来环境污染,而是要看物质资本重点投入在哪些领域。第一类研究认为,物质资本积累是环境污染的原因。Forster(1972)较早地提出环境污染是由物质资本使用引起的;彭水军、包群(2006)认为如果没有研究和创新、没有人力资本积累,随着物质资本的积累环境污染将加剧,除非经济停止增长。Yi 等(2020)认为,资本密集型产业通常需要大量的资源和能源投入,因此产生更多的工业污染物,对环境的负面影响也更大。Fu 等(2014),Sapkota 和 Bastola(2017),Wang 等(2017),Chen 等(2020)的研究证实了物质资本或固定资产投资与环境污染是正相关的。第二类研究认为,抑制环境污染也需要物质资本投入。John 和 Pecchenino(1995)的研究认为,抑制环境污染、实现可持续发展需要增加环境污染治理资本投入,虽然这会降低稳态产出和消费。Stokey(1998)考虑了生产技术的污染密集度,认为为了采用更清洁的技术和减少污染,物质资本必须不断增加。Patten(2005),Reynolds(2010)等也指出,正确形式的物质资本投资可以实现环境保护。Liu 和 Xiao(2018)认为,在合理资源环境压力下,物质资本投资倾向于向低碳产业流动,因此物质资本可以减轻环境污染。

2.2.2 劳动力与环境污染

劳动力投入与环境污染关系的研究不多见,但大多观点认为劳动力投入会引起环境污染,但相较于物质资本而言,可能有更轻的环境污染影响,尤其是当服务业吸纳劳动力时不会显著增加环境压力。第一类研究认为,劳动力投入将导致环境质量恶化。温怀德等(2008)基于中国的面板数据实证研究表明,初级劳动力投入增加会导致环境污染恶化。Xia 和 Hu(2012)揭示了劳动力从农村向城市迁移,对能源环境有着重大的影响,会带来环境污染。Wang(2013)认为中国长期依赖较低水平的劳动密集型产业,导致经济扩张依赖于巨大的能源消耗和二氧化碳排放增长。Zhang 和 Tao(2017)认为,劳动力投入与二氧化碳排放正相关，当劳动力投入下降时能源环境压力就下降，同时指出服务业吸纳劳动力就业不会加剧能源环境压力。

第二类研究则认为，劳动力相较于物质资本而言，有更轻的环境污染影响。Cole 和 Elliott(2003)关注了物质资本和劳动力构成在环境污染中的作用。他们认为劳动密集型的生产方式比资本密集型的生产方式可能导致更低的环境负担，即环境污染因此而下降。Krajewski(2019)认为，资本密集型技术向劳动密集型技术的转移，增加劳动力的使用可以显著减轻额外单位 GDP 的环境负担。类似地，Yi(2020)认为，资本节约型技术进步增加了劳动就业和劳动收入，促进了劳动密集型产业的发展，降低了资本密集型产业的比重，进而使雾霾减少。

2.2.3　人力资本与环境污染

关于人力资本与环境污染二者关系的研究，主流观点认为人力资本积累有利于提升环境质量，但也有个别不同的观点。第一类研究，认为人力资本有利于控制环境污染。理论研究方面，Tahvonen 和 Kuuluvainen(1993)，Brock 和 Taylor(2004)等利用 Lucas(1988)的人力资本溢出模型，以及 Hung 等(1994)，Bovenberg 和 Smulders(1996)等利用 Romer(1986)的知识外溢模型，把环境因素加入到生产函数之中，研究结果肯定了知识或人力资本对缓解环境约束和可持续发展的积极影响。Grimaud 和 Tournemaine(2007)利用人力资本推动的增长模型研究指出，在严格环境政策下，教育可促进环境污染排放下降。实证研究方面，Cole 等(2005)，Chankrajang 和 Muttarak (2017)，Bano 等(2018)，Ahmed 和 Wang(2019)，Zafar 等(2019)，Ahmed 等(2020a)，Ahmed 等(2020b)等，均实证发现人力资本有利于提升环境质量。

第二类研究，主要是实证研究，未能支持人力资本对环境污染的积极意义。Lan 等(2012)，Hassan 等(2018)的实证研究没有发现人力资本改善环境质量的证据。Pratikshya Sapkota 和 Umesh Bastola(2017)根据收入水平把拉美国家分为两类,其中高收入群体的人力资本与环境污染之间呈正相关关系。

2.2.4 技术进步与环境污染

技术创新或技术进步是构成知识的重要组成部分,当前研究普遍认为技术创新或技术进步能够缓解环境污染,但也认识到了“反弹效应”不利于控制环境污染,少量研究将技术进行了分类,总体仍认为技术进步对环境治理具有积极意义。第一类研究,认为技术进步有利于降低环境污染。Deng 等(2015),Dubey 等(2018)将技术进步纳入气候变化模型,并表明技术进步对于减少能源消耗和污染排放非常重要,因此技术进步被广泛认为是减少碳排放的一种方法。Irani 等(2017),Sun 等(2018),Dong 等(2019), Chen 等(2019), Wang 等(2019)的研究均提出技术进步有利于环境质量改善。Sohag 等(2015),Abid(2016),Zhang 等(2016),Bai 等(2018),Anis Omri 和 Tarek Bel Hadj(2020),证实了研发或技术创新是减少污染物排放的重要因素。

第二类研究,发现技术进步的反弹效应不利于环境质量改善。Liu 等(2018)和 Wei 等(2019)认为,虽然技术进步的目标是提高能源效率和节能,但同时也引发了能源反弹效应。Lin 和 Du(2015); Lin 等(2017); Cheng 等(2018);Munir 和 Ameer(2018);Chen 等(2019a);Wang 等(2019)的实证研究均发现了技术进步对于污染排放的反弹效应。第三类研究将技术进步进行分类,指出不同类型技术进步的环境效应是不同的。例如 Krajewski(2019),Chen 等(2020),Yi 等(2020)等将技术进步分成了资本密集型技术进步和劳动密集型技术进步,抑或是生产型技术进步和节能型技术进步,但上述研究仍然指出从长远来看,技术进步对环境治理具有重要作用。

总体来看,物质资本、劳动力、人力资本和知识等经济增长的四要素,分别与环境污染产生关系的研究已经较为丰富,但同时将经济增长四要素与环境污染联系起来的研究尚未发现。因此也就没有关于经济增长源动力转换带来不同环境污染影响的讨论。实际上,增长源动力转变带来环境污染的变化究竟是怎么样的，环境污染变化的理论依据又是怎样的，不得而知，研究这些问题既具有创新性也具有重要意义。

2.3　贸易开放下环境规制与人力资本的文献综述

学者们在 20 世纪 80 年代开始研究贸易开放影响人力资本的机制，他们将人力资本要素纳入 H-O 模型，进而讨论贸易开放如何影响劳动者在不熟练工作中获得较低工资和投资教育获得较高工资之间做出选择，Findlay 和 Kierzkowski(1983)在这方面做出了代表性研究。此后研究贸易开放和人力资本关系的文献逐渐增多，可以发现贸易开放下环境规制与人力资本的关系研究被忽视了。目前就贸易开放对人力资本水平的影响机制层面可以归纳为四个方面。

2.3.1　工资价格机制

工资价格的不断上涨更多地可能带来人力资本水平提升，但也有研究指出工资价格上涨也可能提升机会成本，因此不利于人力资本积累。在第一类研究中，工资价格与人力资本水平正相关。Ranjan(2003)以及 Bonfatti 和 Ghatak (2010，2013)等的研究，提出贸易开放可能引发技能积累带来工资上涨，从而形成工资价格信号，激励人们进行人力资本投资，从而进一步促进人力资本的积累。第二类研究认为工资价格与人力资本水平负相关。Atkin(2016)的研究就认为，贸易开放带来工资收入的增加会提高接受教育的机会成本，使得更多年轻人选择辍学，因而不利于人力资本积累，基于墨西哥数据的研究证实了这种观点。这可能与一个国家对人力资本的需求水平有关。

2.3.2　技术进步机制

学者从几个方面论述了技术进步与人力资本的关系，总体上认为技术进步能够促进人力资本积累。一是贸易竞争层面。Flug 和 Galor(1986)认为,贸易开放促进生产和出口均转向技术密集型产品,从而增加熟练劳动力在总劳动力中的比重。二是技术偏向层面。Acemoglu(2003)认为,对外贸易可以引起技能偏向型技术进步,产生对人力资本要素的内生需求,从而促进人力资本积累。三是生产技术复杂性层面。陈维涛、王永进、李坤望(2014),陈维涛、王永进、毛劲松(2014),认为地区出口企业生产率提高和出口技术复杂度的提升不仅有利于中国城镇和农村劳动者的人力资本投资,也有助于促进劳动者子女教育投入和长期人力资本投资的增加。四是学习模仿层面。阚大学和罗良文(2010),认为进口贸易引进大量中间产品和设备,给当地带来了更多技术模仿与学习机会,因此有利于人力资本提升。

2.3.3 信贷约束机制

现有研究总体上认为信贷约束有利于促进人力资本积累。Ranjan(2003),Bonfatti(2010)等研究,从信贷市场不完善程度出发,认为如果信贷市场的不完善程度在技能丰富的国家较低,而在技能匮乏的国家较高,那么贸易自由化可以增加对这两类国家人力资本的投资,进而促进人力资本积累。另有研究,例如陈开军和赵春明(2014)从信贷约束放松角度出发,认为贸易开放一般而言有利于提升人均收入,而这又会带来居民教育投资的信贷约束,因此进一步促使人力资本水平提升。

2.3.4 经费投入机制

现有研究集中于贸易开放是否带来教育投资决策的改变,而教育决策是影响人力资本的关键因素。Findlay 和 Kierzkowski(1983)较早地提出了贸易开放能够促进个人的教育投资决策,从而有利于人力资本水平提升。Ranjan (2003)、Falvey 等(2010)、Bonfatti(2010)、Becchetti(2012)、Auer(2015)陈维涛、王永进、李坤望(2014),陈维涛、王永进、毛劲松(2014)的研究,类似地提出了贸易开放可以促进个人教育决策,因此有利于人力资本积累。国内陈开军和赵春明(2014)则提出,贸易开放不仅影响个人教育决策,还影响政府对教育投入的透彻度,因此具有很好的人力资本提升作用。

概括起来,已有的学术成果更多地赞同贸易开放能够促进个人教育投资决策,但对社会层面、政府层面以及企业层面的教育投资决策研究不多。实际上对教育的投资还应包括对高等学校研发经费投入的决策。因此,贸易开放既影响个人教育投资决策,也影响社会、国家以及企业对教育和研发的投入决策,进而影响人力资本水平。

2.4 贸易开放背景下环境规制与绿色技术进步的文献综述

2.4.1 贸易开放与环境规制

1)“向底线赛跑假说”

Dua 和 Esty(1997),Esty 和 Geradin(1997),Kim 和 Wilson(1997)等的研究,较早地提出了“向底线赛跑假说”。该假说认为发达国家出于改善自身生态环境的目的,不断提升环境规制强度,通过贸易开放进行高能耗、高污染产业的转移,同时进口所需的高能耗、高污染产品,进而实现自身的环境利益与经济增长。相应地,发展中国家基于更强的经济增长愿望保持相对更低的环境规制标准,并通过贸易引入高能耗、高污染产业,同时出口这些产品。Aşıcı(2016)、Rasli 等(2018)对此进行了经验研究,证实了发展中国家的这种“向底线赛跑”现象。部分研究则进一步明确指出,“向底线赛跑”现象更可能存在于发展中国家而非发达国家。Porter(1999)的研究提出,跨国企业在环境规制强度较高的发达国家,并不会因为激烈的竞争而主动降低企业生产中的环境标准。但这些企业有可能将生产活动转移至环境标准相对更低的发展中国家,因而促使这些国家面临环境污染的威胁。Eichner 和 Pethig(2018)的经验研究进一步证明了 Porter(1999)的观点。

2)"污染天堂假说"

Baumol 和 Oates(1988)认为,贸易开放促使发达国家转移高污染产业并进口所需的产品。发展中国家实施相对较弱的环境管制,引起发达国家相对落后的高能耗高污染企业向发展中国家转移,因此发展中国家就逐渐成为污染天堂。Ulph 等(1998)对该假说进行了较为全面的分析。Dean 等(2009)通过估算中国合资企业区位选择的决定因素,验证了"污染天堂假说"。Shahbaz 等(2015),Cai(2016),Hao 等(2018),Liu 等(2018),Hanif 等(2019),Pratikshya Sapkota 和 Umesh Bastola(2017),Yi(2020),Anis Omri 和 Tarek Bel Hadj(2020)等对此进行了经验研究,在不同污染物方面证实了"污染天堂假说"。但 Wheeler(2001,2010)进行的经验研究没有发现"污染天堂假说"存在的证据。

3)"污染光环假说"

"污染光环假说"观点则正好相反,虽然认为贸易开放确实促使了跨国公司在全球布局生产活动,但企业对发展中国家的投资有可能带来先进的绿色技术,以及基于统一的生产有可能促进东道国污染治理。Eskeland 和 Harrison(2003)较早地提出了"污染光环"假说。Birdsall(1993)、Ederington 等(2005)认为,环境标准并不是迫使跨国公司迁往发展中国家的主要原因。Smarzynska Javorcik 和 Wei(2004)的研究利用 25 个转型国家或地区的数据验证了贸易开放下,跨国投资和环境规制的关系。Asghari(2013),Zhang 和 Zhou(2016),Zhu 等(2016),以及 Zahoor Ahmed 等(2020b),也证实外商直接投资减少了环境退化。研究表明,发展中国家相对低的环境规制不是外商直接投资的主要原因,仅仅是更低的环境规制并不会更具投资吸引力。后来,Paramati 等(2017)的实证研究也证实了“污染光环假说”。

4）其他研究

另有研究认为，“污染避难所”和“污染光环”可能同时存在。一是认为，来自环境管制良好国家的外商直接投资企业对更高要求的环境管制不敏感，而来自环境管制不太好国家的外国跨国公司对严格的环境规制敏感，因此跨国公司的环境影响取决于对东道国环境规制强度（Cai，2016）。二是认为，不同的 FDI 产业类型也能带来不同的环境后果，部分污染排放物可能受“污染避难所”效应影响，而另一部分污染排放物可能受“污染光环”效应影响（Liu 等，2018）。

还有一些研究则提出了更为综合的观点。Keydiche Stevens 等（1993）认为开放条件下外商直接投资对环境质量的影响主要体现为规模效应、结构效应以及技术效应。其中规模效应是通过经济规模的扩大加剧环境污染；结构效应是通过经济结构、产业结构转型提升改善环境质量；技术效应则是通过技术进步提升环境质量，因此 FDI 并不必然引起环境污染的增加或减少。Shahbaz 等（2015），Omri 等（2019），以及 Alshubiri 和 Elheddad（2019），均发现外商直接投资在第一阶段显著增加了污染排放量，但在达到一定水平后，污染排放量开始减少。

2.4.2　环境规制与技术进步

1）“波特假说”

Porter 等（1991）以及 Porter 等（1995）提出的观点被称为“波特假说”，认为长期内环境规制能够有效促进技术创新，特别是促进绿色技术创新。同时认为，强度合理的环境规制可以促进企业进行环境保护相关技术的研发或者提高污染治理的技术水平，这就是环境规制的“创新补偿”效应。“创新补偿”效应能够在一定程度上抵消“遵循成本”，还可以增强企业的市场竞争力，提高劳动生产率。根据波特假说，国家需要重视环境政策的合理设置，确保实施合理水平的环境规制强度。随后 Lanjouw 和 Mody(1996)、Horbach(2008)、Zhang 等(2011)、Yang 等(2012)、Bergek 等(2014)、Ghisetti 和 Pontoni(2015)、Li 和 Lin(2016)、Xie 等(2017)、Guo 等(2017)、Manello(2017)、Zhang 等(2018)的研究为"波特假说"提供了实证研究证据。

另一些研究则只能部分证明该假说。Alpay(2002)、Paul 等(2008)、Paul 等(2011)、Nesta 等(2014)、Rubashkina 等(2015)、Zhao(2016)、Pan(2017)、Li 和 Wu(2017)、Cheng 等(2017)、Qiu 等(2018)分别在不同国家或地区、不同产业或部门、不同能力的公司、不同代理变量情形下,针对不同版本"波特假说"进行研究,出现部分支持、部分否定的结果。

近年来环境规制与技术进步的关系研究也出现了非线性研究结果。Zhang(2016)的实证研究指出,中国能源效率与环境规制的关系呈现出显著的"U"型关系。He(2016)、Wang 和 Shen(2016)、Zhao 等(2018)的实证研究则相反地提出,技术进步与环境规制呈现倒"U"型的关系。另外一些经验研究没有发现环境规制与技术进步的任何促进关系,如 Yuan 和 Xiang(2018)、Albrizio 等(2017)、Chintrakarn(2008)的实证研究结果与波特假说正好相反。

2)偏向性技术进步理论

Acemoglu(2002)的理论研究提出了偏向性技术进步理论,将技术视为生产模型的内生要素,提出了技术偏向的决定因素。其观点认为对外贸易是新技术偏向技能型技术的重要原因。其后,Acemoglu 等(2012)进一步发展了偏向性技术进步理论,他们将环境规制视为内生变量置入偏向性技术进步模型,认为环境规制是新技术偏向清洁技术的重要原因。Daubanes 等(2013)、Aghion 等(2012)、Ikeshita 等(2015)等的研究结果支撑了 Acemoglu 等(2012)的结论。

2.4.3 贸易开放与技术进步

Melitz(2003)开创了对外贸易如何影响劳动生产率的研究,提出对外贸易的激烈竞争会使得劳动生产率水平较高的企业进行出口贸易，而且会造成劳动生产率不足的企业不得不离开出口市场。Alcalá 和 Ciccone(2004)的实证研究认为，贸易开放度在计量经济学意义上对劳动生产率产生了显著影响，同时这也符合经济学推断。温怀德(2012)认为经济开放促进了我国技术进步，进口贸易和外商直接投资对技术进步的促进作用较为明显。景维民和张璐(2014)认为，在国内积极研发背景下进口贸易将有利于提升绿色技术进步率，同时外商直接投资也对绿色技术进步率具有显著积极影响。也有学者从国际研发溢出方面证实了贸易开放对全要素生产率的正面影响。Coe 和 Helpman(1995)的实证分析发现，贸易伙伴全要素生产率显著得益于该国研发资本，而对外贸易将促进这一影响。Lei 和 Bang(2007)对 21 个经合组织国家和以色列的数据进行分析，发现双边贸易能够促进国际 R&D 溢出。Marzetti(2014)的研究认为，鉴于欠发达国家在贸易开放条件下的吸收能力不足，欠发达的情况对国际研发溢出具有不利影响。Pöschl 等(2016)认为生产率增长的主要国际传播渠道是中间产品和服务贸易。根据上述文献，可以发现现有结论并不统一，这与研究所在国家的发展阶段、贸易开放情形以及国情差异有关，也与实证研究的变量选取差异等因素有关。

以上文献总结起来，贸易开放在统计和经济意义上都可能对环境规制产生影响，同时环境规制很可能对技术进步产生积极影响。贸易开放也对技术进步产生积极影响，其影响渠道包括国际竞争、进口贸易产生的技术引进，以及国际研发溢出等方面。不过，现有研究对贸易开放、环境规制与绿色技术进步三者的关系研究还较少。傅京燕等(2018)、宁婧(2017)、原毅军和谢荣辉(2015)、柴志贤(2013)等从外商直接投资、环境规制与绿色全要素生产率的角度进行了研究，但从贸易开放角度进行的理论分析有所不足，且缺乏对空间自相关性的处理以及未考虑空间溢出效应。景维民和张璐(2014)从对外贸易和 FDI 两个角度对经济开放进行了分析，但同样未考虑空间自相关性问题和空间溢出效应。

“污染避难所假说”和“向底线赛跑假说”表明环境规制与产业国际转移存

在某种关系,而"波特假说"和偏向型技术进步理论则表明环境规制与技术进步存在某种关系。贸易开放背景下,环境规制既影响产业结构也影响技术进步方向,这很可能进一步促使就业岗位结构和岗位技能要求发生改变,进而使人力资本水平也发生变化。过去的研究可能忽略了这一点。发展中国家主动提升环境规制可能产生一种积极的结果,即促使本国形成倒逼机制,引起产业结构和技术结构升级,使人们做出接受教育的决策并提高人力资本水平。人力资本水平的提升不仅可以促进经济增长,而且能够进一步增强环境治理能力,从而形成环境与经济良性互动。

2.5 后发优势与绿色发展相关文献综述

2.5.1 绿色技术进步与后发优势

Gerchenkron(1962)认为落后国家可以得益于技术和经济上的模仿,其落后程度越高,增长速度就越快,并收敛于发达国家。此后,许多研究也都认为发展中国家获得后发优势的关键,在于先进技术的引进和模仿。Abramovitz(1986)、Howitt(2000)、Howitt 和 Mayer-Foulkes(2002)论证了落后国家在国际技术外溢情况下获得了更快的经济增长速度。林毅夫和张鹏飞(2005)提出,落后国家可以通过发挥后发优势来实现技术追赶和内生增长。Landesmann 和 Stehrer(2000)认为,追赶型经济体的比较优势可以越来越多地指向中高技术部门,从而实现快速增长。Lin(2018)认为,中国在追求技术创新和结构转型方面具有后发优势。Utku-ismihan(2019)的研究结果表明,信息和通信技术等知识变量在中东、北非和拉丁美洲地区的经济增长绩效中起着重要作用,这些地区的国家之间存在着显著的经济趋同现象。Vu 和 Asongu(2020)探讨了在信息时代发展中国家的后发优势,他们的实证研究发现,与一般发达国家相比,发展中国家平均从互联网应用中获得了更大的增长收益。当前研究总体上都认同技术进步因素是落后国家实现后发优势的重要途径。

但一些研究也指出，通过技术进步实现后发优势并非易事。Fagerberg(1995)认为，"追赶"(模仿)的潜力是存在的，但是通过技术赶超并不容易，这需要落后国家具有足够强大的"社会能力"，能够设法调动必要资源(投资、教育、研发等)。Forbes 和 Wield(2000)认为，当落后国家获得和使用现有技术时，领先国家已经走向了一个新的技术前沿。Harada(2012)提出，后发优势可能在低技术部门循环，无法走向更高层级技术，因此很难获得后发优势。

以上研究表明，虽有争议，但普遍认为技术进步是发展中国家实现后发优势的主要原因，以及绿色技术(包括新能源技术、节能减排技术)对环境保护和绿色发展具有重要意义。目前还没有关于发展中国家绿色发展后发优势的研究。但是上述两类研究为本文提供了思路，即绿色技术进步可能为发展中国家或地区带来绿色发展后发优势。

2.5.2　人力资本与后发优势

人力资本被认为是影响经济增长的重要因素，也是加速技术进步研发投入的关键因素(Romer，1990)。有人认为，发达国家对研发的投资增加了它们的技术进步(或创新)，这些进步(或创新)被用来改善生产过程中使用的资本(机械或其他中间产品)，这一进程进一步 。然而，技术进步(通过研发)有一个高成本问题，只有那些有能力投资或购买技术进步的国家才能获得。

已有文献基本肯定了人力资本积累有利于发展中国家实现经济追赶，实现与发达国家的经济趋同。Mankiw 等(1992)的理论研究在 Solow 模型基础上进行扩展，纳入了人力资本要素，认为人力资本水平将促进各国经济增长速度趋同。Barro(1991)的实证研究提出，人均国内生产总值增速与早期人力资本积累正相关，早期人力资本积累较好的落后国家可以实现对发达国家的经济追赶，但人力资本积累不足的国家就可能无法实现经济追赶。Kalaitzidakis 等

(2001)的实证研究则认为,人力资本水平未必带来经济追赶,其影响在统计意义上是非线性的。郭熙保和习明明(2012)研究认为,人力资本投资初始收益往往更高但会逐渐递减,因此早期人力资本积累对经济增长的促进作用更强。张晓蓓(2020)的实证研究提出,经济追赶具有人力资本水平门槛,当人力资本水平大于特定门槛水平时,欠发达地区经济追赶的后发优势会更显著,相反地,如果没有达到门槛值,欠发达地区后发优势则不足。

2.5.3 后发优势与绿色发展的关联研究

国外基于后发优势理论的绿色低碳发展相关研究较为少见。Taguchi 和 Murofushi(2009)以中国废水、废气和固体废物为例验证了区域后发优势,在废水、二氧化硫和煤烟方面,验证了国家后发优势。他们还认为,全国范围内在废物和空气污染控制方面的技术进步可能反映了中国作为一个发展中国家正在从先进国家获得技术转让的事实。Taguchi 和 Murofushi(2011)考察了发展中国家在环境管理和环境技术领域,究竟是享有后发优势还是遭受后发劣势。其中,硫排放验证了后发优势,而碳排放则揭示了后发劣势。后发优势效应的反差似乎与减排专有技术和技术的成熟程度有关。Huang 等(2020)提出为了赶上先行者,中国等新兴国家最近集中精力发展新兴的绿色技术。认为后发企业选择合适的进入时机,采取合适的策略,对于后来者在新兴的绿色技术中迎头赶上具有重要意义。考虑到后发企业积累了丰富的追赶资源,较早进入新兴绿色产业,实现后发优势的可能性很高。

国内外后发优势与绿色发展相关研究文献还较少,并且大多都是定性描述,而非定量经验研究。丰富的后发优势相关理论与经验研究成果涉及发展问题,但还没有涉及绿色发展。因此需要研究的空间还很大。当前的一些定性研究包括如下。杨小杰和杜受祜(2012)针对广元的低碳经济研究,认为落后地区实施低碳经济发展战略可以实现后发先至,通过与外部有效地合作可以进行低碳经济发展。吕传俊(2014)针对后发地区的低碳发展特征进行了多个方面总结，包括绿色发展的约束、绿色发展的潜力、清洁能源潜力、发展阶段与资源禀赋等，按照“共同但有区别责任”的原则，提出了政策建议。郑长德(2014)指出民族地区发展相对滞后，要求必须“后发赶超”和“发展转型”，而民族地区在全球和全国的生态地位，要求必须加快生态文明建设，走可持续发展之路。因此民族地区需要走绿色发展与包容发展的道路，促进县域民族地区的经济增长实现追赶。刘世锦和张永生(2015)认为，后发地区只有转变过去的工业发展思路，挖掘并充分利用互联网资源、文化资源和绿色资源，才能够实现追赶式发展。辛晓彤(2016)认为内蒙古由于人力资本、技术和产业等基础，具有显著的后发优势；为促进内蒙古绿色发展，政策方面提出了创新驱动、发展绿色产业、发挥禀赋优势等。目前也有极个别实证研究涉及了后发优势与绿色发展领域，例如高鑫(2016)的研究对后发优势进行了分类，包括人文型、机遇型、资源型等；并且针对民族地区进行了实证研究，总结了这些地区后发优势不足的原因，包括知识积累不足、物质资本不足、经济扩散不够、产业层次低等因素。该研究总体认为民族地区实现后发优势较为困难。

根据以上文献可知，技术进步、人力资本对于发展中国家形成后发优势具有重要作用，而绿色创新或技术进步、对外开放、产业结构、人力资本等是绿色发展的重要影响因素。可以初步推测，绿色技术进步、人力资本等是形成发展中国家绿色发展后发优势的关键影响因素。本书将沿着这样的思路进行尝试研究。总的来看，当前基于后发优势理论的绿色发展研究还相当缺乏。国际上现有的后发优势与绿色发展的关联研究则更少，并且着重于环境技术或绿色技术的赶超，而非绿色发展的赶超问题。相关的政策建议也主要来源于问题导向，而缺乏来自理论研究的针对性政策建议。而国内的相关研究则局限于理论定性研究或归纳性研究，较少涉及数理经济学和计量经济学的研究，一定程度上缺乏科学说服力。

根据以上文献可见绿色发展或绿色 GDP 是可以测算的，同时关于绿色技术进步的测算也已经基本成熟。人力资本、绿色技术进步等经济增长源动力很可能是碳减排或环境改善的重要因素。同时,人力资本、绿色技术进步等也很可能是后发优势形成的重要原因。在已有较为丰富的绿色发展和后发优势理论研究的基础上,本书将着重研究人力资本、绿色技术进步等经济增长源动力变化带来的绿色发展可能性,并进一步研究人力资本、绿色技术进步在环境经济学范畴中的内生发展机制,最后从人力资本、绿色技术进步角度探讨中国中西部地区形成绿色发展后发优势的可能性。

第3章

3

中国区域绿色发展现状分析

3.1 环境污染指标测算与比较分析

3.1.1 各主要环境污染指标总量分析

掌握中国绿色发展现状的核心之一是要清楚环境污染的整体状况，但是要准确把握中国的环境污染排放的整体形势却并不容易。生态环境部于 2020 年发布的《2016—2019 年全国生态环境统计公报》显示，全国固体废弃物排放处于连续下降态势，然而全国废水排放仍处于连续增加态势，废气排放虽个别年份下降，但是总体上仍处于增长态势。这使得中国环境污染排放是否仍在恶化，或者已经整体上好转，还难以判断。

难以判断的具体原因体现在三个方面。第一，环境污染排放种类是多种多样的，均是相对独立的指标，如废水、废气、固体废弃物、噪声等，而固体废弃物、废气、废水等指标内部又包含许多细分排放物指标，这些排放物对环境的危害程度都是不尽相同的。而污染物的排放形势也是不尽相同的，例如二氧化硫的排放可能处于下降态势，但二氧化碳的排放却处于上升态势。因此在没有综合测算环境污染时，很难判断环境污染整体形势是改善还是恶化；第二，由于诸多环境污染排放指标对环境的危害程度不一样，计量的标准单位也不一样，因此也就不能简单加总求和得出总体的环境污染排放数据，并以此代表环境污染排放的整体走势。这也使得我们很难简单判断环境污染排放的整体形势是改善还是恶化。第三，学术界也会采用无量纲化的处理方法来研究环境污染排放量，但这依然存在一些缺陷。例如无量纲化数理统计方法的进展往往使综合指标数值发生大幅变动。

以下对全国废水排放、废气排放、固体废弃物排放等主要环境污染指标逐个进行简要分析。

1）废水排放分析

废水污染主要由工业生产排放和居民日常生活排放两方面构成。其中，工业生产的废水排放量与经济增长关系紧密关联，通常来说经济增长速度快就意味着工业生产消耗多，因此导致工业废水排放量增减。由于农村居民生活污水排放量统计存在现实困难，还没有进入国家统计范围，因此一般意义上居民生活污水排放量的统计都是针对城市。居民日常生活排放可能与城市化率紧密关联。

根据 2020 年《中国环境统计年鉴》，总的水污染排放数据更新到 2015 年，整理后得到图 3-1，即中国废水排放趋势图。整体上，2000 年之前中国废水排放量连续出现下降。其中，1997 年、2009 年、2010 年，中国废水排放量增速出现了下降的情况。但在 2000 年之后，中国废水排放量处于持续增长的态势。随着绿色发展观念深入人心，以及工业发展增速下降，废水排放增长速度总体上慢于经济增长速度。

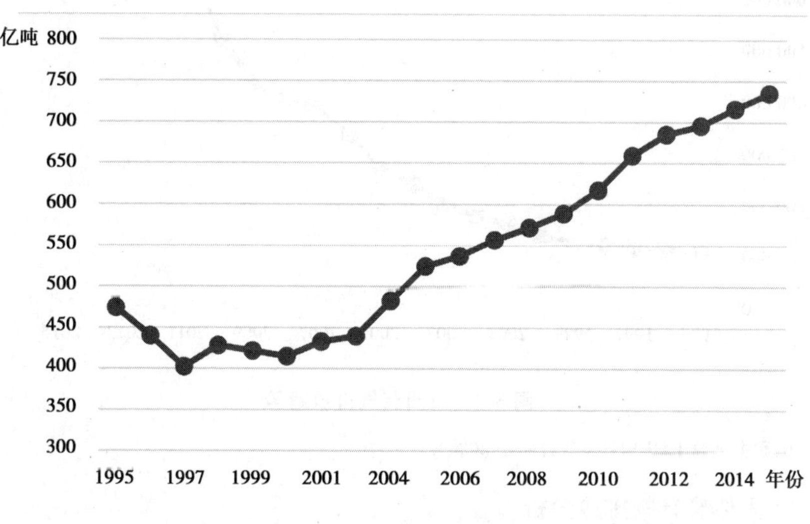

图 3-1　中国废水排放趋势

注：数据来源于《中国环境统计年鉴 2020》。

2）废气排放分析

废气排放一般是由工业生产活动和农业活动造成的，另外居民日常生活也会排放一定量废气。工业生产活动是产生废气排放的主要来源，主要排放物包括二氧化碳、二氧化硫、工业烟尘以及工业粉尘等。农业活动包括畜牧养殖活动所造成的废气排放也是主要来源之一，包括二氧化碳、甲烷、烟尘等。

根据《中国环境统计年鉴 2020》，总的水污染排放数据更新到 2015 年。图 3-2 为中国废气排放趋势图。可见，中国废气排放量走势整体上呈增长态势。其中，2011—2012 年有一个明显的下降。2012—2014 年，废气排放重新增长，但增长的态势开始趋缓。至 2015 年废气排放再次出现下降。可以初步认为，1995 年以来，中国废气排放量伴随着经济增长总体处于增长趋势，但 2011 年以来，中国废气排放量增长态势已经趋缓，并且个别年份出现下降。

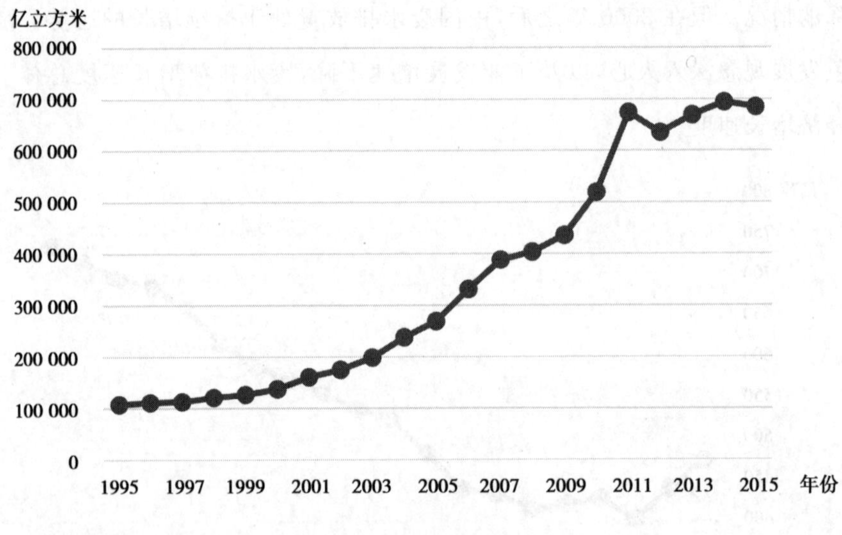

图 3-2　中国废气排放趋势

注：数据来源于《中国环境统计年鉴 2020》。

3）固体废弃物排放分析

固体废弃物排放主要是由工业生产活动、城市建设与基础设施建设等产生的。工业生产活动中固体废弃物排放的危害性相对更大，尤其是危险性工业固体废弃物，危害大而且处理难度也大。固体废弃物与废水、废气并称污染排放的“三废”。

如图 3-3 所示，近年来中国固体废弃物排放呈现持续下降的趋势。到 2010 年，全国固体废弃物排放已低至 500 万吨以下。至 2015 年进一步大幅度降至 55 万吨。总体上看，固体废弃物排放已经取得了良好控制，排放量随着经济增长而持续下降。

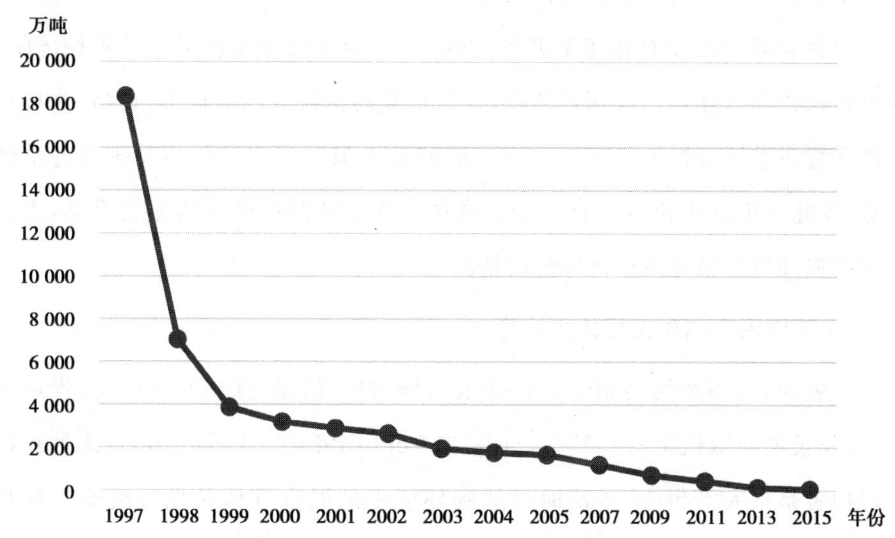

图 3-3　中国固体废弃物排放趋势

注：数据来源于各年《中国环境统计年鉴》。

从图 3-1 至图 3-3 所反映的污染排放量来看，废水排放量总体呈现持续增长态势，废气排放虽个别年份下降但是总体上仍处于增长态势，固体废弃物排放则呈现出了明显的下降趋势。由于没有统一的走势，因此我们还不能准确判断整体环境污染是改善还是恶化。当我们进一步观察废气、废水、固体废弃物排放的组成污染物时（次级指标），这种不统一的走势仍然存在。因此，以单个环境污染排放指标来分析环境污染整体走势是不正确的，同时希望借由各个环境污染排放指标的简单加总求和来进行走势分析，也是不现实的。必须有一个科学合理的方法对综合环境污染损失进行测算。因此，测算或评估中国环境污染成为一个重要的研究课题。

3.1.2 污染损失指标体系分析与估算

从前述分析，近年来中国各主要环境污染排放物的走势是不一致的。谭晶荣、温怀德(2010)针对长三角江浙沪的研究明确指出，不同省份主要环境污染排放物的走势是不一致甚至是相反的。

为克服环境污染整体走势判断的困难，也为了便于本次研究计量经济学，本书将构建综合环境污染指标体系，并以恢复污染排放所需成本(价格)为权重估算环境污染经济损失。该综合指标能够最大限度代表环境污染排放的整体形势，以此避免以往利用单个或几个独立环境污染指标进行的相关研究，无法准确把握环境污染排放整体形势的情况。

1）环境污染估算指标体系设定

一般而言，环境污染指标应包括水污染、空气污染、固体废物污染、噪声污染，以及长期环境损害等。其中，Daly 和 Cobb(1994)、Clarke(2003)认为长期环境损害是指人类生存、生活时排放到环境中的温室气体长期改变着气候环境，从而产生了紫外线辐射增强等不利影响，而这些气候环境影响是长期和不可逆的，也就是说长期环境损害是累加的，可以结合环境污染相关数据的可得性设置综合环境污染损失指标体系。空气污染主要由废气排放造成，一般包括二氧化硫(SO_2)、二氧化碳(CO_2)、工业粉尘及烟尘、一氧化碳(CO)等。一般认为一氧化碳(CO)指标数量级较小因而损失少，因此舍弃。① 水污染主要由废水排放中的化学需氧量排放(COD)和氨氮排放引起，其中氨氮排放量非常少，带来的经济损失也很小，因此该指标可以舍弃。估算噪声污染损失时按照谭晶荣、温怀德(2010)的做法，可采用一个统一的估算方法，因此不设置次级指标。

---

① 刘渝琳、温怀德(2006)的研究估算了全国 CO 经济损失占污染总损失的比例为 4%左右，但各省区市的数据比较难以获得，因此舍弃 CO 排放指标。

固体废物污染排放主要包括工业固体废弃物污染，但由于近些年各省区市排放量日益减少，甚至部分省市的排放量接近零，因此这些省区市的统计年鉴已不再公布固体废弃物排放量，因此这里也舍弃。① 长期环境损害由 CO_2、甲烷（CH_4）、二氧化氮、氟氯化碳化合物等温室气体造成，其中 CO_2、CH_4 是最为主要的因素。综合以上考虑，本研究选取空气污染、水体污染、噪声污染、长期环境损害等作为估算综合环境污染损失的二级指标。指标体系设置见表 3-1。

表 3-1　综合环境污染经济损失指标体系

环境指标	类型	可估算具体指标
环境污染指标	空气污染指标（T_1）	CO_2（T_{11}）、SO_2（T_{12}）、烟尘（T_{13}）、工业粉尘（T_{14}）
	水体污染指标（T_2）	COD（T_{21}）
	噪声污染指标（T_3）	噪声污染（T_{31}）
	长期环境损害（T_4）	CO_2（T_{41}）、CH_4（T_{42}）

据此，可以得到环境经济损失指标的计算公式：

$$P = \tilde{\omega}_1 T_{11} + \tilde{\omega}_2 T_{12} + \tilde{\omega}_3 T_{13} + \tilde{\omega}_4 T_{14} + \tilde{\omega}_5 T_{21} + \tilde{\omega}_6 T_{31} + \tilde{\omega}_7 T_{41} + \tilde{\omega}_8 T_{42} \tag{3-1}$$

式中，P 表示环境污染损失，T 表示二级指标，$\tilde{\omega}$ 为各三级指标的权重。

2）综合环境污染损失估算的方法及结果

Guenno 和 Tiezzo(1998)根据修复污染所需成本核算了环境污染损失。其研究中的 CO_2 排放损失在 1988 年的价格（下同）为每吨 4.965 元；SO_2 排放损失是每吨 1 101.742 元；工业粉尘及烟尘等悬浮颗粒物排放损失为每吨 617.869 元。水污染 COD 排放方面，根据 Clarke(2003)的研究排放损失为每吨 1 116.63 元。

---

① 学者估算固体废弃物污染损失的主要方法是计算废物堆积占地对农业造成的损失，据此，过孝民，张慧勤(1990)、郑易生，钱薏红等(1997)、夏光(1998)、郑易生，阎林等(1999)估算了固体废弃物污染损失，估算结果分别占总污染损失的 1.5%、3.6%、3%，这个结果对总污染的影响并不是很大。由于目前各省环境状况公报没有关于固体废物占地的统计数据，因此本书拟不设置固体废物指标。

Daly 和 Cobb(1990)提交的研究报告指出,噪声污染造成的损失约为国内生产总值的 1%,也就是说随着经济活动的不断发展,工业活动、交通运输等现代社会经济活动也日益频繁,人类以及生物界都会承受更多的噪声,因此噪声带来的污染损失也随之不断增加。Daly 和 Cobb(1994)、Clarke(2003)提出长期环境损害是累加的,也就是每年的损失实际上是新增损失加上以往总损失。计算时主要是累加 CO_2、CH_4 损失。Nordhaus(1991)提出 CO_2 引起的长期环境损害为 3.2144 元每吨。CO_2 排放还没有官方数据公布,估算方法借鉴陈诗一(2009)的研究,以煤炭、石油、天然气等化石能源消耗量为基础进行估算,煤炭的二氧化碳排放系数分别为 2.763 千克标准煤/千克、石油排放系数为 2.145 千克标准煤/千克、天然气排放系数为 1.642 千克标准煤/立方米。同时,Clarke(2003)提出,计算损失时可以将 CH_4 排放乘以 18.7227 转换为 CO_2 排放当量。[①] 因此,计算环境污染指标的公式可以做如下进一步表示:

$$P = 0.004\,965T_{11} + 1.101\,742T_{12} + 0.617\,869T_{13} + 0.617\,869T_{14} + 1.116\,63T_{21} + 0.01YT_{31} + 0.003\,21T_{41} + 0.060\,182T_{42} \tag{3-2}$$

式(3-2)中的 P 就是综合环境污染损失。关于数据来源,煤炭、石油、天然气化石等能源消耗量,以及其他各主要污染物排放量均取自各年《中国统计年鉴》、各年《中国能源统计年鉴》,并以《新中国 60 年统计资料汇编》做补充。根据式(3-2)计算并利用 PPI 指数转换为 1995 年价格后可测算得到中国综合环境污染损失,见表 3-2。

从表 3-2 可知,中国综合环境污染损失基本处于持续增长的趋势,但增速呈现明显的放缓态势。以上结果为 1995 年价格,若利用 PPI 折算 2010 年价格,则 2010 年的环境污染损失已达万亿。这说明,当前中国综合环境污染损失的

① 关于甲烷排放污染损失的核算方法,王明星等(1993)认为我国甲烷排放的重要来源是稻田排放。李庆逵(1992)研究指出我国冬季淹水稻田 CH_4 总排放量为 3.39Tg,而我国冬季淹水的稻田面积约占稻田总面积的 12%,同时冬季排水稻田 CH_4 总排放量为 4.21Tg。于是结合各地田地数据便可以估算两类稻田的 CH_4 总排放量。

数量级已经较为庞大。其中 1998 年、2003 年、2005 年、2011 年为增长高峰，增长率分别达到 27.5%、14.03%、14.04%，分别对应 1997 年亚洲金融危机、2001 年中国加入世贸组织以及 2008—2009 年全球金融危机之后的 2 年左右时间，经济的快速反弹带动了环境污染的高速增长。根据上表可进一步得到图 3-4，可以清楚地看到中国综合环境污染损失总体处于上升的过程中。

表 3-2　1995—2017 年中国综合环境污染损失表(1995 年价格)

年份	总污染损失(亿元)	增长率(%)	年份	总污染损失(亿元)	增长率(%)
1995	2 387.60	—	2007	8 415.41	9.06
1996	2 596.86	8.76	2008	9 103.13	8.17
1997	2 801.35	7.87	2009	9 852.90	8.24
1998	3 561.83	27.15	2010	10 776.99	9.38
1999	3 693.99	3.71	2011	12 290.50	14.04
2000	4 068.80	10.15	2012	13 228.52	7.63
2001	4 389.29	7.88	2013	14 156.89	7.02
2002	4 781.39	8.93	2014	15 177.47	7.21
2003	5 452.04	14.03	2015	16 043.83	5.71
2004	6 106.51	12.00	2016	16 372.55	2.05
2005	6 963.85	14.04	2017	17 311.31	5.73
2006	7 716.47	10.81			

注：数据来源于 1994—2019 年《中国能源统计年鉴》、1994—2019 年《中国统计年鉴》，以及《新中国 60 年统计资料汇编》。

但总的来看，近年来综合环境污染损失增长速度有趋缓的态势，尤其是 2012 年以来增长趋缓的态势较为明显。根据表 3-2 我们还发现 2011 年是一个重要年份，在此之前的综合环境污染损失增速相对更高，该时期平均增速为 10.9%。2012 年及以后的综合环境污染损失增速均为 7%及其以下，计算平均增速为 5.3%。可见，2012 年以后我国综合环境污染损失快速增加的态势已

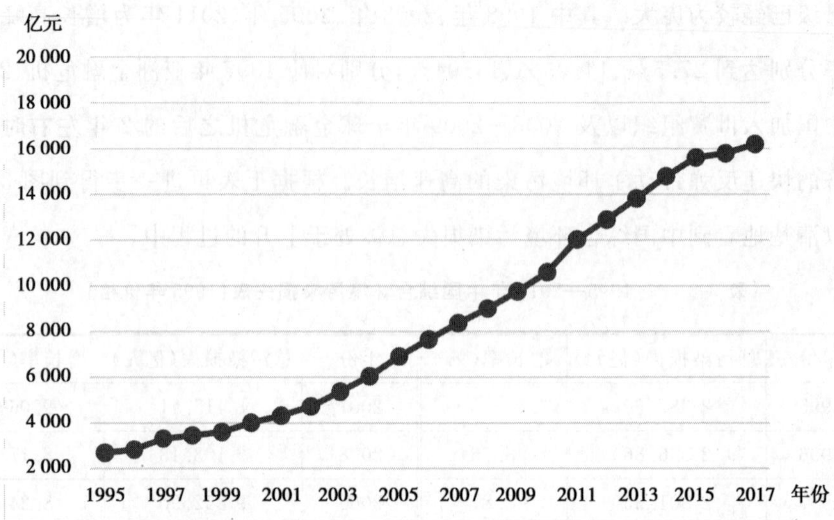

图 3-4　中国综合环境污染损失走势

经得到了初步遏制。

不可否认,将过往学者研究计算的环境损失价格作为权重可能仍然存在一定的不足。例如,当技术进步或其他一些外部条件改变后,恢复污染排放造成损失的成本价格可能会发生变化。因此这种方法可能导致积累到一定时期后价格权重的合理性下降。

但本文认为这种价格权重法的优点更为突出:一是丢失的信息量少,该方法使得主要的环境指标都能组合起来,环境综合指标具有更强的整体代表性;二是单一的价格权重使得环境综合指标更加具备历史纵向比较能力,该环境综合指标更加突出了污染指标自身,其变动并非由价格变化导致;三是避免了使用复杂的数理统计方法,近年来多量纲指标体系评价的数理统计方法演化较频繁,因此价格权重法也避免了由于数理统计方法取得进展而带来的综合指标数值发生大幅变动。虽然价格权重法依然存在不足,但由于上述优势,本研究认为这是当前的最优做法。

根据官方权威统计数据和以上估算方法,我们得到了综合环境污染损失数据。由于本研究着重于测算连续年份的数据,因此部分数据不完整的指标被舍弃了，随着统计的不断完善，将来可能会获得更为丰富的污染排放指标数据，因此综合环境污染损失还可能更大一些。但本表由当前可获得的且最为主要的污染排放构成的评价指标体系估算而得到，因此可以整体上反映综合环境污染损失。

通过搜集各省的污染排放数据，本研究可以进一步估算出全国各省区市1995—2017 年的综合环境污染损失。但为了便于结果展示，本书给出 2017 年各省的环境污染损失估算结果，见表 3-3。

表 3-3 2017 年各省综合污染损失表(1995 年不变价格，亿元)

东部地区				中部地区				西部地区			
山东	1 655.77	上海	386.37	山西	1 213.58	吉林	429.26	内蒙古	1 024.11	广西	293.53
河北	1 152.18	福建	332.33	河南	937.72	江西	293.99	陕西	600.99	甘肃	282.68
江苏	1 117.17	天津	268.71	黑龙江	632.27			四川	575.19	宁夏	228.56
辽宁	1 090.24	北京	205.39	安徽	558.87			新疆	521.89	青海	83.80
广东	847.48	海南	66.03	湖北	553.65			贵州			
浙江	691.00			湖南	477.76			云南			
共计	7 812.67			共计	5 097.09			共计	4 401.55		
平均值	710.24			平均值	637.14			平均值	440.15		

注：数据由作者计算得到，基础数据来源除表 3-2 的数据源之外，还包括各省各年统计年鉴。价格已转换为 1995 年不变价格。四川与重庆数据合并。

通过上表，我们观察我国东中西部地区及其各省区市的综合环境污染损失情况。一个显著特征就是，东中西部地区综合环境污染损失存在明显的差距。不论是从损失的最大值、平均值，还是从损失总值等方面来看，综合环境污染损失都表现出东部最高、中部次之、西部最少的格局。同时还可以发现东中西部地区综合环境污染损失的差距非常大。我们可以初步认为，中国经济越发达的地区总体的环境污染损失也越多。单独观察各省区市的情况，东部地区山东、河北综合环境污染损失最多，中部地区则是陕西、河南两省的综合环境污染损失居前，西部地区是内蒙古、陕西损失较多。

3）环境污染损失估算结果的 EKC 分析

(1)全国层面

图 3-5 利用中国的人均 GDP 与人均综合环境污染损失数据进行作图模拟，即所谓的 EKC 环境库兹涅茨曲线。从中国环境库兹涅茨曲线来看，综合环境污染损失处于上升趋势，当前曲线的上升幅度已经趋缓。图 3-5 全国层面 EKC 趋缓的态势较图 3-4 环境污染整体形势更为明朗。

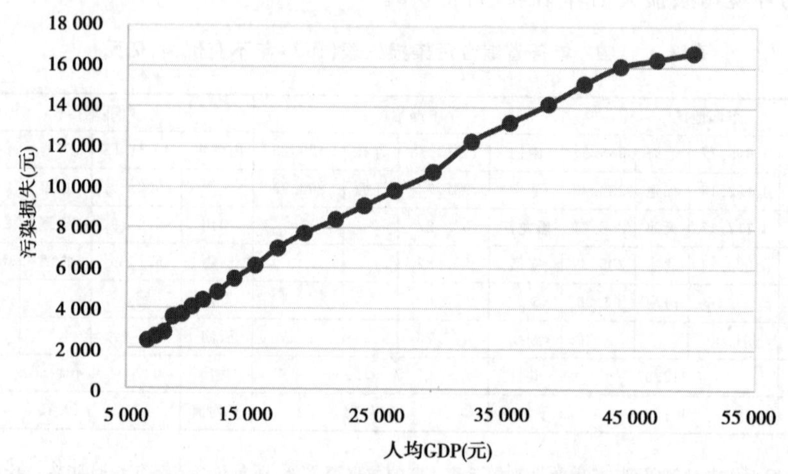

图 3-5　中国人均 GDP 与人均综合环境污染损失的 EKC 关系图

这一方面可能是国内环境保护意识日益增强的结果，尤其是随着 2012 年十八大的召开，国内环境保护的政策和法规越来越严格，绿色发展逐渐成为国家发展战略。另一方面也可能是因为中国进一步融入世界经济体系，先进技术和设备更多地被引入国内生产过程，使得国内经济增长的同时相对可控的环境污染却产生了。也就是说，当前这一发展阶段经济增长的粗放程度有所下降。

(2)省级层面

利用 1995—2017 年中国东部地区、中部地区、西部地区的综合环境污染损失和人均 GDP 数据，我们可以绘制三大经济区域的 EKC 散点图，于是得到图 3-6、图 3-7、图 3-8。

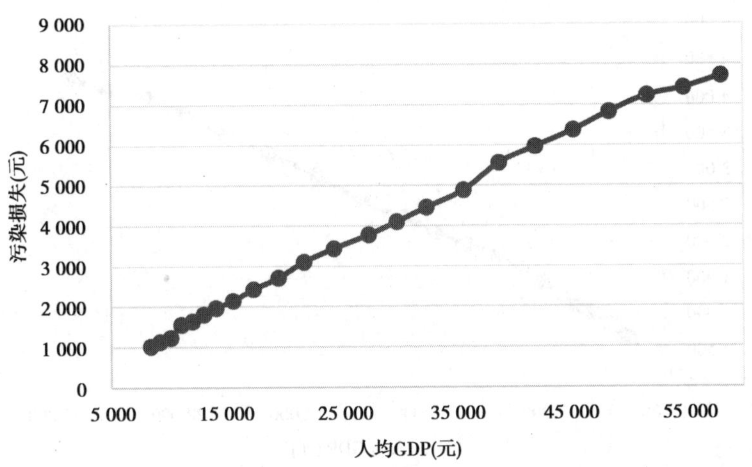

图 3-6　东部地区综合环境污染损失与人均 GDP 的 EKC 散点

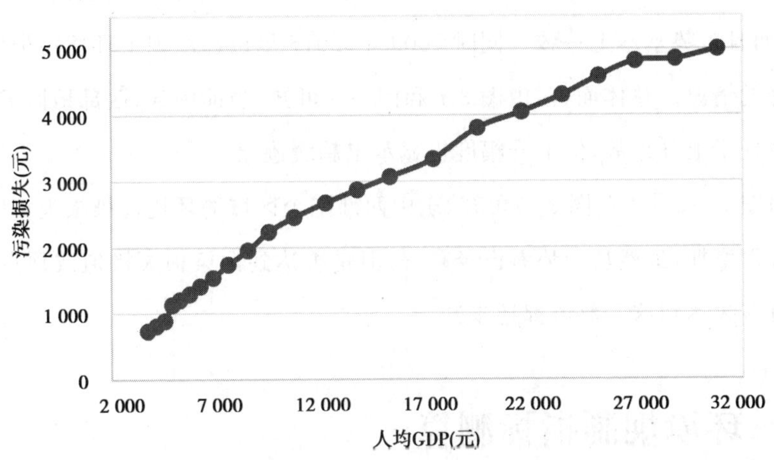

图 3-7　中部地区综合环境污染损失与人均 GDP 的 EKC 散点

图 3-6 表明，东部地区的综合环境污染损失总体上伴随着本地区的经济增长处于上升趋势。其中 2009 年、2016 年环境污染损失曾出现了较为明显的增长率下滑，但 2010 年又重拾升势，但增长幅度不大。2017 年也出现了反弹，因此整体上还不能判断综合环境污染损失是否达到了极大值。从图 3-6 可知，当前东部地区 EKC 曲线的斜率绝对值在下降，即环境污染损失增长幅度已经趋缓。

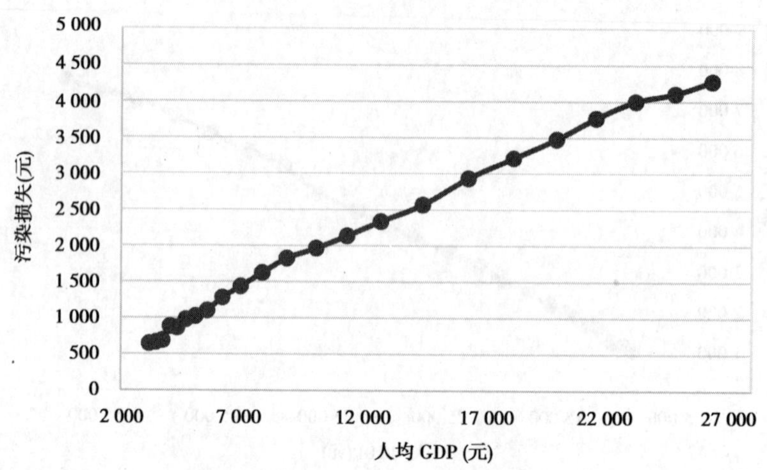

图 3-8 西部地区综合环境污染损失与人均 GDP 的 EKC 散点

图 3-7 和图 3-8 表明，中部地区、西部地区的综合环境污染损失也处于上升趋势，而且走势基本上一致。同时 2009 年、2016 年也都出现了环境污染增幅明显下降的情况。总体而言，由图 3-7 和图 3-8 可知，当前中部、西部地区 EKC 曲线总体处于上升趋势，但上升幅度也显示出趋缓迹象。

由图 3-6、图 3-7、图 3-8 可知，东中西部三个区域的环境污染损失仍随着经济增长而增加，虽然从走势看已经趋缓，但是否达到污染损失极值或顶点值，以及还有多久达到这一数值都还未知。

3.2 环境规制指标测算

3.2.1 环境规制指标测算方法

1）环境规制行为工具指标

环境规制行为工具指标是指为实现环境管理目标，以政府为主导的各类环境保护行为的指标包括采取污染排放税费、设置污染排放标准、投入污染治理经费等。一般认为,此类环境规制主要是政府为了更好地实现环境管理而实施的政策,这些政策的强度就可以反映出国家或者地区的环境规制强度。关于环境规制行为工具指标类型的划分,世界银行(1997)、保罗·R.伯特尼(2004)、托马斯·思德纳(2005)等均进行了相应的研究。他们的研究对环境规制行为工具指标类型进行了不同的划分,但总体上非常接近。目前大多数研究将环境规制行为工具划分为三个类型,依次是“命令控制型”“市场激励型”以及“公众参与型及其他”。

(1)命令控制型行为工具

命令控制型行为工具是指政府机关出台法律法规或相关标准,并依据这些文件对企业生产活动实施约束,具体来说就是限制或禁止环境污染排放方式或排放数量,通过直接地影响生产者的污染排放行为,从而实现政府设定的环境质量目标。实际研究中,可以从环境管理政策的数量和严厉程度、参与国际环境保护公约的数量、政府环保执法部门公务人员的数量,以及环境管理机构对生产者排放监督检查的次数等方面,来表示环境规制的强度(李树,2014;Brunnermeier 和 Cohen,2003)。

(2)市场激励型行为工具

市场激励型行为工具是指政府机关通过政策制定与实施来引导市场,从而促使企业自主地改变生产行为,也就是说利用市场调节的方式改变企业的污染处理方式以及排放数量,从而实现改善和保护环境的目标。一般认为,当前我国市场型工具可以包括排污收费政策与可交易的许可证政策。排污收费政策是指当企业的污染物排放超过标准的时候,必须按照政府预先制定好的政策或法律支付相应税费。实际研究中,可以利用企业实际支出作为环境规制,也可以使用企业为了防止污染排放超标而实际支出的成本占总成本的比重来表示,抑或是利用运行污染防治设施设备的成本来表示(Gray,1987;Berman,2001;Lanoie,2008;赵红,2007;张成 等,2010)。可交易的许可证政策是指国家为实现环境改善的目标,通过市场手段促使生产者改进生产和污染排放行为,将企业外部支付成本转化为内部成本的一种政策安排。董敏杰(2011)提出,这种政策安排虽然在中国已经实施了20年,但限于法律法规滞后、配套措施不完善、政策执行力度不够,以及可供交易的市场规模小等因素,符合中国实际情况的许可证交易市场还没有真正形成。

(3)公众参与型及其他环境规制行为工具

其他环境规制工具主要包括以下三种:第一种是公众参与,即在环境保护等公共事务当中,可以实现相关部门和广大居民的共同参与,从而实现广泛而积极的环境治理。第二种是信息公开,也就是政府机构以及社会组织机构主动公布生态环境相关信息资源,包括社会组织、企业和居民在内的公众就能够通过合法而便利的方式获取到信息资源,从而促进公众更多更好地参与环境保护。第三种是自愿协议,也就是在政府的引导下生产者自愿地与政府主管部门签订污染防控相关协议。这些协议通过节约、高效利用资源和降低污染排放来最终实现环境质量改善。这种协议的签订主动权在于企业,企业根据利益的综合判断自愿向政府相关部门承诺环境保护的义务(刘金林,2015)。到目前为止,这里述及的三种环境规制工具都有一定范围的实施,但由于实施范围和深度广度都还不够,因此还没有产生广泛而具有实质性的结果。

2)环境规制效果型指标

以上无论是命令控制型还是市场型或其他类型的环境规制行为工具,都存在法律法规完善程度以及政策执行强度的问题,都只能观察规制的行为而不能直接观察到规制的成效。如果我们采用并不十分完善的法律法规,以及不能具体度量的手段来衡量环境规制,就很有可能得不到客观的环境规制强度数据。此外,如果把控制污染设施的运行费用作为衡量环境规制指标,则很可能使规制行为与规制效果二者的不一致关系更加明显。因为污染排放量的增加很可能导致控制污染设施运行费用的增加,但这种情况下的运行费用增加显然不能认为是环境规制强度提高了。同时由于环保执法可能会存在执法缺位情况,或是以行政处罚替代法律执行以及过度执法等情况,因此使用环境保护监督检查的次数作为环境规制也是不恰当的。

也就是说环境规制行为工具指标的数值很可能不能准确衡量环境规制强度。一项看似严格的法律法规很可能因为执行缺位而变成较弱的环境规制，相反，一项看似宽松的法律法规却因为执行严格或者具有前瞻性而实际上具有很好的环境规制效果，即环境规制强。因此新的环境规制指标被引入并广泛使用。

21 世纪以来，学者们引入了环境规制效果型指标。第一类是以人均收入作为侧面环境规制指标，这是由于部分学者们认为这二者具有很高的相关性（Antweiler，2001；陆旸，2009）。该方法使得外生的环境规制变量可以用内生的人均收入来衡量。第二类是使用环境管制情形下的环境污染排放情况来衡量。这类方法不直接关注政府采取了什么类型的环境管制措施，当观察到环境污染排放量减少，那么环境规制强度就一定是提升的，而如果排放量是增加的，那么环境规制强度理应还比较弱。Domazlicky 和 Weber（2004）等首先使用了这种方法衡量环境规制，而后朱平芳（2011）、傅京燕和李丽莎（2010）等进一步构建环境污染排放指标体系用以衡量环境规制的强度。第三类方法是在第二类方法的基础上发展而来的，认为污染排放量本身不足以完全反映环境规制效果，还应引入单位污染排放量、单位能源投入量所创造的 GDP 等指标，或者是单位 GDP 所需的能源投入或环境污染排放量指标，这类方法以 GDP/能源投入、GDP/污染排放量为主，例如 Kheder 和 Zugravn（2012）、马淑琴等（2019）、Wen 和 Dai（2020）的做法。

综上所述，本文认为环境规制效果型指标的第三类方法能较好地综合反映政府针对环境问题的一系列法律法规和政策措施执行效果、人们对于优质环境的需求提升而形成的环境约束，以及企业对于政府管制和人们环境需求提升的应对等，再考虑到数据的可得性，拟借鉴 Kheder 和 Zugravn（2012）、马淑琴等（2019）、Wen 和 Dai（2020）的做法，以 GDP/能源投入作为代理变量，同时以 GDP/污染损失、GDP/二氧化碳排放等作为代理变量进行稳健性分析来度量环境规制强度。一般说来，在 GDP 不变的情况下，能源消费量或污染排放量越少，意味着环境规制的强度越大。

3.2.2 环境规制强度的测算结果与分析

1）数据说明

本文在模型中用到了环境规制强度指标 E，以 GDP/能源投入作为代理变量，同时以 GDP/污染损失、GDP/二氧化碳排放等作为代理变量进行稳健性分析。GDP/能源投入用 E_energy 表示，能源投入是各省折算为标准煤的三种主要化石能源消费量。GDP/污染损失，用 E_pul 表示。污染损失的测算借鉴刘渝琳和温怀德（2006）、谭晶荣和温怀德（2010）的研究，利用主要污染物排放量估算环境污染综合损失[①]，上述研究中环境污染损失的价格权重以 1988 年为基期，本文以 PPI 指数转换为 1995 年价格。GDP/二氧化碳排放，用 E_CO_2 表示。二氧化碳排放估算方法借鉴陈诗一（2009）的研究，以煤炭、石油、天然气等化石能源消费量为基础进行估算，三者的二氧化碳排放系数分别为 2.763 千克标准煤/千克、2.145 千克标准煤/千克、1.642 千克标准煤/立方米。

数据来源主要包括《新中国 60 年统计资料汇编》，以及各期《中国统计年鉴》、各省级地区统计年鉴、《中国环境统计年鉴》、《中国能源统计年鉴》等。不同年份数据若有差异，以最新统计年鉴为准。

2）测算结果

本文主要采用面板数据进行计量分析，需要测算各省级地区环境规制强度指标，但为了更清晰地掌握环境规制的总体走势，本文将 1995—2017 年全国环境规制强度指标的计算结果也列出分析，见表 3-4。

---

① 上述研究使用了空气污染、长期环境损害、水体污染、固体废弃物污染、噪声污染等指标，但由于数据原因放弃了固体废弃物污染指标。本文进一步认为，噪声污染并非典型的环境污染物，且损失估算难有客观标准，因此拟放弃噪声污染指标。

表 3-4　1995—2017 年全国环境规制指标计算结果

年份	环境规制 1（GDP/能源投入）	环境规制 2（GDP/二氧化碳排放）	环境规制 3（GDP/污染损失）	年份	环境规制 1（GDP/能源投入）	环境规制 2（GDP/二氧化碳排放）	环境规制 3（GDP/污染损失）
1995	4 676.15	1 896.15	22.82	2007	6 108.84	2 527.36	22.76
1996	4 986.43	2 025.79	23.82	2008	6 509.75	2 724.21	23.17
1997	5 416.46	2 219.93	22.21	2009	6 792.94	2 845.14	23.39
1998	5 827.15	2 393.39	22.98	2010	7 002.15	2 978.49	23.82
1999	6 080.07	2 487.05	23.70	2011	7 144.47	3 007.54	23.01
2000	6 309.82	2 628.35	23.13	2012	7 419.52	3 176.00	23.16
2001	6 456.46	2 720.81	23.23	2013	7 714.79	3 330.96	23.30
2002	6 461.21	2 713.80	23.20	2014	8 105.08	3 555.87	23.34
2003	6 115.39	2 539.05	22.44	2015	8 581.72	3 815.04	23.63
2004	5 762.39	2 396.75	21.97	2016	9 032.44	4 083.96	24.92
2005	5 655.77	2 335.52	21.41	2017	9 372.22	4 285.32	25.28
2006	5 815.61	2 403.02	21.80				

注:数据为作者计算得到。

根据表 3-4 环境规制强度全国层面的计算结果,可以绘制图 3-9、图 3-10、图 3-11。

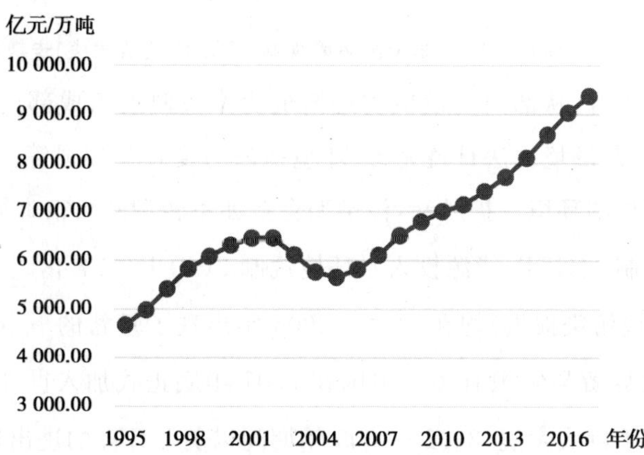

图 3-9　1995—2017 年全国环境规制 1(GDP/能源投入)走势图

从三个指标的走势图可以看出,全国的环境规制强度总体上处于一个持续上升的趋势。这与我们观察到的实际情况基本相符,包括中央政府的环境保护

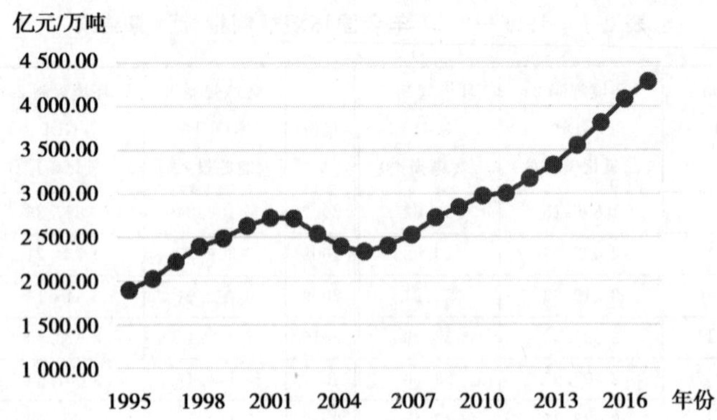

图 3-10 1995—2017 年全国环境规制 2(GDP/二氧化碳排放)走势图

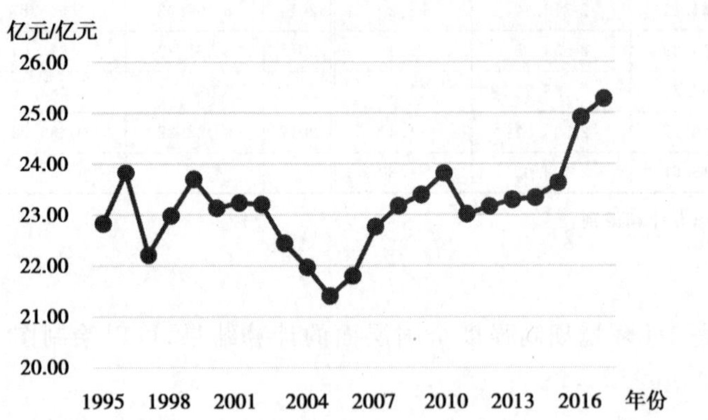

图 3-11 1995—2017 年全国环境规制 3(GDP/污染损失)走势图

部门级别不断上升，从部门内设机构逐渐成为中央政府组成部门，再到如今的生态环境部，以及环境立法日益完善、环境执法力度日益加强等。尤其是，近几年还出现了罕见的环境保护风暴，污染型企业如不转型升级很难继续生存。

但环境规制 1(GDP/能源投入)、环境规制 2(GDP/二氧化碳排放)、环境规制 3(GDP/环境污染损失)均在 2002—2005 年出现了短暂的下滑，其原因可能与中国加入世界贸易组织有关。中国在 2001 年底正式加入世界贸易组织，进出口贸易获得了巨大发展，2002—2005 年期间以美元计算的进出口贸易增速接近 30%，为有史以来对外贸易增长最快的时期。贸易开放极大地强化了中国在世界上劳动密集型产业分工的格局，中国成为名副其实的中低端产品的世界工厂。从表 3-5 可以发现，2002—2005 年期间，能源消耗、二氧化碳排放、污染损失等增速均出现统计期内的最大的平均值，且远远高于其他时期；与此同时，这一时期的GDP虽然也是高速增长，但增速并不显著高于其他时期，而且明显低于能源消耗、二氧化碳排放、污染损失等的增速。换句话说，这段时期我国用大量新增的能源投入和二氧化碳排放、环境污染等代价换取了不是特别突出的经济增长。因此反映到环境规制变量环境规制1(GDP/能源投入)、环境规制2(GDP/二氧化碳排放)、环境规制3(GDP/环境污染损失)时就出现了相对下降的趋势。这一时期的实际环境规制力度就是下降的。

表3-5 1996—2017年GDP与环境规制增速对比

单位：%

年份	GDP增速	能源消费增速	CO_2 排放增速	污染损失增速
1996	9.9	3.06	2.87	5.29
1997	9.2	0.53	−0.35	17.13
1998	7.8	0.2	−0.01	4.2
1999	7.7	3.22	3.64	4.44
2000	8.5	4.55	2.67	11.16
2001	8.3	5.84	4.62	7.81
2002	9.1	9.02	9.38	9.25
2003	10	16.22	17.57	13.73
2004	10.1	16.84	16.64	12.46
2005	11.4	13.5	14.32	14.32
2006	12.7	9.6	9.53	10.67
2007	14.2	8.72	8.58	9.38
2008	9.7	2.94	1.77	7.78
2009	9.4	4.84	4.75	8.36
2010	10.6	7.3	5.65	8.62
2011	9.5	7.32	8.44	13.33
2012	7.9	3.9	2.18	7.2
2013	7.8	3.67	2.78	7.19
2014	7.3	2.13	0.51	7.11
2015	6.9	0.96	−0.36	5.57
2016	6.7	1.38	−0.33	1.19
2017	6.9	3.02	1.88	5.36

注：数据为作者计算得到。

采用同样的方法对分地区的数据进行计算，可以得到东中西部地区环境规制强度指数的均值，计算结果见表 3-6。

虽然全国范围内的环境政策整体上较为一致，但由于各省经济技术基础不同，环境政策的执行能力、创新能力不同，因此实际的环境规制强度存在差异。总体而言，东部地区环境规制强度最高，这与其地方政府更强的管理能力、居民更高的环境要求、更好的经济技术基础密切相关。其次是中部地区，西部地区最低。这与中国阶梯式经济级差相关，总体上中部地区经济技术水平较西部更高，但明显低于东部地区。西部地区目前存在承接东部产业转移的情况，整体经济技术水平较低、环境治理能力较弱，导致其环境规制强度相对更低。

表 3-6 1995—2017 年中国东中西部地区环境规制 1(GDP/能源投入)计算结果

单位：亿元/万吨

年份	东部地区	中部地区	西部地区	年份	东部地区	中部地区	西部地区
1995	6 186.15	3 655.49	3 239.55	2007	8 727.58	6 195.29	4 310.85
1996	6 496.16	4 073.24	3 395.16	2008	9 153.13	6 563.89	4 522.09
1997	7 020.84	4 557.83	3 545.18	2009	9 583.99	6 949.61	4 764.88
1998	7 570.38	5 009.05	3 923.38	2010	9 907.34	7 256.06	4 923.04
1999	7 993.99	5 499.69	4 254.05	2011	10 203.47	7 534.98	5 012.94
2000	7 859.01	5 671.39	4 304.02	2012	10 731.90	7 977.27	5 212.29
2001	8 493.03	6 023.45	4 410.19	2013	11 871.89	9 152.90	5 833.41
2002	8 346.09	5 940.67	4 391.43	2014	12 489.39	9 646.58	6 076.11
2003	8 404.82	5 859.65	4 311.51	2015	13 140.45	10 305.92	6 442.75
2004	8 400.58	5 715.19	4 125.45	2016	13 768.93	10 935.22	6 805.29
2005	8 108.87	5 748.23	4 062.34	2017	14 445.19	11 559.35	7 046.67
2006	8 374.21	5 933.35	4 146.24				

注：数据为作者计算得到。

根据表 3-6 进一步绘制图 3-12，可以更加清晰地看到，东部地区环境规制强度最高，中部地区居中，而西部地区环境规制强度相对最低。

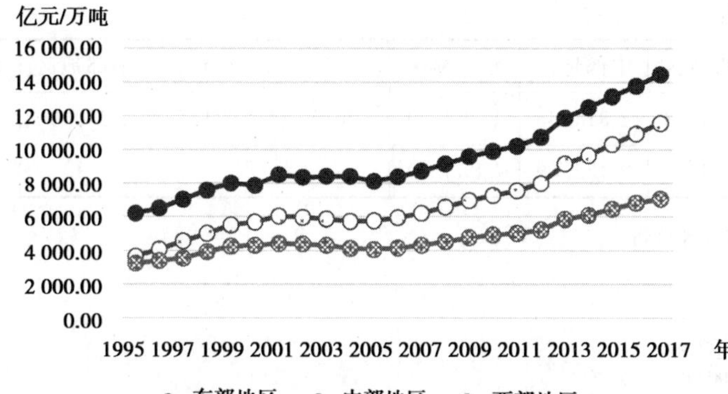

图 3-12　1995—2017 年中国东中西部地区环境规制 1(GDP/能源投入)走势图

本文同时测算了环境规制 2(GDP/二氧化碳排放)、环境规制 3(GDP/污染损失),以便作为实证研究的稳健性分析。环境规制 2(GDP/二氧化碳排放)的东中西部地区环境规制均值结果见表 3-7,相应绘制了图 3-13。可以看到环境规制 2 和环境规制 1 的走势基本一致,但是东部地区环境规制强度指数明显更高,而中部地区、西部地区的差距相对更小,尤其是 2000 年之前指数基本接近。

表 3-7　1995—2017 年中国东中西部地区环境规制 2(GDP/二氧化碳排放)计算结果

单位:亿元/万吨

年份	东部地区	中部地区	西部地区	年份	东部地区	中部地区	西部地区
1995	2 815.64	1 434.05	1 489.75	2007	4 430.13	2 536.43	1 940.41
1996	2 957.57	1 586.48	1 552.60	2008	4 717.76	2 760.22	2 073.11
1997	3 239.62	1 816.12	1 624.57	2009	4 924.03	2 967.72	2 150.63
1998	3 480.49	2 006.84	1 786.53	2010	5 027.86	3 059.70	2 267.55
1999	3 638.79	2 202.09	1 966.52	2011	5 113.34	3 107.68	2 325.91
2000	3 713.67	2 324.93	2 038.00	2012	5 539.03	3 488.63	2 394.11
2001	3 903.85	2 414.96	2 128.63	2013	6 060.29	3 937.99	2 618.28
2002	3 958.64	2 535.30	2 188.69	2014	6 508.59	4 293.75	2 880.27
2003	3 922.86	2 495.55	2 049.17	2015	6 996.00	4 643.59	3 201.67
2004	3 956.93	2 397.81	1 912.08	2016	7 499.08	4 961.05	3 558.06

续表

年份	东部地区	中部地区	西部地区	年份	东部地区	中部地区	西部地区
2005	4 013.78	2 314.65	1 892.00	2017	7 971.73	5 250.00	3 698.07
2006	4 218.05	2 423.09	1 853.49				

注：数据为作者计算得到。

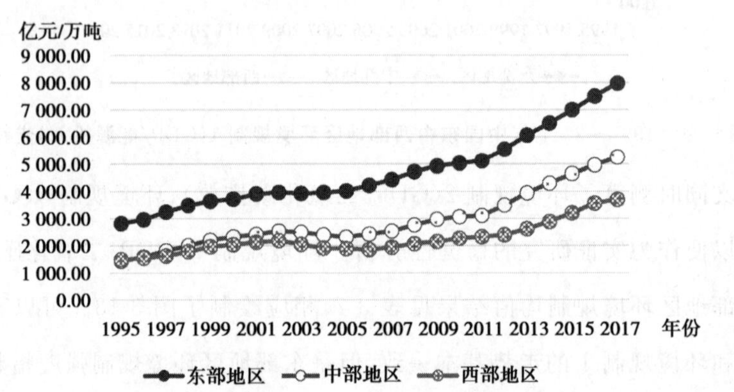

图 3-13 1995—2017 年中国东中西部地区环境规制 2(GDP/二氧化碳排放)走势图

东中西部地区环境规制 3(GDP/污染损失)的均值计算结果见表 3-8，并相应绘制了图 3-14。通过比较，可以看到环境规制 3 与环境规制 1(GDP/能源投入)、环境规制 2(GDP/二氧化碳排放)的走势有所差异，但都基本上处于上升态势。东部地区环境规制强度指数明显更高，而中部地区、西部地区的差距相对较小。1997—1998 年环境规制 3 存在一个下降的情况，这与 1997 年统计口径变化有很大关联，大量乡镇级数据被纳入统计范围，但这没有影响环境规制整体提升的态势。

此外环境规制 3 强度提升趋势更为平缓，这与综合环境污染损失核算方法有关。刘渝琳和温怀德(2006)、谭晶荣和温怀德(2010)在计算综合环境污染损失时，除了核算 CO_2 等空气污染排放物自身造成的环境污染损失外，还核算了以 CO_2 为主的温室气体排放造成的长期环境损害。Daly 和 Cobb(1994)，Clarke(2003)认为长期环境损害主要是指温室气体被不断排放到环境中，从而长期改变着气候，增强紫外线辐射等，这些不利的影响具有不可逆性和长期性，因此长期环境破坏的损失也就具有累加性质。由于长期环境损害的污染损失是累加的，这就造成了近几年能源消费量、CO_2 排放量增速都大幅下降，而综合环境污染损失的增速虽然也降低了但相对而言还较高。因此，单位综合环境污染损失产出的 GDP 相对增长更为缓慢。

表 3-8　1995—2017 年中国东中西部地区环境规制 3(GDP/污染损失)计算结果

单位：亿元/亿元

年份	东部地区	中部地区	西部地区	年份	东部地区	中部地区	西部地区
1995	39.97	21.34	15.92	2007	39.37	20.76	16.15
1996	39.53	22.07	17.43	2008	40.19	21.87	16.76
1997	40.65	22.78	17.77	2009	40.82	23.06	17.34
1998	35.58	19.71	14.97	2010	41.79	24.17	17.99
1999	36.44	19.73	15.96	2011	40.40	23.73	18.33
2000	36.24	19.74	15.35	2012	40.96	24.78	18.84
2001	36.92	19.8[illegible]	15.93	2013	41.72	25.58	19.35
2002	37.38	20.[illegible]	[illegible]	2014	42.04	26.05	19.57
2003	36.65	19.[illegible]	[illegible]	2015	42.71	26.69	20.09
2004	36.97	19[illegible]	[illegible]	2016	44.44	28.87	21.40
2005	36.64	1[illegible]	[illegible]	2017	44.96	29.61	21.71
2006	37.72	19.72	15.31				

注：数据为作者计算得到。

同样地，根据各省区的数据计算得到各省区的环境规制 1(GDP/能源投入)指数，选取 1995 年和 2017 年的计算结果进行对比分析，见表 3-9。可以看到，2017 年，中国各省环境规制 1(GDP/能源投入)指数中，东部地区的北京、上海、江苏、浙江、福建、广东等地明显较高，不过河北、辽宁两个省的环境规制强度指数低于全国平均水平。东部地区整体环境规制强度指数相当高，平均值达

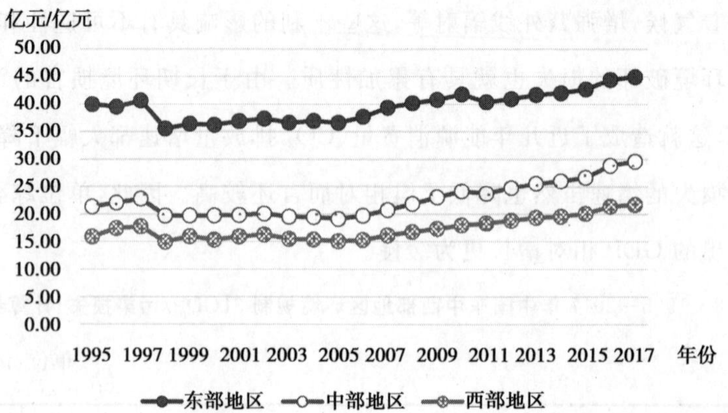

图 3-14 1995—2017 年中国东中西部地区环境规制 3(GDP/污染损失)走势图

到 14 445.19,比中部地区高近 25%,更是比西部地区高出 1 倍。整体来看,中国的环境规制强度指数呈现为东高西低的态势。这与中国由东至西的经济技术水平差异有关。

表 3-9 东中西部各省环境规制 1(GDP/能源投入)对比

单位:亿元/万吨

东部	1995 年	2017 年	中部	1995 年	2017 年	西部	1995 年	2017 年
北京	4 285.75	17 059.42	山西	1 636.70	4 417.94	内蒙古	2 622.26	6 478.18
天津	3 628.05	10 809.04	吉林	2 767.52	13 216.33	广西	6 282.08	12 779.26
河北	3 169.81	8 009.97	黑龙江	3 355.17	11 885.36	四川	3 837.06	11 366.07
辽宁	2 977.07	10 012.18	安徽	4 317.06	13 624.02	贵州	1 998.64	5 891.65
上海	5 596.74	17 614.93	江西	4 890.87	12 769.03	云南	4 628.39	9 068.58
江苏	6 406.28	17 602.74	河南	4 617.03	12 251.36	陕西	3 308.27	9 290.25
浙江	7 333.25	15 805.76	湖北	3 729.80	11 796.07	甘肃	2 037.41	6 179.51
福建	9 188.52	17 354.72	湖南	3 929.75	12 514.69	青海	2 439.98	3 507.22
山东	5 641.67	13 275.08				宁夏	2 259.93	2 412.98
广东	8 077.34	17 900.28				新疆	2 981.48	3 493.04
海南	11 743.12	13 452.93						

注:数据为作者计算得到。

利用中国各省区的数据计算得到环境规制 2(GDP/二氧化碳排放)的数据，选取 1995 和 2017 年的数据进行对比分析，见表 3-10。2017 年，中国各省环境规制 2(GDP/二氧化碳排放)指数中，东部地区的北京、上海、福建、广东等地明显更高，高出全国均值 2～3 倍；但河北、辽宁、山东、海南等省环境规制强度指数却低于全国平均水平。东部地区整体环境规制强度指数相当高，平均值达到 14445.19，比中部地区高出近 52%，更是比西部地区高出 1.16 倍。

表 3-10　东中西部各省环境规制 2(GDP/二氧化碳排放)对比

单位：亿元/万吨

东部	1995 年	2017 年	中部	1995 年	2017 年	西部	1995 年	2017 年
北京	2 052.82	16 799.54	山西	399.17	1 154.18	内蒙古	953.25	1 645.06
天津	1 462.04	6 002.65	吉林	1 028.56	4 754.65	广西	2 944.40	7 475.53
河北	1 189.29	3 824.11	黑龙江	1 209.17	4 134.47	四川	1 667.36	9 549.05
辽宁	993.50	3 748.74	安徽	1 700.56	5 155.13	贵州	805.46	2 207.15
上海	2 319.73	11 190.02	江西	1 956.13	6 311.82	云南	2 302.14	6 488.13
江苏	2 486.04	7 627.33	河南	1 742.78	5 660.66	陕西	1 306.35	2 418.55
浙江	2 905.69	8 518.75	湖北	1 674.34	7 157.75	甘肃	899.59	2 611.52
福建	5 238.24	10 244.00	湖南	1 761.71	7 671.38	青海	1 807.83	2 699.22
山东	2 108.45	4 500.57				宁夏	985.01	697.06
广东	4 383.98	10 972.18				新疆	1226.15	1 189.39
海南	5 832.24	4 261.15						

注：数据为作者计算得到。

利用中国各省区的数据计算得到环境规制 3(GDP/污染损失)的数据，选取 1995 和 2017 年的数据进行对比分析，见表 3-11。2017 年，中国各省环境规制 3 指数中，东部地区的北京、上海、江苏、浙江、福建、广东等地明显更高，高出全国均值 2～3 倍，但河北、辽宁两省环境规制强度指数低于全国平均水平。东部地区整体环境规制 3 指数相当高，平均值比中部地区高 52%，更是比西部地区高出 1.07 倍。东中西部环境规制强度指数梯度明显。

表 3-11 东中西部各省环境规制 3(GDP/污染损失)对比

单位:亿元/万吨

东部	1995 年	2017 年	中部	1995 年	2017 年	西部	1995 年	2017 年
北京	34.41	59.66	山西	8.47	7.36	内蒙古	11.48	12.64
天津	24.21	32.39	吉林	16.33	24.86	广西	17.79	45.79
河北	21.53	21.27	黑龙江	21.57	23.68	四川	14.53	41.54
辽宁	18.24	18.68	安徽	23.44	32.02	贵州	10.38	13.17
上海	41.70	54.37	江西	22.49	39.31	云南	26.52	31.71
江苏	41.92	49.79	河南	25.51	30.15	陕西	14.31	19.47
浙江	48.39	48.31	湖北	25.81	36.77	甘肃	13.02	16.58
福建	61.51	67.53	湖南	27.13	42.71	青海	24.84	17.64
山东	22.88	31.13				宁夏	9.43	6.87
广东	61.08	68.52				新疆	16.91	11.67
海南	63.84	42.87						

注:数据为作者计算得到。

3.3 绿色技术进步指标测算

3.3.1 绿色技术进步指标测算方法

1) 主要方法介绍

全要素劳动生产率的测算实务中,Malmquist 和 Malmquist-Luenberger (ML)指数方法运用较为广泛。Chung 等(1997)在测算全要素劳动生产率时,首次使用方向性距离函数模型(Directional Distance Function, DDF),这是对径向 DEA 模型的一般化表达。在方向距离函数模型中,可以由研究者自定义被评价DMU(决策单元)往生产前沿上投影的方向。在欧氏空间中,投影方向由方向向量定义,该方向向量由投入方向向量和产出方向向量构成。如果存在坏产出(Bad Outputs,或称Undesirable Outputs,非期望产出)的情况,可以在方向距离函数模型中对产出进行区分,分为好产出和坏产出,相应的产出向量区分为好产出向量和坏产出向量。

运用这一方法,可以将产品产出作为期望产出,而将随之产生的环境污染排放量视为非期望产出,这样就可以度量涉及了经济与环境两个方面因素的绿色全要素生产率(Green Total Factor Productivity, GTFP)。这一方法一经提出就得到了广泛使用。Kumar(2006)运用ML指数方法度量了全球四十多个国家绿色全要素生产率,并与传统全要素生产率结果比较,发现二者没有显著性差异,但Malmquist和ML指数方法计算结果的分解项具有显著不同。Feng和Serletis(2014)的研究使用污染排放作为非期望产出,计算了经合组织国家约20年的全要素生产率。他们的研究结果表明,如果不考虑非期望产出,经合组织国家的全要素生产率排名会出现变化,会得出不正确的技术效率。所以Feng和Serletis测算绿色技术进步不仅要涉及预期的经济产出,也必须涉及非预期的环境污染物排放。也正因为如此,在考虑绿色全要素生产率测算的投入要素指标时,既要考虑资本劳动等传统生产模型的生产要素,也要考虑能源消耗。陈超凡(2016)在总结此类研究时,认为方向性距离函数符合可持续发展的经济活动理念,该方法同时考虑了经济生活需要的期望产出,又考虑了资源利用最小化、环境污染最低化的非期望产出。他的研究运用方向性距离函数及ML指数测算了资源环境约束下的工业绿色全要素生产率,然后通过动态面板模型研究工业绿色全要素生产率的影响因素。岳立和李文波(2017)、殷宝庆和刘洋(2018)等也分别以方向性距离函数方法为基础,构建非期望产出污染排放效率模型和期望产出效率模型,测算出绿色全要素生产率指数进行相关研究。

基于DEA模型的Malmquist指数法是较为常用的测算全要素生产率的方法。采用DEA方法,Thomas等(2011)测算了美国2004—2008年50个州的科技研发效率，白俊红等(2010)测算了我国1998—2006年研发创新绩效，白俊红和蒋伏心(2015)测算了我国1999—2013年间省际的研发创新绩效。董敏杰等(2015)测算了我国行业产能利用率，石旻等(2016)测算了我国主要行业经济效率，杨翔等(2015)测算了我国各行业碳生产率，王班班和齐绍洲(2015)测算了我国各行业能源效率，Chen和Golley(2014)则测算了各行业绿色(环境)发展绩效等。Chung等(1997)将包含非期望产出的方向距离函数应用于Malmquist模型，并将得出的Malmquist指数称为Malmquist-Luenberger生产率指数(ML指数)，也就是说，任何包含非期望产出的Malmquist模型得出的Malmquist指数都可以称为Malmquist-Luenberger指数。因此，采用MaxDEA软件将非期望产出模型与Malmquist模型进行结合，就可以测算得到ML指数。

景维民和张璐(2014)指出，许多研究将全要素生产率分解为技术变化和效率变化，但其实技术进步仍应以二者之和来度量。原因在于：一方面，技术变化事实上衡量的是样本前沿的全要素生产率变动，以前沿的生产率变动来衡量技术进步情况并不合理；另一方面，效率变化所反映出的对现行技术知识的吸纳能力，也是技术进步的体现。将技术进步体现为各决策单元对全局前沿技术的连续追赶过程，是一种更加合理的度量。因此，本文采用目前研究当中更为普遍的做法，用ML指数代表绿色全要素生产率，作为绿色技术进步的代理指标。ML>0表示绿色全要素生产率增长，ML<0表示绿色全要素生产率下降。

2) 拟采用方法

由于ML指数反映的是绿色全要素生产率的增长率，因此本研究借鉴邱斌(2008)、陈超凡(2016)等的调整方法，根据测算出来的ML生产率指数进行相乘得到实际的绿色全要素生产率。计算方法是，假定1995年为基期即其绿色全要素生产率为1，1996年的绿色全要素生产率为1995年的基期值乘以1996年的ML指数，1997年的绿色全要素生产率为1996年的绿色全要素生产率乘以1997年的ML指数，以此类推，最终得到调整后的1995—2017年的ML指数。

根据以上文献，本研究借鉴 Chung 等(1997)的方法，采用方向性距离函数(DDF)和固定参比 Malmquist 模型，运用 MaxDEA 软件，测算 1996—2017 年的 ML 指数，然后将 1995 年 ML 指数设定为 1，计算得到 1996—2017 年的 Malmquist-Luenberger 绿色全要素生产率指数。借鉴景维民和张璐(2014)的做法，以绿色全要素生产率来衡量绿色技术进步。

3.3.2　绿色技术进步测算结果与分析

1）数据说明

测算 ML 指数使用的数据包括：投入变量为各地资本存量、就业人员合计和能源消耗总量；期望产出为 1995 年不变价地区生产总值；非期望产出为 CO_2(算法参照：陈诗一，2009)、COD 和 SO_2 等排放指标。数据来自各省级地区统计年鉴和《新中国 60 年统计资料汇编》，以及各期《中国统计年鉴》《中国环境统计年鉴》《中国人口和就业统计年鉴》《中国能源统计年鉴》等。新的统计年鉴由于采用新的统计技术或方法，有可能对以往年份的数据做出微调。不同年份数据若有差异，以最新统计年鉴为准。

2）测算结果

根据上文介绍的方法，本研究测算了全国绿色全要素生产率指数，以此衡量全国层面的绿色技术进步，测算时间段为 1995—2017 年的数据，结果见表 3-12。同时，根据表 3-12 绘制了全国绿色技术进步指数走势图，如图 3-15 所示。

表 3-12　1995—2017 年全国绿色技术进步指数

年份	绿色技术进步指数	年份	绿色技术进步指数	年份	绿色技术进步指数	年份	绿色技术进步指数
1995	1.00	2001	2.05	2007	3.07	2013	6.25
1996	1.38	2002	2.26	2008	3.58	2014	6.94
1997	1.44	2003	2.22	2009	4.10	2015	7.88

续表

年份	绿色技术进步指数	年份	绿色技术进步指数	年份	绿色技术进步指数	年份	绿色技术进步指数
1998	1.51	2004	2.34	2010	4.60	2016	14.14
1999	1.83	2005	2.31	2011	4.96	2017	19.00
2000	1.85	2006	2.56	2012	5.60		

注:数据为作者计算得到。

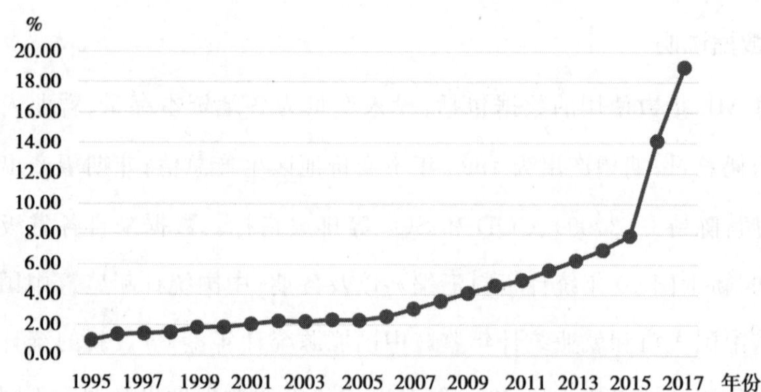

图 3-15 1995—2017 **年全国绿色技术进步指数走势图**

根据图 3-15 可知,全国绿色技术进步指数处于逐步上升的趋势,这与我们观察到的实际情况相符。中国政府已经充分认识到保护环境发展清洁生产技术的重要性,对大量绿色技术和清洁生产项目进行财政补贴、税收优惠支持。例如清洁能源项目补贴、新能源汽车项目补贴、研发项目补贴等等。此外,通过《京都议定书》的清洁发展机制,中国等发展中国家可以通过 CDM 项目获得部分资金援助和先进技术。近年来,普遍存在的具有环境承诺的贸易协定也为中国等发展中国家提升环境规制强度和绿色技术发展提供了支持。其中 2016—2017 年绿色技术进步出现了大幅增长。近两年,在国内环保风暴的刺激下,非期望产出 CO_2、COD 等排放量大幅下降,但期望产出 GDP 仍保持中高速增长,因此在劳动资本投入保持相对稳定的情况下,绿色技术进步指数出现了大幅提升。

运用同样的方法，可以计算出东中西部地区各省绿色技术进步指数均值，见表 3-13。同时，根据表 3-13 绘制了全国绿色技术进步指数走势图，如图 3-16 所示。

表 3-13　1995—2017 年中国东中西部地区绿色技术进步指数

年份	东部地区	中部地区	西部地区	年份	东部地区	中部地区	西部地区
1995	1.00	1.00	1.00	2007	4.88	2.98	2.39
1996	1.16	1.14	1.12	2008	5.63	3.49	2.73
1997	1.48	1.40	1.48	2009	6.39	4.03	3.13
1998	1.44	1.34	1.17	2010	7.34	4.72	3.61
1999	1.63	1.47	1.30	2011	6.97	4.58	2.99
2000	1.84	1.57	1.44	2012	7.70	5.20	3.39
2001	2.18	1.70	1.57	2013	8.54	5.77	3.76
2002	2.51	1.84	1.67	2014	9.40	6.35	4.11
2003	2.78	1.95	1.75	2015	10.39	6.98	4.53
2004	3.19	2.12	1.85	2016	15.35	10.22	7.99
2005	3.57	2.30	1.89	2017	23.10	13.09	9.18
2006	4.14	2.57	2.08				

注：数据根据作者的计算得到。

由于各省经济发展水平不同，人们对美好环境的追求程度也不同，这就要求经济发展水平更高的地区更加需要环境友好的生产方式。总体而言，东部地区绿色技术进步指数最高，这与其企业拥有更强的绿色技术研发能力、区域经济技术基础更好密切相关。其次是中部地区，最后是西部地区。中部地区经济技术水平、绿色技术研发能力等较西部更高，但明显低于东部地区，因此中部地区绿色技术进步水平居中。西部地区许多省份目前还有较重的脱贫任务，迫切需要改变落后的经济面貌，绿色技术进步可能并非当前的核心任务，因此落后于东部、中部地区是比较正常的现象。但也要看到，西部地区并没有急于承接东部淘汰的污染型落后产能，没有急于以牺牲环境的方式获取经济快速发展，我们看到近年来贵州、四川、重庆等一些西部省级地区在经济发展中突出了绿

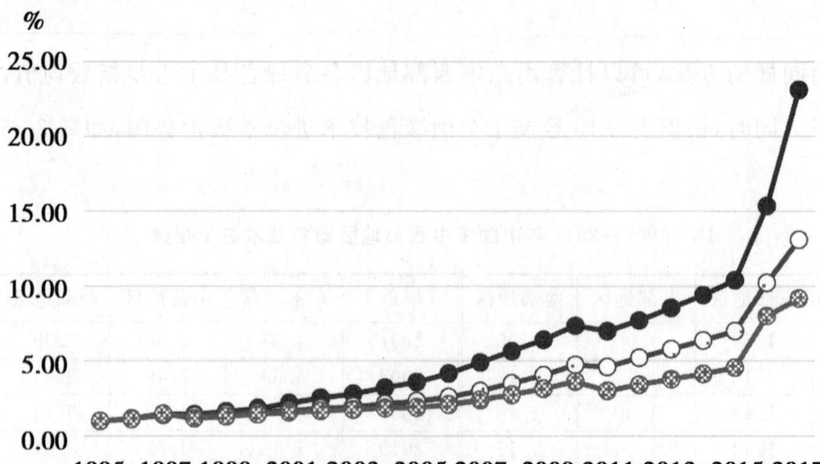

图 3-16 1995—2017 年中国东中西部地区绿色技术进步指数走势图

色发展理念，大力发展大数据、信息、软件、绿色制造等前沿行业，因此西部地区绿色进步指数实际上也保持了相对较快的上升。

运用同样的方法，可以计算出各省区的绿色技术进步指数，见表 3-14。

表 3-14 东中西部各省绿色技术进步指数对比

东部	1996 年	2017 年	中部	1996 年	2017 年	西部	1996 年	2017 年
北京	1.15	40.49	山西	1.12	10.21	内蒙古	1.10	19.92
天津	1.12	15.99	吉林	1.14	14.50	广西	1.06	8.56
河北	1.06	8.72	黑龙江	1.10	10.60	四川	1.15	13.96
辽宁	1.08	14.80	安徽	1.21	12.91	贵州	0.97	7.00
上海	1.14	73.86	江西	1.22	7.87	云南	1.06	7.09
江苏	1.22	20.13	河南	1.11	16.47	陕西	1.41	15.18
浙江	1.35	15.79	湖北	1.17	16.57	甘肃	1.20	7.82
福建	1.27	14.47	湖南	1.07	15.59	青海	1.10	4.01
山东	1.15	18.39				宁夏	1.10	2.29
广东	1.23	19.53				新疆	1.05	5.93

续表

东部	1996 年	2017 年	中部	1996 年	2017 年	西部	1996 年	2017 年
海南	1.03	11.96						

备注：因绿色技术进步指数测算时以 1995 年为基期，取值为 1，因此这里用 1996 年为起始年份进行对比。

2017 年，中国各省绿色技术进步指数中，北京、上海、江苏、广东等地明显较高，不过河北、海南等省绿色技术进步指数明显低于全国平均水平。东部整体绿色技术进步指数相当高，平均值达到 23.1，比中部地区高出近 77%，更是比西部地区高出 1.52 倍。整体来看，中国的绿色技术进步指数呈现东高西低的态势。这与中国由东至西经济技术水平差异有关。

3.4　人力资本水平指标测算

3.4.1　人力资本水平指标测算方法

人力资本是附着于人的知识和技能的总称，其本身是难以测量的，但学术界往往通过与人力资本高度相关的其他方式予以度量。根据以往的研究，人力资本的测算方法主要包括以下三种。

1）人力资本投资成本法

这种方法提出人力资本积累依靠各种形式的投资才能实现，因而将人力资本积累所需的各项投入金额加总，即以人力资本投资总成本来表示人力资本水平。最初的人力资本投资总成本测算是把人力资本积累的投入金额简单累加，之后又逐渐考虑了这些投入资金的机会成本。但由于机会成本的度量又引发了新的计算准确性问题，因此使用并不广泛。Engle(1883)进一步提出人力资本投资成本法还需考虑时间问题，也就是需要把折旧与贴现等因素一并考虑到测算当中去。Engle 认为，人们积累人力资本往往需要漫长的时间投入，其次才是经费投入。Engle 的计算方法当前学术界已经基本不采用，但是这一理念至今仍然对学术界产生着影响。在 Engle 测算方法基础上，学术界又发展了人力资本测算的永续盘存法。人力资本永续盘存法将人力资本也视为资本的一种类型，其计算方法也直接采用物质资本的一般计算方法：

$$H_t = (1-\delta)H_{t-1} + I_t \tag{3-3}$$

式中，H 表示人力资本总投入即人力资本水平；I 表示新增人力资本投入即新产生人力资本；δ 即折旧率。人力资本永续盘存法计算，总投入一般考虑教育投入、培训投入、医疗健康投入、居住迁移投入等。

以上几种类型的人力资本投资成本法，其测算依据和测算方式存在不可克服的缺陷。首先，人力资本水平以投资成本来表示，本身就受到质疑。因为投资行为并不一定能够产生人力资本积累的结果，也就是说行为和效果往往并不是相等的。其次，人力资本的某些部分积累是存在折旧的，例如知识陈旧问题；但另一些人力资本积累则可能不存在折旧，例如基础性知识和经验等。因此以折旧方式计算人力资本存量是不准确的。王德劲（2008）认为上述方法只适合度量人力资本流量。

2）人力资本收入法

该方法不考虑人力资本积累所需的成本，而是主要考虑人力资本形成之后预计所能够取得的收益，并以预期总收益的折现值表示人力资本水平。这种方式得到的人力资本水平，与人力资本投资成本法一样，都是货币价值形态。

人力资本收入法认为人力资本水平的高低与预计的收益应该是成正比的，因此该方法的关注点是人们积累人力资本的成效，而非过程。因此相对于人力资本投资成本法而言，该方法具有一定的优势。但是在具体计算过程中，需要准确掌握未来的总收入，以及设定相对合理的贴现率，这是比较困难的。在测算过程中，由于缺乏权威统计数据，因此学者主要假定预期工资水平能够代表预计总收入，同时假定劳动力市场是完全竞争或者接近于完全竞争市场。

朱平芳、徐大丰(2007)根据上述假定,在一般生产函数基础上提出了人力资本收入法的度量方法。

$$V=\left[\frac{w(h)}{w(1)^*}\right]^{1/2\beta} \tag{3-4}$$

式中,V 为人力资本水平;$w(h)$ 表示劳动力具有 h 人力资本水平的预期收入;$w(1)^*=\beta k^{1-\beta}$ 为单位劳动者收入水平;β 表示产出弹性。

我们认为,人力资本收入法较之人力资本投资成本法有一定的进步,该方法不考虑人力资本形成过程与具体行为,而是重点考察人力资本的成效,因而更具有说服力。但是该方法的不足之处也是明显的。首先,预计总收益或预计总工资没有办法准确度量,而且大多数研究所主要基于当前工资来测算预计工资,这也是存疑的。因为人们在资本市场、不动产市场等所获的收益都无法反映在工资收入中,但这些收益也是基于人们的人力资本水平的。其次,同样的人力资本水平未必会获得相同的收入,这与劳动者所处的行业或地区有关,也就是说预计收益并不能准确表达人力资本水平。例如广大的科研工作者收入显著低于娱乐行业工作者,中西部地区劳动者的收入水平也普遍低于东部地区劳动者的收入水平,但并不能认为科研工作者人力资本水平低于娱乐业从业者,或者中西部地区劳动者人力资本水平都低于东部地区。最后,该方法要求假定劳动力市场是完全竞争或者接近于完全竞争市场,这也是很多国家或地区难以达到的。

虽然存在上述一些不足,但人力资本收入法在测算同一区域、同一行业的人力资本方面,并进行纵向比较研究时依然具有一定的优势。

3)人力资本教育年限法

人力资本的积累往往主要依赖于教育的时间与经费投入,由于经费投入测算存在人力资本投资成本法的一些问题,因此学术界开始尝试以劳动者受教育的时间来表示人力资本水平,即人力资本教育指标法。该方法的一般方式是利用平均受教育年限来表示人力资本水平(Barro 和 Lee,1993)。具体计算方法为考虑 6 岁或 3 岁以上各层次学历者占人口的比例，乘以各学历层次的一般受教育时长，可以设置为 0～6 年。

上述平均受教育年限的计算方法在近年来的文献中非常常见，成为计算人力资本水平的主流做法，优点包括：首先，测算数据来源充足且权威，从区域到国家层面、从当前到历史层面均有官方统计；其次，测算方法较为简明，不需要做复杂的运算或预测；再次，平均受教育年限不涉及价格因素，因此做前后对比时更为准确；最后，由于各层次学制基本一致，不会像人力资本投资那样波动幅度不可控，一般认为受教育年限越长人力资本积累往往就会越多，因此该方法更容易被接受。

当然，平均受教育年限法也不是那么完美。

其一，该方法将教育视为人力资本积累的全部原因，忽略了教育阶段结束后的各类型培训、工作经验积累等其他也可能带来人力资本积累的因素。尤其是经验积累因素，它是教育无法替代的，而且在实际工作和创新研究中可能是更为重要的人力资本因素。这就可能导致实际的人力资本水平可能高于该方法测算出的结果。当然了，目前的各类型人力资本水平测算方法都还不能完美解决经验积累这样的人力资本形成因素。

其二，该方法假定各层次教育都是同质化的，但这脱离了教育的实际。例如小学阶段 4 年显然低于大学阶段 4 年所产生的人力资本，但是该方法却机械地认为二者没有本质区别，这就存在一定的不合理之处。因此有研究为了应对上述问题，以教育层次为权重更新了测算公式：

$$x_t = \sum_{i=1}^{n} HE_{i,t} \times W_i \tag{3-5}$$

式中，t 为年份；i 表示第 i 个学历层次；n 为学历层次的总数；x_t 为平均受教育年限；$HE_{i,t}$ 为各学历层次的人口数量；W_i 表示 i 层次的受教育年限程度。

权重设定需要考虑教育的累加性质，以及知识越到高处价值越大，因此权重设置可以是倍增或幂级增加的。考虑权重的受教育年限法目前还不是学术界的通常做法，主要原因是权重设置还未达成一致，研究人员更多地凭借经验判断来进行设置，并没有特定的客观依据。

我们已经认识到平均受教育年限测算方法的缺陷，其测算的结果理论上要低于实际人力资本水平。但是由于该方法在认知接受度和计算便利度等方面的优点更为突出，因而在主流的学术研究中仍然被普遍运用。

总的来看，鉴于人力资本投资成本法、人力资本收入法无法很好地处理价格波动、贴现率等因素，以及考虑权重的人力资本教育年限法在设置权重时缺乏客观依据等问题，本研究的人力资本水平测算拟根据当前主流的方法，即平均受教育年限法来度量人力资本水平。该方法虽然也有前述的不足之处，但由于其优点更为突出，因而相比较而言，我们仍然认为该方法是适合的。

3.4.2　人力资本水平测算结果与分析

1）数据说明

根据前文的介绍，以及借鉴高鸣和陈秋红(2014)，孙永强和巫和懋(2012)，陆铭和陈钊等(2004)等的平均受教育年限测算方法，人力资本测算公式为

$$h_{it} = \sum p_{itj} e_j$$

上式的 h 为平均受教育年限；p_{itj} 表示第 t 年、第 i 个省、第 j 个层次的受教育人口占总人口比重，e 表示相应层次的受教育年限。

根据一般的做法，把受教育程度分为五个类型，包括大专和以上、高中、初中、小学、文盲及半文盲等，五种类型受教育年限分别设定为16年、12年、9年、6年以及0年。

教育年限及人口数据来源于各省各年度地区统计年鉴、各年度《中国统计年鉴》，以及《新中国60年统计资料汇编》《中国教育统计年鉴》《中国人口和就业统计年鉴》等。不同年份数据若有差异，以最新统计年鉴为准。

2）测算结果

根据上文介绍的方法，本文测算了1995—2017年全国人力资本水平数据，

见表 3-15。同时,根据表 3-15 绘制了全国人力资本水平走势图,如图 3-17 所示。

表 3-15 1995—2017 年全国人力资本水平测算结果

单位:年限

年份	人力资本水平	年份	人力资本水平	年份	人力资本水平	年份	人力资本水平
1995	6.72	2001	7.60	2007	8.19	2013	9.05
1996	6.79	2002	7.73	2008	8.27	2014	9.04
1997	7.01	2003	7.91	2009	8.38	2015	9.13
1998	7.09	2004	8.01	2010	8.21	2016	9.13
1999	7.18	2005	7.83	2011	8.85	2017	9.27
2000	7.11	2006	8.04	2012	8.94		

注:数据为作者计算得到。

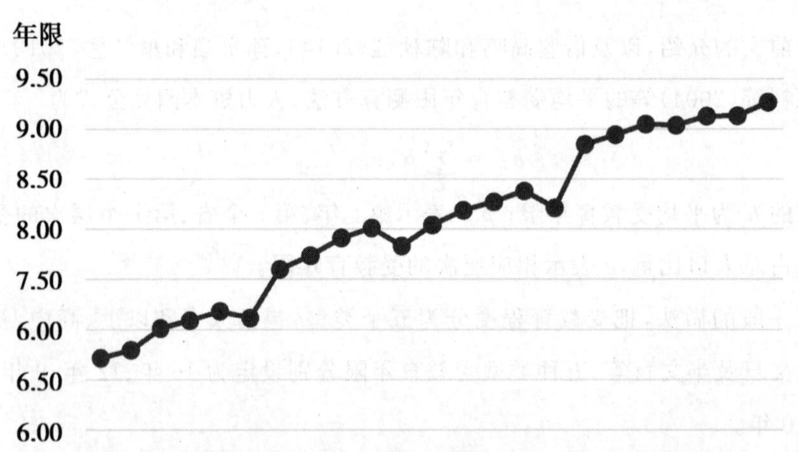

图 3-17 1995—2017 年全国人力资本水平走势图

根据图 3-17 可知,1995—2017 年中国人力资本水平整体处于一个持续上升的趋势。改革开放以来尤其是 20 世纪末以来,中国教育事业进入发展的快车道。2014 年联合国教科文组织发布的《全民教育全球监测报告》认为,中国已经成为全球义务教育免费水平较高的国家，位居世界前1/3。由表3-15可以知道，1995年6岁及以上人口的平均受教育年限约为6.72年，到2005年提升到了7.83年，到2010年提升至8.21年，到2017年提升至9.27年，在过去的23年时间里，中国的平均受教育年限增长了38%，年均增长率为1.49%。这是非常了不起的成就。

由于2000年和2010年是中国人口普查年份，而2005年和2015年是国家统计部门的1%抽样调查，上述4年与其他年份相比，由于统计资料的变化会导致教育年限测算结果出现异动，但这种变化也是可接受的，因此这些数据实际上更为准确。

运用同样的方法，可以计算出东中西部地区人力资本水平均值，见表4-16。同时，根据表3-16绘制了全国绿色技术进步指数走势图，如图3-18所示。

表3-16　1995—2017年中国东中西部地区人力资本水平测算结果

年份	东部地区	中部地区	西部地区	年份	东部地区	中部地区	西部地区
1995	7.36	6.94	6.17	2007	8.91	8.35	7.64
1996	7.38	7.12	6.27	2008	8.97	8.42	7.74
1997	7.61	7.34	6.38	2009	9.13	8.50	7.85
1998	7.68	7.35	6.46	2010	8.90	8.26	7.66
1999	7.87	7.42	6.68	2011	9.48	8.86	8.38
2000	7.76	7.27	6.40	2012	9.63	8.98	8.41
2001	8.23	7.79	7.00	2013	9.72	9.14	8.52
2002	8.39	7.87	7.20	2014	9.68	9.09	8.52
2003	8.56	8.18	7.35	2015	9.78	9.19	8.58
2004	8.66	8.20	7.59	2016	9.83	9.17	8.63
2005	8.60	7.96	7.28	2017	10.03	9.26	8.80
2006	8.81	8.18	7.47				

注：数据为作者计算得到。

教育公平是最大的公平，实现基本公共教育服务均等化，缩小区域差距、城乡差距和不同群体之间的差距是我国教育发展改革追求的主要任务之一。东部地区由于经济发展水平更高，其教育水平也明显更高；根据表3-16，1995—

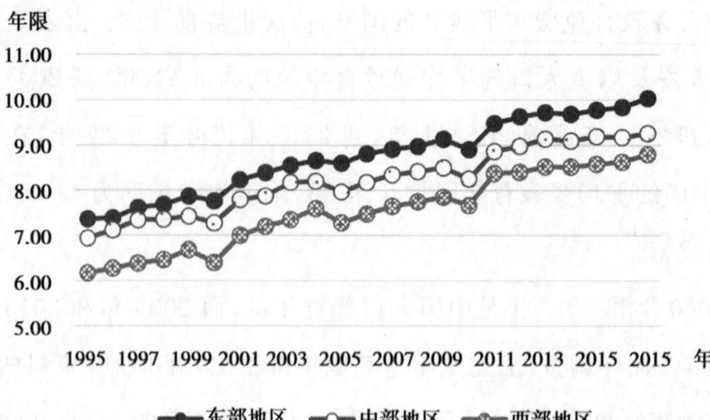

图 3-18 1995—2017 年中国东中西部地区人力资本水平走势图

2017 年人力资本水平平均增速为 1.44%。其次,1995—2002 年间,中部地区人力资本水平原本比较接近东部地区,明显领先西部地区水平,然而到近几年,中部地区与东部地区的人力资本水平拉开了距离,领先西部地区的优势已不明显;计算 1995—2017 年人力资本水平平均增速为 1.35%,落后于东部地区。最后,西部地区人力资本水平经过长足发展已经明显拉近了与中部地区的差距;计算 1995—2017 年人力资本水平平均增速为 1.68%,不仅高于中部地区,也明显高于东部地区。图 3-18 也表明区域之间的教育水平差距在逐渐缩小。

运用同样的方法,可以计算出各省区的人力资本水平数据,见表 3-17。

表 3-17 东中西部各省(直辖市)人力资本水平对比

东部	1995 年	2017 年	中部	1995 年	2017 年	西部	1995 年	2017 年
北京	9.24	12.50	山西	7.53	9.92	内蒙古	7.00	9.61
天津	8.20	11.10	吉林	7.77	9.56	广西	6.58	8.76
河北	6.77	9.14	黑龙江	7.53	9.42	四川	6.37	8.56
辽宁	7.64	9.98	安徽	6.15	8.61	贵州	5.62	8.14
上海	8.79	11.43	江西	6.28	8.77	云南	5.33	8.17
江苏	7.00	9.52	河南	6.72	8.94	陕西	6.85	9.31
浙江	6.42	9.19	湖北	6.72	9.40	甘肃	5.49	8.66

续表

东部	1995 年	2017 年	中部	1995 年	2017 年	西部	1995 年	2017 年
福建	6.11	9.14	湖南	6.78	9.45	青海	5.18	8.02
山东	6.66	9.12				宁夏	6.21	9.20
广东	7.10	9.77				新疆	7.03	9.56
海南	7.04	9.48						

注：数据为作者计算得到。

由表 3-17 可以看出，2017 年我国人力资本水平排名前三的分别是北京、上海、天津三个直辖市，人均受教育年限分别是 12.5 年、11.43 年、11.1 年，远高于全国人均受教育年限的 9.39 年。而全国排名最后的三个省分别是青海、贵州、云南，受教育年限分别为 8.02 年、8.14 年、8.17 年。北京与青海相比，人均受教育年限相差 4.48 年。北京人口平均学历已经达到高中以上水平，而青海人口的平均学历仅为初中以下水平。

从各省级区域 1995—2017 年人均受教育年限的增长幅度来说，东部地区平均提升程度为 36.76%，中部地区平均提升程度为 33.96%，西部地区平均提升程度为 43.53%。这充分说明，虽然我国区域之间的明显差距表明我国要实现教育公平依然任重道远，但发展趋势向好，西部地区较为落后的教育水平已经得到明显改善。

3.5　绿色 GDP 指标测算

3.5.1　绿色 GDP 指标测算方法

1）绿色 GDP 指标体系构建

借鉴李伟（2006）、於方等（2009）、温怀德（2011）、李晓西等（2014）等的绿色

GDP 核算体系，以及国家环境保护总局和国家统计局联合发布的《中国绿色国民经济核算研究报告》等，本研究选取了资源和环境账户的典型重要因子，试图构建中国绿色 GDP 环境扣减指标体系（即资源环境损失指标体系）并进行初步核算。

(1)自然资源损耗账指标体系设置

潘震宇和高清平(2002)将我国自然资源进行了如下分类：土地资源、水资源、生物资源、海洋资源、矿产资源、能源。由于中国对海洋资源的各类统计还有待完善，故不做损耗核算。目前中国各省对生物资源变化量的统计覆盖面也不够全面，因此仅对其主要方面——森林资源进行估算。土地资源消耗集中体现在农业耕地的减少，对耕地资源损耗的核算考虑耕地减少的价值以及耕地生态环境降级（即耕地退化）损失。对于水资源，根据现有资料情况考虑总体水资源情况，不区分地下水和地表水，也不区分行业。矿产资源一般应包括有色金属矿、黑色金属矿、非金属矿等。能源核算主要是考虑不可再生的化石能源部分，主要是对煤炭、石油、天然气资源进行核算。

(2)环境污染账指标体系设置

根据本章第一节的已有论述，选取空气污染、水污染、噪声污染、长期环境损坏等作为估算环境污染损失的二级指标，其中空气污染包括 SO_2、烟尘、工业粉尘等三级指标，水污染选取 COD 三级指标，长期环境损坏包括 CO_2、CH_4 等三级指标。

(3)实际环境支出账指标体系设置

借鉴日本、韩国以及中国台湾绿色国民经济实际编算账表（於方等，2009；李伟，2006；温怀德，2011），设置实际环境支出账指标，分设环境保护支出指标与环境税费指标。环境保护支出以环境治理与生态建设投资等支出为主，该指标可以用来衡量各地采取了多少环境保护与管理行动。这部分支出常常被计入投资从而进入 GDP 核算体系，应予以扣除。环境税费以排污费和超标排污费、处罚等为主，该指标的设置对政策里的财政改革非常有用，也就是可以利用税制等改革，来调整其他税费的负担，并增加使用环境功能的征收。排污费等作为企业税前收益被计入增加值而列入了 GDP，也应予以扣除。这就意味着实际环境支出将作为中间投入而从 GDP 中扣除。

根据以上三个方面的分析，本书将中国绿色 GDP 环境扣减指标体系(即环境损失指标体系)分为三个大类、十一个层次，见表 3-18。

表 3-18　中国绿色 GDP 环境扣减指标体系

环境指标	类型	可核算具体指标
自然资源损耗账	矿产资源指标	有色金属矿、黑色金属矿、非金属矿
	化石能源指标	煤炭、石油、天然气
	土地资源指标	耕地损失、耕地退化
	生物资源指标	森林
	水资源指标	水资源
环境污染账	空气污染指标	SO_2、烟尘、工业粉尘
	水体污染指标	COD
	噪声污染指标	噪声污染
	长期环境损害	CO_2、CH_4
实际环境支出账	环保支出指标	环境保护支出
	环境税费指标	排污费和超标排污费、处罚

2）绿色 GDP 指标体系核算

(1)自然资源损耗账核算

①化石能源损耗经济损失

本文以化石能源生产的产值作为各省化石能源损耗的依据。进口化石能源不做考虑，因为理论上应计入外国的自然资源损耗。利用煤炭、石油、天然气开采产值，再扣除以 1995 年为基期的燃料动力价格指数[①]，就可以核算出

① 由于目前许多关于时间序列的研究都以新千年第一年价格为基期，因此本书以 2000 年价格为基期的核算将可以为类似研究提供一个直观比较。

1995—2017 年中国各省每年化石能源损耗的货币量①。计算结果见表 3-19。从统计上看，1995—2001 年处于一个较低水平的稳定时期，2002—2011 年开始出现较大幅度增长，但 2012 年之后又出现了低速或者连续下降的态势。可见中国的化石能源开采并不能够完全满足中国经济的快速发展，这需要一方面加大清洁生产和绿色发展，另一方面需要中国进一步融入世界经济体系，中国的发展需要世界能源的支持。

表 3-19 1995—2017 年化石能源损耗价值量估算(1995 年不变价格)

年份	损耗价值(亿元)	增长幅度(%)	年份	损耗价值（亿元）	增长幅度(%)
1995	2 911.52		2007	7 414.60	12.26
1996	2 857.60	−1.85	2008	8 666.48	16.88
1997	2 812.41	−1.58	2009	8 885.66	2.53
1998	2 784.37	−1.00	2010	10 589.68	19.18
1999	2 704.17	−2.88	2011	12 643.75	19.40
2000	3 130.33	15.76	2012	12 964.94	2.54
2001	3 099.18	−1.00	2013	12 802.89	−1.25
2002	3 312.07	6.87	2014	12 297.80	−3.95
2003	3 835.16	15.79	2015	10 608.43	−13.74
2004	4 873.54	27.08	2016	10 336.02	−2.57
2005	5 837.69	19.78	2017	10 220.26	−1.12
2006	6 604.66	13.14			

注：以上数据是在各省各年统计年鉴的基础上，由作者计算得到。

②矿产资源损耗经济损失

本文以中国采矿行业产值代表实际矿产资源损耗的价值，利用《中国统计年鉴》有色金属矿、黑色金属矿、非金属矿等采矿行业的总产值，再扣除以 1995 年为基期的黑色金属材料类、有色金属材料和电线类、建筑材料类及非金属矿

① 由于核算体系中少数指标无法获得更早数据，因此本书将核算年限设置为 1995—2017 年。

类的价格指数，最终得到矿产资源损耗值。估算结果见表 3-20。

1997—2003 年矿产资源损耗连续为负增长，2004—2013 年经历了较为快速的增长，2014 年开始增速下滑甚至出现负增长。上述三阶段的走势与化石能源的走势整体上非常接近，但延迟了两年。这表明中国加入世贸组织后的高速增长在第一时间就拉动了能源需求，但对矿产资源的需求存在滞后现象。这一方面表明国内矿石资源生产与国内需求之间存在着一定的差距。另一方面也表明，中国经济发展所需的矿石资源可能将不得不更加依赖于国际市场。由于矿石资源无法像能源那样，可以依靠技术进步和调整结构来进行缺口缓解，因此，中国除了需要在全球能源来源布局上做出积极应对，更为迫切的是需要开发更为丰富可靠的矿石资源来源地。

表 3-20　1995—2017 年矿产资源损耗价值量估算(1995 年不变价格)

年份	损耗价值(亿元)	增长幅度(%)	年份	损耗价值(亿元)	增长幅度(%)
1995	4 768.29		2007	5 017.10	26.12
1996	5 969.53	25.19	2008	6 769.06	34.92
1997	5 951.28	−0.31	2009	6 869.38	1.48
1998	5 844.67	−1.79	2010	10 032.82	46.05
1999	5 362.62	−8.25	2011	13 108.26	30.65
2000	4 665.66	−13.00	2012	14 519.01	10.76
2001	4 294.06	−7.96	2013	16 119.82	11.03
2002	3 583.88	−16.54	2014	16 164.16	0.28
2003	3 073.33	14.25	2015	14 053.37	−13.06
2004	3 272.28	6.47	2016	13 012.19	−7.41
2005	3 394.81	3.74	2017	9 863.41	−24.20
2006	3 977.95	17.18			

注：以上数据是在各省各年统计年鉴的基础上，由作者计算得到。

③土地自然资源损耗经济损失

耕地损失核算方面，利用征用耕地的补偿费用来表示。根据《土地管理法》第四十七条的规定，征用耕地的土地补偿费为该耕地被征用前三年平均年产值的6～10倍。这里我们取中间数8倍来计算。对耕地的估价方法采用收益倍数法，首先得到耕地前三年的平均产值然后乘以相应的倍数，就得到耕地的总价值，最后除以耕地的面积，得到单位面积地价。

耕地退化核算方面，由于耕地退化直接导致土地沙化、水土流失，损失了土壤中的养分，为恢复流失掉的土壤养分，可以通过施用化肥进行补偿，即用购买氮、磷、钾肥料的价格来体现耕地的生态价值。

现有统计年鉴中没有对每一年的耕地变化进行统计，例如2000—2006年和2009—2013年就未公布变化情况，导致2007年和2014年变化值特别大。因此计算土地自然资源损耗经济损失时间序列数据意义不大。这里仅列出2017年各地土地自然资源损耗经济损失。

表3-21　2017年各省土地自然资源损耗经济损失(1995年不变价格，亿元)

东部地区				中部地区				西部地区			
北京	282.23	浙江	−151.43	山西	11.69	湖北	688.42	内蒙古	−209.20	甘肃	−134.51
天津	7.20	福建	−79.70	吉林	192.29	湖南	−152.64	广西	421.92	青海	−13.82
河北	105.27	山东	1 238.61	黑龙江	82.59			四川	474.76	宁夏	−26.60
辽宁	137.75	广东	1 228.05	安徽	34.44			贵州	295.15	新疆	−1 191.03
上海	−83.86	海南	31.37	江西	−206.01			云南	−182.00		
江苏	−237.28			河南	−94.66			陕西	321.60		
共计	−243.75			共计	556.12			共计	−243.75		
平均值	−24.37			平均值	69.52			平均值	−24.37		

注：数据由作者计算得到，基础数据来源于各省各年统计年鉴。价格已转换为1995年不变价格。四川与重庆数据合并。其中化肥价格取自湖南省物价局网站《2000年全国主要城市化肥价格行情表》。

④森林资源损毁经济损失

森林资源是可再生资源，林产品采伐后可以再生，近年来中国植树造林和森林保护工作成效日益显著。这里拟按照 Panayotou 和 Parasuk(1990)的方法[11]，主要估算森林损毁引起的土壤侵蚀、区域洪水、水土流失，大陆及全球的非正常气候等所带来的损失，森林损毁的损失为每公顷 35.44 美元(折算为 1995 年的价格 308.78 元)。而森林的增长，则可以实现区域防洪、水土保持，缓解区域温室效益等，其单位效益与单位损失对等。

中国各省统计年鉴每 2～5 年会更新森林覆盖率。森林覆盖率是指行政区域内森林面积与土地面积的百分比。森林覆盖率乘以土地面积，再乘以森林资源损毁的单位价值，便可以得到森林资源损毁经济损失。但与土地自然资源损耗经济损失估算一样，由于各省没有连续更新各年森林覆盖率，因此时间序列数据意义不大。这里仅列出 2017 年各地森林资源损毁经济损失(表 3-22)。

表 3-22　2017 年各省森林资源损毁经济损失(1995 年不变价格，亿元)

东部地区				中部地区				西部地区			
北京	−0.401 3	浙江	−0.112 0	山西	−1.193 2	湖北	−0.691 3	内蒙古	−3.916 1	甘肃	−0.070 3
天津	−0.076 5	福建	−0.318 0	吉林	−0.647 8	湖南	−1.253 7	广西	−2.682 2	青海	−0.412 1
河北	−1.954 5	山东	−0.367 4	黑龙江	−0.873 9			四川	−4.196 2	宁夏	−0.117 2
辽宁	−0.447 9	广东	−1.229 3	安徽	−0.476 0			贵州	−3.630 2	新疆	−3.207 6
上海	−0.064 5	海南	−0.207 3	江西	−0.592 6			云南	−5.921 9		
江苏	0.188 5			河南	−1.360 7			陕西	−1.036 5		
共计	−4.990 3			共计	−7.089 1			共计	−25.190 3		
平均值	−0.453 7			平均值	−0.886 1			平均值	−2.519 0		

注：以上数据是在各省各年统计年鉴以及《中国林业和草原统计年鉴》的基础上，由作者计算得到。价格已转换为 1995 年不变价格。四川与重庆数据合并。

由于近年来中国采取积极的退耕还林、植树造林和自然环境保护政策，森林覆盖率总体上处于增长态势，因此各省森林资源损毁经济损失总体为负数，即森林资源价值总体处于增长态势。

⑤水资源损耗经济损失

对于水资源的价值，国内外尚未有一套无可争议的完整的定价理论和方法，常用的估算方法主要有：经验法、影子价格法、机会成本法、供求定价模型法、补偿价格法、替代价格法等。目前国际常用的经验法是一种比较容易操作的方法，是由亚洲开发银行和世界银行建议使用的一种方法（褚海燕，2006）。首先估算消费者的水费愿付价格 PW，然后计算供水系统的边际成本 PM，最后估计出本文所需的水资源核算价格 P，即 $P=P_W-P_M$。其中 $P_i=\frac{F_i}{Q_i}a_i$，P_i 为各年消费者的愿付价格；Q_i 为各年用水量；F_i 为各年产值；a_i 为各年消费者支付意愿系数，亚行和世行建议采用 1%～3%。

a_i 的取值对于愿付价格的影响是巨大的，如何选取合适的 a_i，是估计结果准确性的关键所在，但是目前尚没有统一的方法。根据黄家宝（2004）提供的水资源紧缺标准，假定当流域的人均水资源量≤500 m^3/人时，a_i 为 3%，当人均水资源量≥3000m^3/人时，a_i 为 1 %，其他情况在（500，3000）范围内呈直线线性变化。人均水资源量的反映函数模型为：$a_i=3\%-\frac{1}{1250}(\overline{R_i}-500)\%$，$\overline{R_i}\in[500,3000]$，其中，$R_i$ 为各年人均水资源量，于是可得出 a_i。最后将估算到的 a_i 值代入前面的公式就可以得到 P_W。

借鉴褚海燕（2006）对浙江水资源核算的方法，P_M 的计算公式可为：$P_M=[K\frac{(1+i)^n i}{(1+i)^n-1}+U+Xi]/Q$ 式中，P_M 为供水系统边际成本；K 为供水系统相关项目的总投资量；i 为国内社会折现率，一般取 0.12；n 为供水系统经济寿命，多数情况下取 50 年；U 为供水系统年运行费；X 为供水系统流动资金占用量；Q 为供水系统的年供水量。

根据水资源公报以及环境统计公报的数据，全国各省 1995 年水资源核算价格 P 应为 1.1 元/吨。根据环境统计公报的数据，1995—2017 年水资源总量大致为增加态势，因此以 1995 年为基期，可以得到水资源消耗价值量。估算结果见表 3-23，由于气候变化日益剧烈，各年水资源消耗价值变化较大。

表 3-23　1995—2017 年水资源消耗价值量估算(1995 年不变价格)

年份	损耗价值(亿元)	增长幅度(%)	年份	损耗价值(亿元)	增长幅度(%)
1995	42.41		2007	53.81	−86.01
1996	−11.99	−128.26	2008	−215.88	−501.18
1997	11.84	−198.76	2009	333.18	−254.34
1998	−627.43	−5 400.72	2010	−1 089.26	−426.93
1999	436.90	−169.63	2011	1 198.58	−210.04
2000	48.11	−88.99	2012	−1 079.48	−190.06
2001	77.17	60.40	2013	394.00	−136.50
2002	−161.79	−309.66	2014	318.43	−19.18
2003	79.68	−149.25	2015	−299.41	−194.03
2004	505.52	534.46	2016	−660.63	120.64
2005	−850.01	−268.15	2017	889.80	−234.69
2006	384.72	−145.26			

注:以上数据是根据各年各省统计年鉴,以及各省水资源公报或水利资料,由作者计算得到。

3)环境污染账核算

根据本章第一节的方法,估算得到表 3-2。本估算虽然涉及了环境污染的主要方面,结果应能代表近年来污染损失,不过由于数据搜集和估算方法的限制,污染估算指标体系还有待进一步细化,估算存在一定的误差在所难免。根据表 3-2,中国环境污染损失绝对值仍然处于不断增长态势,环境污染形势较为严峻,但是 2012 年以来的增长幅度总体处于下降趋势。

4)实际环境支出账核算

(1)环境保护支出

环境保护支出主要为各级各部门和企业等用于环境保护方面的支出。环境保护支出主要包括:污染治理项目本年完成投资,工业废水、工业废气、生活废水等治理设施运行费用。根据中国环境年鉴、中国环境统计公报等资料,可知污染治理项目本年完成投资数据相对完整。经整理得到1995—2017年环境保护支出,并扣除以1995年为基期的固定资产投资价格指数后,结果见表3-24。

(2)环境税费

环境税费指标包括排污费和超标排污费、罚款。排污费和超标排污费是政府部门对于企业的合法排污和超标排污进行的有区别收费,处罚则是执法部门对各种环境违法案件进行的处罚收费。根据中国环境年鉴、中国环境统计公报等资料,可知排污费数据相对完整。整理得到1995—2017年排污费,并扣除以1995年为基期的居民消费价格指数后,结果见表3-24。

表3-24 1995—2017年实际环境支出账核算表(1995年不变价格)

年份	环境保护支出(万元)	增长幅度(%)	排污费等(亿元)	增长幅度(%)	年份	环境保护支出(万元)	增长幅度(%)	排污费等(亿元)	增长幅度(%)
1995	95.42	—	35.78	—	2007	452.02	9.79	136.34	12.27
1996	93.22	−2.30	39.90	11.50	2008	403.41	−10.75	126.85	−6.96
1997	111.95	20.09	43.61	9.30	2009	344.96	−14.49	127.20	0.27
1998	123.76	10.55	49.06	12.51	2010	293.57	−14.90	135.28	6.35
1999	158.19	27.82	56.99	16.15	2011	304.76	3.81	127.35	−5.86
2000	235.77	49.05	57.42	0.76	2012	363.96	19.43	137.55	8.01
2001	171.05	−27.45	61.81	7.64	2013	606.59	66.66	144.69	5.19
2002	188.73	10.34	68.64	11.05	2014	742.42	22.39	135.23	−6.54
2003	221.21	17.21	68.85	0.29	2015	633.02	−14.74	135.69	0.34
2004	285.04	28.85	84.51	22.75	2016	680.73	7.54	160.96	18.63
2005	413.20	44.96	106.07	25.51	2017	527.82	−22.46	165.50	2.82
2006	411.71	−0.36	121.44	14.49					

注:以上数据是根据各年各省统计年鉴,由作者计算得到。环境保护支出扣除以1995年为基期的固定资产投资价格指数,排污费和超标排污费、处罚扣除以1995年为基期的居民消费价格指数。

5)中国资源损失估算

通过上述三个分账的核算,便可以得到中国资源扣减值(即资源损失值),具体见表3-25。根据表3-25我们制作了图3-19。从以下核算结果可知,中国资源损失波动较大，但过去 23 年总体增长并不快。1997—1998 年资源损耗增幅不足 1%，而 1999—2003 年环境损失增幅为负，这可能与 1997 年亚洲金融危机对工业制造业的影响有关，同时也可能与资源进口逐渐增加有关。经历多年高增长后，2015 年之后中国资源损失再次出现负增长。这可能与近年来中国实施绿色发展战略，生产进一步集约化有关，同时这一时期中国对各类资源的进口也进一步增长。根据图 3-19，中国资源损失更接近于 M 型走势，是否趋势性向下目前还不能确定。

表 3-25　1995—2017 **年中国资源损失估算表**(1995 **年不变价格**)

年份	损耗价值(亿元)	增长幅度(%)	年份	损耗价值 (亿元)	增长幅度(%)
1995	339.61		2007	492.26	12.45
1996	383.17	12.83	2008	569.82	15.76
1997	386.89	0.97	2009	608.05	6.71
1998	390.07	0.82	2010	739.61	21.64
1999	375.02	−3.86	2011	876.66	18.53
2000	364.66	−2.76	2012	943.67	7.64
2001	343.80	−5.72	2013	1 003.33	6.32
2002	325.19	−5.41	2014	1 005.88	0.25
2003	321.51	−1.13	2015	904.15	−10.11
2004	358.73	11.58	2016	872.90	−3.46
2005	398.72	11.15	2017	730.30	−16.34
2006	437.76	9.79			

注：数据由作者计算得到。数据来源于表 3-2、表 3-3、表 3-4、表 3-5、表 3-6。

中国东中西部各省资源损失见表 3-26。资源损失最多的是西部，中部次之，东部最少。这一格局与东中西部环境污染损失正好相反。这说明中国中西部资源相对更丰富，但实际工业生产则更多发生在东部地区，导致东部地区只有更少的资源但却有更多的环境污染。这从另一角度反映了当前中国经济东

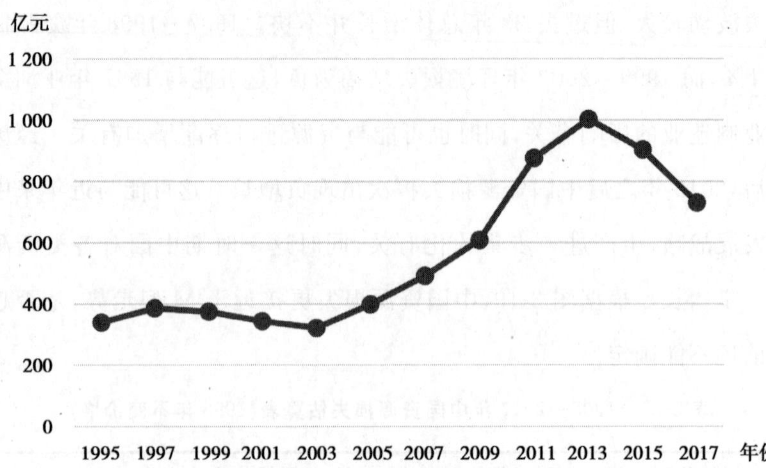

图 3-19 1995—2017 年中国资源损失走势图

强西弱的基本格局。

表 3-26 2017 年各省资源损失表(1995 年不变价格,亿元)

东部地区				中部地区				西部地区			
北京	73.25	浙江	68.85	山西	1 688.28	湖北	234.78	内蒙古	2 516.41	甘肃	361.85
天津	244.29	福建	193.90	吉林	447.73	湖南	395.58	广西	224.30	青海	121.45
河北	1 043.35	山东	1 491.18	黑龙江	447.64			四川	1 009.31	宁夏	162.70
辽宁	308.22	广东	360.44	安徽	639.01			贵州	591.79	新疆	261.30
上海	82.22	海南	17.29	江西	328.90			云南	379.47		
江苏	222.50			河南	1 158.83			陕西	1 722.06		
共计	4 105.49			共计	5 340.74			共计	7 350.64		
平均值	373.23			平均值	667.59			平均值	735.06		

注:数据由作者计算得到。价格已转换为 1995 年不变价格。为直观地观察 2010 年各省环境污染损失,这里将四川和重庆合并列出,但在后面的计量检验中,四川与重庆数据分列。

3.5.2 绿色 GDP 指标测算结果与分析

本文估算了以 1995 年为基期的空气污染、水污染、固体废弃物污染等指标构成的中国各省环境污染损失,核算了以 1995 年为基期的主要资源消耗指标构成的中国各省资源损失。选取各省各年以 1995 年为基期的地区生产总值，减去环境污染损失、资源消耗损失，即得到各省绿色 GDP。具体结果详见表 3-27，其中绿色 GDP 增长幅度走势图详见图 3-20。

表 3-27　1995—2017 年中国绿色 GDP 估算表(1995 年不变价格)

年份	损耗价值（亿元）	绿色 GDP 增长幅度(%)	GDP 增长幅度(%)	年份	损耗价值（亿元）	绿色 GDP 增长幅度(%)	GDP 增长幅度(%)
1995	2 109.58			2007	8 655.54	14.72	14.2
1996	2 352.90	11.53	9.9	2008	9 662.71	11.64	9.7
1997	2 649.93	12.62	9.2	2009	10 806.62	11.84	9.4
1998	2 943.91	11.09	7.8	2010	12 153.79	12.47	10.6
1999	3 261.22	10.78	7.7	2011	13 504.37	11.11	9.5
2000	3 626.00	11.19	8.5	2012	14 884.26	10.22	7.9
2001	4 035.71	11.30	8.3	2013	16 285.87	9.42	7.8
2002	4 531.43	12.28	9.1	2014	17 685.97	8.60	7.3
2003	5 133.88	13.30	10.0	2015	19 230.82	8.73	6.9
2004	5 842.09	13.79	10.1	2016	20 712.97	7.71	6.7
2005	6 614.39	13.22	11.4	2017	22 421.59	8.25	6.9
2006	7 544.79	14.07	12.7				

注:数据为作者计算得到。

中国绿色 GDP 从 1995 年到 2012 年保持了总体高速增长态势，至 2013 年下滑至个位数增速，并开始了中高速增长态势。绿色 GDP 增长过程与 GDP 增长过程较为接近，但增速整体略高于 GDP 增速。其原因是，近年来作为环境污染和资源消耗更低的第三产业增速明显快于环境污染和资源消耗更高的第二产业，而且第三产业的 GDP 占比越来越高，至 2017 年第三产业 GDP 占比已经高达 53%，而第二产业 GDP 占比不足 40%。这导致绿色 GDP 增速明显高于 GDP 增速。

从各省绿色 GDP 看，与经济格局类似的，依然是东部领先，中西部相对落后的格局。从绿色 GDP 与 GDP 的差值率看，东部地区河北、山东较高，意味着这两个省的环境与资源损失相对较多；中部地区山西、吉林居前，而其中山西差

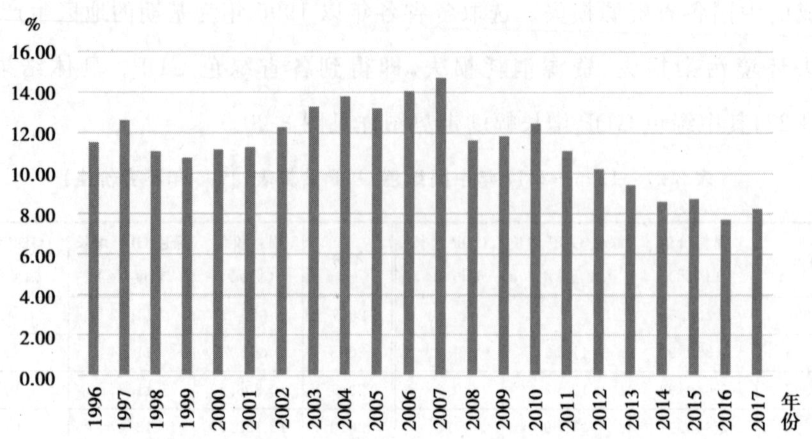

图 3-20 1996—2017 年中国绿色 GDP 增幅走势图

值率高达 24.2%;西部地区内蒙古、宁夏居前。当然,绿色 GDP 与 GDP 的差值率不仅仅反映了环境与资源损失高低,也一定程度反映了各省第三产业占比高低问题。一般而言,第三产业占比相对较高的省份差值率会更低。因此,东部地区平均差值率相对最低,中部地区居中,而西部地区差值率相对最高。

表 3-28 2017 年各省绿色 GDP 表(1995 年不变价格,亿元)

东部地区				中部地区				西部地区			
北京	12 070.9	浙江	33 127.8	山西	7 136.7	湖北	19 975.7	内蒙古	10 351.7	甘肃	4 291.0
天津	8 399.8	福建	22 156.0	吉林	10 136.3	湖南	19 833.2	广西	13 133.9	青海	1 351.2
河北	23 253.3	山东	49 761.9	黑龙江	14 446.0			四川	22 701.5	宁夏	1 396.0
辽宁	19 953.7	广东	57 482.7	安徽	17 116.2			贵州	5 577.5	新疆	5 806.6
上海	20 748.4	海南	2 808.2	江西	11 145.8			云南	9 672.0		
江苏	55 037.9			河南	26 913.8			陕西	9 911.2		
共计	304 800.5			共计	126 703.7			共计	84 192.5		
平均值	27 709.1			平均值	15 838.0			平均值	8 419.3		

注:数据由作者计算得到。

3.6　中西部地区绿色发展现状分析

3.6.1　中西部地区绿色能源发展现状

1）中西部地区能源储量概况

总体而言，中国中西部地区能源资源更为丰富，能源生产占据全国 70%以上份额，尤其是西部地区能源资源非常丰富。天然气方面，西部地区储量占全国的比重高达 87.6%。煤炭方面，西部地区储量也非常丰富，占全国比重为 39.4%，其中陕西、内蒙古储量居全国前列。水能方面，由于我国地貌类型由西向东呈三级阶梯状，而且西部地下水天然可采资源丰富，水能资源占全国的 80%以上，其中西南地区占全国的 70%。不过西北地区还比较缺水，水能资源并不丰富。

中部地区煤炭资源最为丰富，石油、天然气资源相对匾乏。中部地区煤炭基础储量居全国首位，山西、河南、安徽、江西等省拥有煤炭资源靠前，其中山西煤炭储量 507.25 亿吨，占全国储量的 31.26%，居全国之首。中部地区石油、天然气基础储量相对较少，分别占全国储量的 2.27%和 0.30%。中部地区水资源储量占全国水资源储量的 18.77%，其中湖北、湖南两省水能资源相对较为丰富。

东部地区煤炭资源储量较为缺之，但石油资源储量较高。目前已探明中国石油资源主要分布在东部地区，包括渤海湾、松辽、珠江口、东海陆架等地，累计石油探明储量约占全国 3/4。东部地区水资源丰富，但由于地势平缓，水能资源不足。天然气方面东部地区不算富集，但在渤海等海域也蕴藏了丰富的天然气资源。

2）中西部地区非清洁能源生产概况

2019 年全国原煤生产量合计 38.5 亿吨，2015—2019 年累计仅增长 4.1%。

其中，西部地区、中部地区原煤产量占据全国绝对主体部分，东部地区产能仅占不足 5.8%。根据表 3-29 和表 3-30 所示，2019 年西部地区原煤产量为 23.3 亿吨，占全国比重约达 60.6%，2015—2019 年增长达到 13.8%，这表明了西部地区煤炭产能的绝对优势地位。其中内蒙古、陕西、新疆、贵州四省原煤产量均居全国前六。2019 年中部地区原煤产量也达到 12.9 亿吨，占全国比重约为 33.6%，但 2015—2019 年产量下降 7.3%。其中山西省原煤产量居全国首位，安徽、河南两省产量也超过 1 亿吨。

表 3-29　西部地区 2015—2019 年煤炭生产情况(万吨)

地区	2019 年	2018 年	2017 年	2016 年	2015 年
总计	232 976	220 012	205 160	194 781	204 728
内蒙古	109 068	99 102	90 597	84 559	90 957
陕西	63 630	62 958	57 102	51 566	52 576
新疆	24 165	21 352	17 782	16 073	15 221
贵州	13 168	14 335	16 344	16 851	17 205
宁夏	7 477	7 840	7 644	7 069	7 976
云南	5 523	4 573	4 675	4 587	5 184
甘肃	3 685	3 630	3 738	4 254	4 400
四川	3 397	3 736	4 799	6 165	6 406
青海	1 286	821	842	787	816
重庆	1 171	1 177	1 194	2 437	3 562
广西	406	488	443	433	425

表 3-30　中部地区 2015—2019 年煤炭生产情况(万吨)

地区	2019 年	2018 年	2017 年	2016 年	2015 年
总计	129 387	125 879	121 724	125 754	139 555
山西	98 795	92 677	87 221	84 559	96 680
安徽	10 989	11 412	11 724	12 236	13 404

续表

地区	2019 年	2018 年	2017 年	2016 年	2015 年
河南	10 938	11 467	11 751	11 947	13 596
黑龙江	5 391	6 133	6 196	5 890	6 551
湖南	1 473	1 900	1 938	2 787	3 559
吉林	1 256	1 620	1 639	6 184	2 634
江西	504	551	939	1 557	2 271
湖北	41	119	316	594	860

2019 年全国原油产量约为 1.9 亿吨，比上年增长 0.8%，扭转了 2016 年以来连续下滑的态势。其中东部地区原油产量占据全国首位，占比约达 45%，但这一优势并不突出，东部地区 2015—2019 年产量降幅达 9.6%。同时，东部地区能源消费量比重达到全国 70%，远低于其产量占比。中部、西部地区原油产量合计占据全国 55%。根据表 3-31 和表 3-32，2019 年西部地区原油产量为 0.67 亿吨，占全国比重约为 35%，2015—2019 年产量基本保持稳定。其中新疆、陕西、甘肃三省产量均居全国前四。2019 年中部地区原油产量也达到 0.38 亿吨，占全国比重约为 20%。其中黑龙江省原油产量居全国首位。

表 3-31　西部地区 2015—2019 年原油生产情况(万吨)

地区	2019 年	2018 年	2017 年	2016 年	2015 年
总计	6 694.6	6 516.5	6 422.3	6 438	6 946.5
新疆	2 789.4	2 647.4	2 591.8	2 564.9	2 795.1
陕西	2 700.1	3 522	3 489.8	3 502.4	3 736.7
甘肃	903.5	51.8	47	40.4	66.6
青海	228	223.3	228	221	223
广西	50.3	51.9	44.1	47.4	50.5
内蒙古	14.9	12	12.2	44.9	45.8
四川	8.4	8.1	8.7	10.8	15.4
宁夏			0.7	6.2	13.4

表 3-32　中部地区 2015—2019 年原油生产情况(亿立方米)

地区	2019 年	2018 年	2017 年	2016 年	2015 年
总计	3 796.6	3 924.7	4 179.6	4 640.5	4 987.2
黑龙江	3 090	3 224.2	3 420.3	3 656	3 838.6
吉林	401.9	387.4	420.9	610.7	665.5
河南	251.1	258.8	282.9	315.7	412.1
湖北	53.6	54.3	55.5	58.1	71

3)中西部地区清洁能源生产概况

2019 年全国天然气产量约为 1 736 亿立方米,2015—2019 年总体增幅约达 30%,其中西部地区天然气产量占据全国首位。根据表 3-33 和表 3-34,2019 年西部地区总产量达 1 403 亿立方米,占全国比重达到 80%。西部省份陕西、四川、新疆三省天然气产量居全国前三,不仅产量远超其他省份,而且增幅也十分可观。其中四川省增幅达 56%,重庆市增幅更是达到 118%。这表明了西部地区在天然气生产能力方面的绝对优势地位。2019 年中部地区天然气产量也达到 154 亿立方米,占全国比重约为 9%。其中山西省天然气产量居全国第四位。中部地区 2015—2019 年总体增幅高达 46.8%。

表 3-33　西部地区 2015—2019 年天然气生产情况(亿立方米)

地区	2019 年	2018 年	2017 年	2016 年	2015 年
总计	1 403.28	1 280.09	1 212.73	1 116.53	1 081.45
陕西	481.55	442.89	419.4	411.91	415.92
四川	416.88	369.86	356.39	296.91	267.22
新疆	341.08	321.84	307.04	291.21	293.21
重庆	72.74	61.17	60.7	51.75	33.32
青海	64	64.05	64.01	60.81	61.37

续表

地区	2019 年	2018 年	2017 年	2016 年	2015 年
内蒙古	22.07	16.07	0.19	0.27	9.24
贵州	3.15	2.97	4.15	3.41	0.93
甘肃	1.58	1.03	0.6	0.06	0.08
广西	0.23	0.19	0.21	0.2	0.16

表 3-34　中部地区 2015-2019 年天然气生产情况(亿立方米)

地区	2019 年	2018 年	2017 年	2016 年	2015 年
总计	154.3	125.4	112.94	109.25	105.1
山西	82.55	53.06	46.76	43.22	43.08
黑龙江	45.66	43.54	40.54	38.04	35.82
吉林	19.82	18.35	18.58	19.77	20.31
河南	2.96	2.9	2.98	3.3	4.19
安徽	2.21	2.25	2.6	3.38	
湖北	1.07	5.13	1.27	1.31	1.35
江西	0.03	0.17	0.21	0.23	0.35

2019 年全国水力发电量约为 13 044 亿千瓦小时,2015—2019 年总体增幅达到 14.7%,其中西部地区发电量占据全国首位,中部居其次。根据表 3-35 和表 3-36,2019 年西部地区水力发电量达 9 422 亿千瓦小时,占全国比重达到 72.2%。西部省份四川、云南两省水力发电量居全国第一和第二,发电量远超其他省份。其中四川省不仅发电量高于其他省,增幅也十分可观,2015—2019 年增幅达到 24.3%,略高于西部地区整体增幅的 23%。这表明了西部地区在水力发电产能方面的绝对优势地位。2019 年中部地区水力发电量为 2 408 亿千瓦小时,占全国比重约为 18.5%。其中拥有三峡水电站的湖北省水力发电量居全国第三位。但中部水力发电增速较为缓慢,2015—2019 年增幅仅为 2.8%。

表 3-35　西部地区 2015—2019 年水力发电情况(亿千瓦小时)

地区	2019 年	2018 年	2017 年	2016 年	2015 年
总计	9 422.47	8 961.42	8 335.07	7 820.04	7 653.33
四川	3 316.01	3 162.67	3 023.56	2 852.07	2 667.64
云南	2 855.85	2 695.31	2 489.67	2 278.15	2 177.57
贵州	769.36	714.93	723.72	733.73	789.22
广西	593.41	699.43	686.72	654.38	654.38
青海	554.04	517.9	328.14	300.85	364.33
甘肃	496.12	411.37	350.58	313.51	335.98
重庆	242.27	257.85	261.71	247.18	229.44
新疆	292.00	251.42	244.12	224.75	209.05
陕西	154.98	137.01	140.15	125.14	134.26
西藏	68.49	57.28	51.14	48.78	39.51
内蒙古	58.07	36.49	20.11	27.48	36.42
宁夏	21.87	19.76	15.45	14.02	15.53

表 3-36　中部地区 2015—2019 年水力发电情况(亿千瓦小时)

地区	2019 年	2018 年	2017 年	2016 年	2015 年
总计	2 408.38	2 452.09	2 537.68	2 526.26	2 342.67
湖北	1 356.98	1 465.49	1 504.24	1 410.72	1 328.47
湖南	543.97	535.75	594.92	621.51	572.52
江西	167.74	120.28	153.21	198.53	178.31
河南	145.06	143.95	101.23	95.54	110.16
吉林	66.76	63.4	63.47	82.42	58.42
安徽	51.09	53.84	57.13	63.17	48.67
山西	49.07	43.18	42.46	37.5	29.26
黑龙江	27.71	26.2	21.02	16.87	16.86

2019 年全国风力发电量约为 4 060 亿千瓦小时，2015—2019 年总体增幅达到 118.6%，其中西部地区风力发电量占据全国首位。根据表 3-37 和表 3-38，2019 年西部地区风力发电量达 2 110 亿千瓦小时，占全国比重达到 52%，2015—2019 年增幅高达 122.8%。西部地区省份内蒙古、新疆、云南、甘肃四省风力发电量居全国前五，风力发电优势明显。其中广西、青海两省 2015—2019 年增幅达到 900%以上，四川省同期增幅也约达 600%，显示出西部巨大的风力发电潜能。2019 年中部地区风力发电量为 814 亿千瓦小时，占全国比重约为 20%。其中吉林、黑龙江两省风力发电量居前列。中部地区风力发电量占比低于西部和东部地区，但是增速极快，2015—2019 年增幅达到 159%。

表 3-37 西部地区 2015—2019 年风力发电情况(亿千瓦小时)

地区	2019 年	2018 年	2017 年	2016 年	2015 年
总计	2 109.97	1 910.96	1 567.63	1 398.96	946.85
内蒙古	665.80	630.99	544.97	646.18	407.88
新疆	413.30	359.84	291.53	196.55	147.83
云南	245.29	220.00	191.70	155.32	92.28
甘肃	228.11	230.06	185.42	136.44	126.70
宁夏	185.55	186.83	149.78	125.47	80.51
陕西	83.62	72.22	51.92	37.46	27.87
贵州	78.05	68.41	64.51	55.17	39.00
四川	71.25	54.65	38.46	17.90	10.19
青海	66.49	37.57	17.42	10.01	6.59
广西	61.33	41.99	24.25	13.81	5.91

表 3-38 中部地区 2015—2019 年风力发电情况(亿千瓦小时)

地区	2019 年	2018 年	2017 年	2016 年	2015 年
总计	813.93	714.49	539.72	435.54	314.26
山西	224.30	212.13	164.32	120.28	85.80

续表

地区	2019 年	2018 年	2017 年	2016 年	2015 年
黑龙江	139.95	124.63	108.49	79.62	64.67
吉林	114.62	104.82	65.92	84.66	72.66
河南	87.99	56.89	26.21	18.01	13.69
湖北	73.83	64.40	54.79	40.40	17.19
湖南	74.98	60.35	49.00	39.63	28.35
江西	51.30	41.18	31.41	18.77	11.33
安徽	46.96	50.09	39.58	34.17	20.57

2019 年全国太阳能发电量约为 2 245 亿千瓦小时，2015—2019 年总体增幅达到 415.4%，其中西部地区太阳能发电量占据全国首位。根据表 3-39 和表 3-40，2019 年西部地区太阳能发电量达 910 亿千瓦小时，占全国比重达到 40.5%，2015—2019 年增幅达到 196.6%。西部地区省份内蒙古、青海、新疆、甘肃、宁夏五省太阳能发电量居前列。2019 年中部地区太阳能发电量为 566 亿千瓦小时，占全国比重约为 34.3%。其中山西、安徽、河南三省太阳能发电量居前列。中部地区太阳能发电增速远远快于西部地区和东部地区，2015—2019 年增幅高达到 4 281.4%。显示出中部地区巨大的太阳能发电潜能。

表 3-39　西部地区 2015—2019 年太阳能发电情况(亿千瓦小时)

地区	2019 年	2018 年	2017 年	2016 年	2015 年
总计	909.84	738.32	577.94	408.20	306.80
内蒙古	162.80	129.20	106.22	83.26	56.99
青海	158.24	131.07	108.42	89.91	72.67
新疆	136.00	121.47	116.85	78.47	59.38
甘肃	118.44	95.02	72.15	60.19	59.12
宁夏	114.69	97.31	73.67	51.34	40.78
陕西	94.15	71.28	40.63	13.34	8.07

续表

地区	2019 年	2018 年	2017 年	2016 年	2015 年
云南	48.18	35.08	27.76	21.03	5.68
四川	28.15	22.42	16.11	6.06	1.12
贵州	19.6	15.76	7.47	0.88	
西藏	12.77	8.36	4.76	2.88	2.61
广西	13.49	9.26	3.29	0.84	0.38
重庆	3.33	2.09	0.61		

表 3-40　中部地区 2015—2019 年太阳能发电情况(亿千瓦小时)

地区	2019 年	2018 年	2017 年	2016 年	2015 年
总计	565.64	353.603	217.06	72.69	12.91
山西	127.50	94.05	47.25	14.45	3.24
安徽	124.66	10.363	61.26	20.67	3.74
河南	101.75	83.78	38.02	13.06	0.90
湖北	57.76	48.89	24.34	11.40	1.36
江西	55.90	51.53	26.72	11.13	2.34
吉林	39.76	24.23	9.64	0.91	0.80
黑龙江	32.44	20.27	3.80	0.44	0.16
湖南	25.87	20.49	6.03	0.63	0.37

核能发电方面,2019 年全国发电量为 3 484 亿千瓦小时,其中东部地区达到 3 312 亿千瓦小时,占比高达 95%。2015—2019 年东部地区核能发电增长也达到 94%。东部地区以外仅广西省拥有核能发电能力,2019 年发电量为 172 亿千瓦小时。

在各类型一次能源中,中西部地区在原煤、天然气生产,风力发电、水力发电、太阳能发电等方面均具有优势,而东部地区仅在原油生产,以及核能发电方面具有优势。因此,相对东部地区而言中西部地区在清洁能源方面具有绝对优势。

3.6.2 中西部地区绿色产业发展现状

1）中西部地区绿色制造业概况

2019 年全国制造业营业额达到 94.4 万亿元，中西部地区合计仅 36 万亿元，而东部则达到 58.4 万亿元，东部地区制造业具有明显优势。根据《中国工业统计年鉴》，本文整理了 2017 年和 2019 年制造业营业额数据，因 2018 年数据缺乏，以及 2016 年之前数据统计口径变化故未纳入统计分析。结合《中国环境统计年鉴》数据，可以得到表 3-41。

表 3-41 单位工业 COD 排放的制造业营业额（亿元/吨）

地区	2019 年	2017 年	2017—2019 年增速（%）
内蒙古	0.489	0.355	37.82
广西	0.612	0.537	14.03
重庆	1.185	1.046	13.24
四川	0.994	0.873	13.77
贵州	1.510	0.981	53.88
云南	0.722	0.630	14.56
西藏	0.122	0.118	3.57
陕西	1.578	0.966	63.27
甘肃	0.333	0.299	11.16
青海	0.590	0.517	14.08
宁夏	0.249	0.229	8.62
新疆	0.333	0.263	26.27
西部地区平均	0.731	0.597	22.41
山西	1.180	0.769	53.55
吉林	0.772	0.657	17.50
黑龙江	0.367	0.275	33.55

续表

地区	2019年	2017年	2017—2019年增速(%)
安徽	1.209	1.193	1.36
江西	0.625	0.465	34.46
河南	2.477	1.905	30.04
湖北	2.142	1.952	9.74
湖南	0.736	0.609	20.87
中部地区平均	1.043	0.861	21.15
东部地区平均	1.582	1.356	16.63
全国平均	1.223	1.031	18.61

化学需氧量(COD)排放是废水中最具代表性的污染物排放，本文将工业COD排放与制造业营业额之比作为制造业绿色程度的衡量标准之一。可以看到，2017年和2019年西部地区每吨COD排放的制造业营业额分别为0.597亿元和0.731亿元，中部地区分别为0.861亿元和1.043亿元，都显著低于东部地区的1.356亿元和1.582亿元，即东部地区制造业绿色程度更高。但是我们观察2017年到2019年单位COD排放制造业营业额的变化幅度，可以看到，西部地区平均增幅为22.41%，中部地区为21.15%，均大幅高于东部地区的16.63。也就是说，2017—2019年中西部地区以单位COD排放的制造业营业额来衡量的制造业绿色化提升幅度高于东部地区，其中，西部地区提升幅度最为突出。接下来我们进一步观察废气排放的情况。

二氧化硫(SO_2)是工业废气排放最具代表性的污染物之一，因此工业SO_2排放与制造业营业额之比一定程度上也可以作为制造业绿色程度的衡量标准。通过表3-42可以看到，2019年西部地区和中部地区每吨SO_2排放的制造业营业额分别为0.087亿元和0.215亿元，显著低于全国平均的0.239亿元，与东部地区的0.442亿元差距更明显。这表明中西部地区制造业绿色程度明显更低。进一步观察2017年到2019年单位SO_2排放制造业营业额的变化幅度，可以看到，西部地区平均增幅为 29.45%，低于东部地区的 39.65%；但是中部地区为 43.65%，高于东部地区。可见，东中西部地区 2017—2019 年以单位 SO_2 排放的制造业营业额来衡量的制造业绿色程度均有所提升，但中部地区提升幅度最大。

表 3-42　单位工业 SO_2 排放的制造业营业额(亿元/吨)

地区	2019 年	2017 年	2017—2019 年增速(%)
内蒙古	0.033	0.028	20.72
广西	0.164	0.143	15.37
重庆	0.289	0.183	58.27
四川	0.219	0.174	25.53
贵州	0.039	0.025	55.32
云南	0.059	0.051	15.49
西藏	0.062	0.075	−17.43
陕西	0.149	0.108	37.51
甘肃	0.068	0.072	−5.17
青海	0.038	0.032	19.21
宁夏	0.027	0.024	11.22
新疆	0.037	0.024	55.03
西部地区平均	0.087	0.067	29.45
山西	0.057	0.035	65.33
吉林	0.140	0.123	13.92
黑龙江	0.071	0.046	54.66
安徽	0.228	0.189	20.39
江西	0.155	0.102	51.74
河南	0.462	0.348	32.81
湖北	0.438	0.381	14.98
湖南	0.411	0.186	120.99
中部地区平均	0.215	0.150	43.65

续表

地区	2019年	2017年	2017—2019年增速(%)
东部地区平均	0.442	0.318	39.12
全国平均	0.239	0.177	34.85

氨氧化物(NOx)也是工业废气排放主要污染物之一，因而本文也将工业NOx排放与制造业营业额之比作为制造业绿色程度的衡量标准之一。通过表3-43可以看到，2019年西部地区每吨NOx排放的制造业营业额为0.082亿元，显著低于全国平均的0.172亿元；中部地区位0.257亿元，显著高于全国平均水平。东部地区每吨NOx排放制造业营业额为0.249亿元，虽高于西部地区，但却略低于中部地区。这表明以NOx排放衡量的制造业绿色程度，东部地区优势并不明显，甚至低于中部地区。从2017—2019年单位NO_x排放制造业营业额的增幅看，西部地区平均增幅为17.27%，低于东部地区的19.4%；但是中部地区高达104.8%，大幅高于东部地区。其中，山西、黑龙江两省的增幅高达100%以上。可见，全国2017—2019年以NOx排放衡量的制造业绿色化程度均有所提升，但中部地区制造业绿色化程度以及提升幅度最高。

表3-43　单位工业NOx排放的制造业营业额(亿元/吨)

地区	2019年	2017年	2017—2019年增速(%)
内蒙古	0.026	0.024	7.22
广西	0.086	0.077	11.77
重庆	0.316	0.226	40.15
四川	0.178	0.149	19.63
贵州	0.061	0.044	36.89
云南	0.074	0.069	7.66
西藏	0.021	0.025	−16.28
陕西	0.128	0.103	23.66
甘肃	0.057	0.069	−17.92

续表

地区	2019 年	2017 年	2017—2019 年增速(%)
青海	0.038	0.029	31.74
宁夏	0.035	0.029	18.52
新疆	0.040	0.027	47.56
西部地区平均	0.082	0.070	17.27
山西	0.925	0.026	3 452.72
吉林	0.035	0.113	−69.31
黑龙江	0.119	0.041	186.09
安徽	0.051	0.130	−61.18
江西	0.132	0.144	−7.99
河南	0.169	0.212	−20.41
湖北	0.332	0.263	26.35
湖南	0.302	0.162	86.79
中部地区平均	0.257	0.125	104.80
东部地区平均	0.249	0.208	19.40
全国平均	0.172	0.145	18.68

总的来看,2017—2019 年全国平均意义的制造业绿色水平均有一定程度提升,就绝对值而言,东部地区往往更为突出,但中西部地区制造业绿色化提升幅度更为突出。具体来说,以单位工业 COD 排放的制造业营业额为代表的制造业绿色水平衡量,东部地区绿色水平更高,但提升幅度方面西部地区最高,中部地区居其次。以单位工业 SO_2 排放的制造业营业额为代表的制造业绿色水平衡量,东部地区绿色水平更高,但提升幅度方面中部地区最高;以单位工业 NOx 排放的制造业营业额为代表的制造业绿色水平衡量,中部地区水平更高,提升幅度方面也是中部地区最高。虽然中西部地区绿色发展基础弱、难度大,但是显示出了提升制造业绿色发展水平的潜力和实力。

2）中西部地区信息与高技术产业概况

本部分以软件和信息技术服务业、高技术制造业作为代表，分析高技术产业的发展趋势。其中，2019 年全国软件和信息技术服务业营业额达到 83537 亿元，中部地区和西部地区分别仅为 10186 亿元和 4762 亿元，而东部地区则达到 68588 万亿元，东部地区软件和信息技术服务业具有绝对优势。根据《中国高技术产业统计年鉴》，笔者整理了 2015—2019 年软件和信息技术服务业营业额，可以得到表 3-44。

表 3-44　各地区软件和信息技术服务业营业额(亿元)

地区	2019 年	2018 年	2017 年	2016 年	2015 年	2015—2019 年增速(%)
内蒙古	6.26	11.67	15.73	27.96	30.10	−79.19
广西	407.38	152.48	81.35	72.92	74.72	445.20
重庆	1 714.57	1 392.95	1 212.90	1 024.96	853.35	100.92
四川	3 691.42	3 172.64	2 782.23	2 423.09	2 125.91	73.64
贵州	212.34	176.73	129.73	127.83	110.24	92.61
云南	102.38	91.11	77.67	50.30	44.24	131.42
陕西	2 869.32	1 994.89	1 593.60	1 300.20	1 139.74	151.75
甘肃	60.91	52.28	45.75	41.42	35.68	70.72
青海	2.15	1.41	0.87	1.15	1.21	77.42
宁夏	23.93	18.58	15.55	13.20	11.41	109.84
新疆	76.30	76.43	54.53	73.35	45.46	67.83
西部地区合计	9 166.96	7 141.19	6 009.92	5 156.38	4 472.05	104.98
山西	48.92	28.70	29.89	23.92	24.15	102.54
吉林	396.64	667.11	583.71	511.09	440.51	(9.96)
黑龙江	55.90	48.25	189.59	167.98	150.67	(62.90)
安徽	669.77	456.05	341.12	260.03	205.58	225.79
江西	181.96	152.94	106.62	87.01	86.36	110.70

续表

地区	2019 年	2018 年	2017 年	2016 年	2015 年	2015—2019 年增速(%)
河南	352.13	336.43	306.68	296.35	278.54	26.42
湖北	2 065.23	1 791.49	1 531.20	1 330.51	1 015.24	103.42
湖南	610.65	492.58	454.88	396.01	349.22	74.86
中部地区合计	4 332.28	3 944.85	3 513.80	3 048.98	2 526.12	71.50
东部地区合计	60 542.71	52 812.00	47 566.51	42 018.95	37 840.59	59.99
全国合计	83 536.58	74 041.95	63 898.03	57 090.23	50 224.31	44 838.76

虽然东部地区软件和信息技术服务业营业额绝对值明显更大，但增幅相对中西部地区而言更低。根据表 3-44 可以发现，2015—2019 年西部地区增长幅度达 105%，中部地区增长幅度为 71.5%，均高于东部地区的 60%。西部地区的四川、陕西、重庆等省市绝对值较大，广西、陕西、云南增幅居前。中部地区则是湖北省绝对值较大，安徽、江西、湖北增幅居前。总的来看，中西部地区软件和信息技术服务业营业额绝对值较少，但追赶东部地区的速度很快。

表 3-45　各地区高技术产业(制造业)营业额(亿元)

地区	2019 年	2017 年	2016 年	2015 年	2015—2019 年增速(%)
内蒙古	364	403	406.9	394.3	−7.685
广西	1 536	1 439	2 077.6	1 791	−14.238
重庆	5 777	5 305	4 896	4 028.8	43.393
四川	7 761	6 943	5 994.4	5 171.7	50.067
贵州	1 151	1 198	1 007.8	806.9	42.645
云南	854	710	462.1	350	144.000
西藏	16	11	9.7	9.9	61.616
陕西	3 226	2 847	2 394.5	1 902.9	69.531
甘肃	278	237	196.1	179	55.307
青海	131	105	129	100.5	30.348

续表

地区	2019 年	2017 年	2016 年	2015 年	2015—2019 年增速(%)
宁夏	182	186	176.4	111.8	62.791
新疆	109	178	90.1	71.7	52.022
西部地区合计	21 385	19 562	17 840.6	14 918.5	43.346
山西	1 274	1 298	997.4	864.7	47.334
吉林	617	653	2 067.8	1 848.5	−66.622
黑龙江	420	418	487.7	622.2	−32.498
安徽	4 034	3 996	3 587.6	3 064.1	31.654
江西	5 233	4 753	3 913.6	3 318.1	57.711
河南	6 118	6 064	7 401.6	6 653.8	−8.053
湖北	4 434	4 340	4 211.9	3 655.1	21.310
湖南	4 016	3 523	3 661.3	3 280.2	22.432
中部地区合计	26 146	25 045	26 328.9	23 306.7	12.182
东部地区合计	121 794	111 316	112 394	109 626.9	101 743.4
全国合计	174 613	158 849	157 001	153 796.3	139 968.6

2019 年全国制造业高技术产业营业额达到 157 001 亿元，中部地区和西部地区分别为 21 385 亿元和 26 146 亿元，而东部地区则达到 111 316 万亿元，东部地区制造业高技术产业具有绝对优势。但观察制造业高技术产业营业额的增长情况，东部地区则不具备优势。根据表 3-45 可以发现，2015—2019 年西部地区增长幅度达 43.3%，中部地区增长幅度为 12.2%，均高于东部地区的 9.4%，可见东部地区制造业高技术产业营业额增长已经较为缓慢。西部地区的四川、重庆、陕西等省市绝对值较大，云南、陕西、宁夏增幅居前。中部地区则是河南、江西、安徽三省绝对值较大，江西、山西、安徽增幅居前。总的来看，中西部地区制造业高技术产业营业额绝对值相对较少，但追赶东部地区的速度很快。

第4章

4

经济增长源动力转变与绿色发展*

*本文经整理已发表，详见 Wen H D, Dai J. The Change of Sources of Growth and Sustainable Development in China: Based on the Extended EKC Explanation[J]. Sustainability, 2021(13), 2803.

本章的研究试图表明，中国经济增长源动力从传统的物质资本、劳动力向新兴的人力资本和绿色技术进步转变，将对绿色发展起着至关重要的作用。这对当前的中国经济改革具有重要的现实意义，对国家经济转型和绿色发展也具有重要的理论借鉴意义。当然，对类似的发展中国家也将具有借鉴意义。

4.1 中国经济增长源动力转变分析

4.1.1 经济增长源动力的提出

2018 年诺贝尔经济学奖获得者保罗·罗默提出四要素增长理论，在传统经济增长要素物质资本和劳动力之外，又增加了人力资本和知识。Ma 等(2019)认为，四要素可以构成两类经济形态：物质资本和劳动力对应传统经济，主要依靠释放人口红利、新增物质资本投资等促进经济增长；而人力资本和知识对应知识经济，增长动力主要依靠人力资本积累和知识创新等。经济增长被普遍认为是发展中国家环境污染的主要原因，而这背后实际隐藏的则是经济增长方式问题。传统经济向知识经济的转换过程实质就是粗放型经济增长方式向集约型经济增长方式的转变过程，这种转变从根本上决定了一国技术进步方向和环境污染状况，也是一国成功实现绿色发展的必由之路。Copeland 和 Taylor (2003)提出环境库兹涅茨曲线(EKC)假说的“经济增长源动力解释论”，他们将经济增长的基本生产要素作为经济增长源动力，认为当一国从以物质资本积累为主要源动力的阶段过渡到以人力资本为主要源动力的阶段时，随着收入持续增长，污染排放水平会出现先增加而后逐渐下降的趋势①。保罗·罗默提出的四要素增长理论已经被普遍接受，但 Copeland 和 Taylor 将经济增长源动力局

① 环境库兹涅茨曲线理论(EKC)是 Grossman 和 Krueger(1995)提出的，其观点是环境污染与人均收入水平之间遵循倒“U”型曲线关系。

限在传统的物质资本和劳动力两种要素，显然 EKC 假说“经济增长源动力解释论”有必要被进一步扩展。本章提出扩展的 EKC 假说“经济增长源动力解释论”，即随着知识经济替代传统经济，经济增长源动力从主要依靠物质资本和劳动力，转变为主要依靠人力资本和知识，伴随着收入可持续增长，环境污染可能出现先增长而后下降的趋势。如上述扩展的解释论得到证实，将为发展中国家经济转型和绿色发展提供重要理论依据。

4.1.2 中国经济增长源动力变化与绿色发展

1）经济增长源动力变化情况

根据世界银行 WDI2020 数据初步进行判断，中国经济增长源动力很可能正在发生重要转变，虽然物质资本和劳动力投入依然很重要，但人力资本和知识的重要性也正在日益凸显。

第一，物质资本方面，总量已高居世界第一，人均量基本达到发达国家水平，但近年来增长幅度有所放缓。2018 年固定资本形成总额排名世界第一，比排名第二的美国多出 35%。1995—2018 年年均增幅达到 15.01%，但 2012 年以来平均增幅放缓至 7.9%。人均固定资本形成总额排名世界第 40 位。2018 年中国资本形成总额排名世界第一，比排名第二的美国多出 39%。1995—2018 年年均增幅达到 14.40%，但 2012 年以来平均增幅放缓至 7.6%。中国人均资本形成总额排名达到世界 43 位。

第二，劳动力方面，中国目前仍是世界第一的人口大国与劳动力大国。但是中国人口出生率与劳动力增长速度逐年下滑，人口红利正在逐渐丧失。中国已经采取包括放开第三胎生育的政策等，但效果仍有待观察。

第三，人力资本方面，以教育衡量的人力资本总量已经达到世界第一，但由于中国 1999 年才开始大规模扩大高等教育，因此接受过高等教育的人口比重还不高。中国自 2001 年开始高等教育规模达到世界第一，至 2017 年高等教育在学总规模达到 3699 万人，占世界高等教育总规模比例超过 20%。2010 年 25 岁以上至少接受高等教育人口占比仅排名世界 105 位，至 2018 年快速提升至世界 73 名（中国数据缺失。但根据 2018 年中国国家统计局 1%人口抽样调查数据，6 岁以上至少接受高等教育人口占比为 14.01%，据此估算 25 岁以上至少接受高等教育人口占比约为 18.6%）。

第四，知识方面，中国已经成为世界知识创新大国，且仍然保持较快增长。2018 年中国居民专利申请数量居世界第一，1995—2018 年，年均增幅高达 24.63%，百万人口居民专利申请数量也增长到世界第三；百万人口研发人员达到世界排名 33 名；研发支出占 GDP 比重排名世界 13 位。

2）经济增长源动力变化与绿色发展

根据历年中国环境统计年鉴数据，考察中国空气污染、水污染、固体废弃物等污染物排放情况，发现多个主要污染物排放量已经呈现下降趋势。根据本书第 3 章的计算，中国整体环境污染损失近年来也出现了明显的增速下降。空气污染的二氧化硫（SO_2）、烟尘、粉尘排放量均已快速下降，仅二氧化碳（CO_2）还处于增长态势。其中 SO_2 排放 2006 年达到顶峰，随后快速下降，烟尘、粉尘排放量在整个报告期基本处于下降趋势。中国环境统计年鉴未公布 CO_2 排放数据，借鉴陈诗一（2009）的方法估算 CO_2 排放量，可以发现 CO_2 排放仍处于增长态势，但 2011 年以来增幅很小，平均增幅仅 1%。其中 2015 年、2016 年出现了小幅下降。水污染的主体是化学需氧量排放（COD），于 2011 年达到顶峰之后一直处于下降态势。固体废弃物排放从 1998 年起基本处于下降态势，实际上固体废弃物排放在多数省级地区均已清零。因此，似乎是中国经济增长源动力已经发生了重大变化，同时中国环境污染的整体形势也发生了好转的迹象。通过绘制 EKC 图 4-1 至图 4-3，我们可以看出这一迹象，部分污染物排放量与人均收入已基本呈现倒“U”形曲线。本章的研究正是要证明人力资本、绿色技术进步等经济增长源动力变化是否有利于绿色发展。

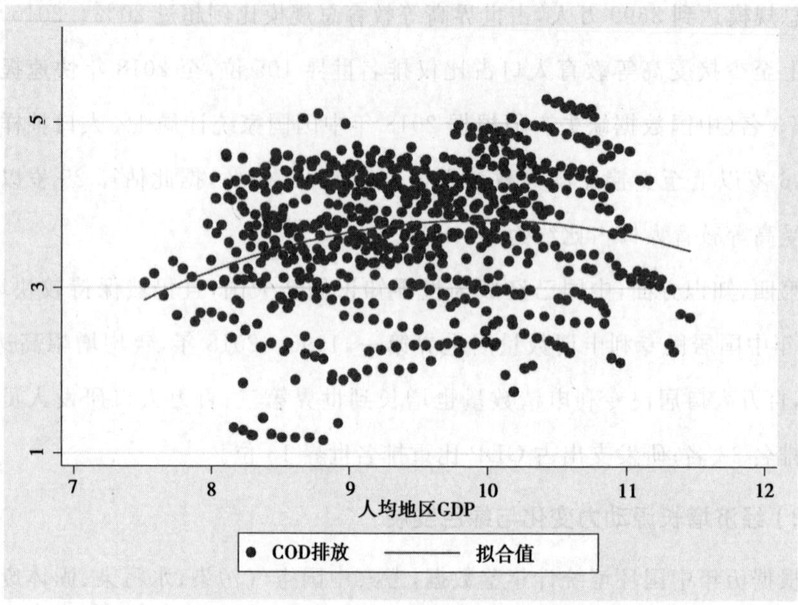

图 4-1 COD 排放与人均收入散点图

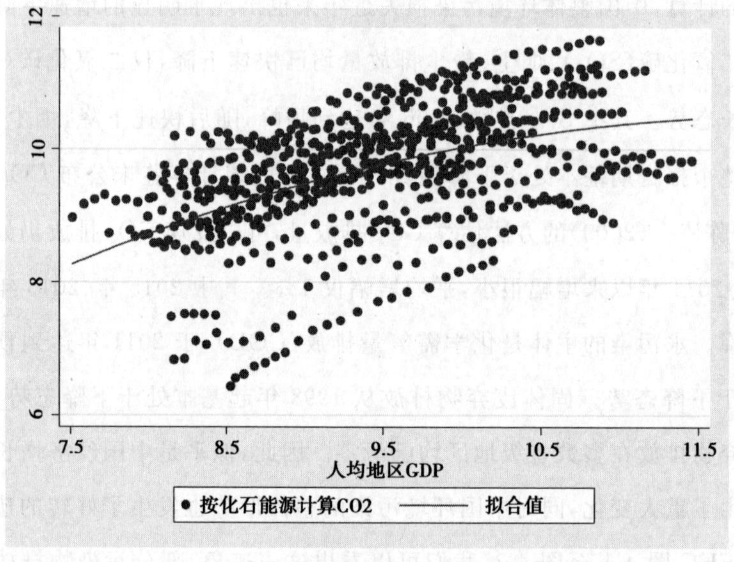

图 4-2 CO_2 排放与人均收入散点图

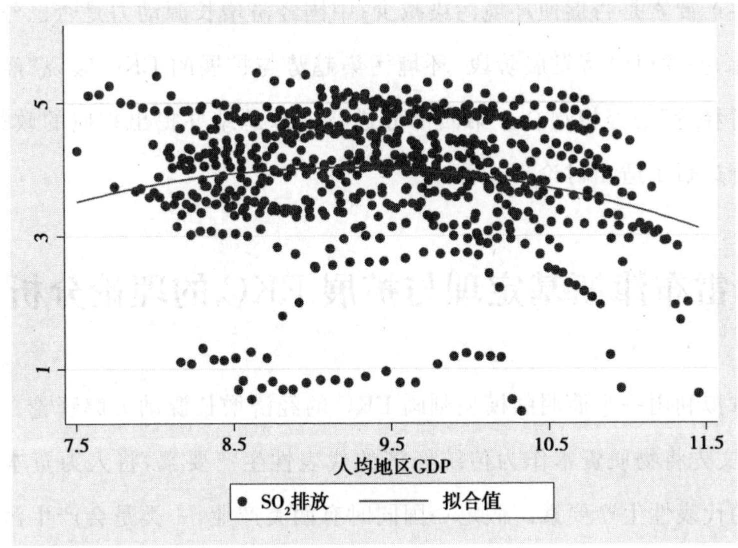

图 4-3　SO_2 排放与人均收入散点图

4.1.3 本章的研究安排

过去的文献鲜有关注中国经济增长动力转变，以及这种转变对环境污染的影响。Copeland 和 Taylor(2003)提出的 EKC“经济增长源动力解释论”只涉及物质资本和劳动力两种生产要素，而实际上生产要素还应包括人力资本和知识，因此本章拟扩展 EKC 假说“经济增长源动力解释论”。本章拟从保罗·罗默的四要素出发，对经济增长源动力与环境污染的关系进行深入研究，从理论和实证两个层面扩展 EKC 假说“经济增长源动力解释论”。

本章接下来将分析扩展的 EKC 假说“经济增长源动力解释论”的理论机制。第三部分通过系统广义矩估计(sys-GMM)方法，利用 1995—2017 年中国大陆 29 个省级地区① 面板数据进行实证研究。重点是实证分析 EKC 在中国是否成立，以及拐点是否出现；传统经济的生产要素是否促使环境污染增加，而知

① 由于西藏的数据缺失严重，故舍弃。而重庆于 1997 年直辖，为避免前后数据不一致，因此将 1997 年后的重庆与四川合并。故为 29 个省级地区。本书其后的计量分析均为 29 个省级地区。

识经济生产要素是否促使环境污染减少;中国经济增长源动力是否已经发生了重大变化,并探讨经济发展阶段、环境污染趋势与扩展的 EKC 假说“经济增长源动力解释论”是否相吻合。第四部分进行文章总结并提出相应的政策建议。第五部分进行了适当讨论。

4.2 雷布津斯基定理与扩展 EKC 的理论分析

本章拟利用一个简明的模型刻画 EKC 的经济增长源动力解释论。为简化分析,本文先将物质资本作为传统经济的代表性生产要素,将人力资本作为知识经济的代表性生产要素。假定一国同时有两类产业,一类是会产生污染的产业,用 M 表示,该产业生产产品 m 以及污染物,为资本密集型产业;而另一类产业是清洁产业,用 N 表示,该产业生产清洁产品,为人力资本密集型。假定技术是给定的且满足 Inada 条件,引起经济增长方式改变的原因是“经济增长源动力”的变化:在经济发展初期,物质资本相对稀缺,其边际产出较高,经济增长主要由物质资本积累来推动;随着要素价格均等化,物质资本稀缺性和边际产出均下降,而人力资本稀缺性突出,边际产出较高,经济增长转变为主要依靠人力资本积累。利用雷布津斯基定理,EKC“经济增长源动力解释论”可以用如下过程来证明。

在 Copeland 和 Taylor(2003)基础上进一步将污染排放函数简明地表示为:

$$P=\bar{e}m(\bar{\tau},K_m,H_m) \tag{4-1}$$

式中,P 为环境污染;由式(4-1)内生给定;K 为物质资本;H 为人力资本;τ 为污染排放税(或企业为排污付出的代价);e 为污染排放系数。为方便分析 K,H 变化对污染的影响,这里设污染排放税不变 $\tau=\bar{\tau}$,以及污染排放强度不变 $e=\bar{e}$。

收入函数可以相应简明地表示为：

$$Y = f(K, H, P) \tag{4-2}$$

式中，Y 为总产出。若经济增长主要由物质资本 K 积累的增加来推动，保持 H 不变，对式(4-1)和式(4-2)取对数后求微分，分别可得：

$$\hat{P} = \varepsilon_{MK}\hat{K} \tag{4-3}$$

$$\hat{Y} = s_r\hat{K} + s_\tau\hat{P} \tag{4-4}$$

$\hat{P} = d\ln(P) = dP/P$，以此类推。ε_{XK} 是能够导致污染的产业 X 的产出相对资本要素禀赋的弹性。由雷布津斯基定理，即一种生产要素的数量增加而另一种生产要素的数量保持不变，其结果是密集地使用前者进行生产的产品数量将增加，而密集使用后者进行生产的产品数量将减少。M 产业密集使用物质资本，由于物质资本增加，因此产品 m 会增加，而密集使用人力资本的产业 N 生产的产品会减少，于是必定有 $\varepsilon_{MK} > 0$。s_r 和 s_τ 分别表示资本收入和污染排放征税占总产出的比重，$s_r > 0$、$s_\tau > 0$。式(4-3)代入式(3-4)，整理后有：

$$\hat{Y} = (s_r + s_\tau\varepsilon_{MK})\hat{K} \tag{4-5}$$

由于这里已经假定 K 是增加的，即 $\hat{K} > 0$，因此有 $\hat{P} > 0$，以及 $\hat{Y} > 0$。于是 式(4-3)和式(4-5)意味着物质资本积累增加同时提高了污染水平和收入。

同理，假设经济主要由人力资本积累的增加来推动，保持 K 不变，则有：

$$\hat{P} = \varepsilon_{MH}\hat{H} \tag{4-6}$$

ε_{XH} 为 X 产业的产出相对人力资本要素禀赋的弹性，仍然由雷布津斯基定理，人力资本积累的增加刺激了清洁产业 N 的产出，而导致污染的产业 M 可用资源减少，因此必定有 $\varepsilon_{MH} < 0$。进而由式(4-6)可知，人力资本积累降低了污染排放水平。人力资本积累增加对收入的影响为：

$$\hat{Y} = s_w\hat{H} + s_\tau\hat{P} = (s_w + s_\tau\varepsilon_{MH})\hat{H} \tag{4-7}$$

其中 $s_w > 0$ 表示人力资本收入占国民收入的比重。这里已经假定 H 是增

加的，即 $H>0$，由于 $\varepsilon_{MH}<0$，则知 $P<0$。由于 $s_\tau>0$，$\varepsilon_{MH}<0$，因此有 $s_\tau\varepsilon_{MH}<0$。由于此时经济增长主要由人力资本积累驱动，因此 s_w 较大，而 s_τ 和 ε_{MH} 的乘积绝对值均应很小，即 $s_w>|s_w\varepsilon_{MH}|$，结合 $H>0$，可知 $Y>0$。也就是说人力资本供给增加而物质资本不变会使国民收入增加，这符合一般认知。[①] 于是式(4-6)和式(4-7)意味着人力资本积累增加的同时提高了收入，却降低了污染水平。

于是得出一个基本观点：一国若主要依靠物质资本积累来推动经济增长，则随着收入的增长，环境污染也将增加；而在后期若主要依靠人力资本积累来推动，则随着人均收入的持续增长，环境污染将降低。这就是 EKC"经济增长源动力解释论"的基本观点。若将劳动力作为传统经济的代表性生产要素，即经济增长以劳动密集型产业为主，产生一定的环境污染；将知识作为知识经济的代表性生产要素，即经济增长以知识密集型产业为主，不产生环境污染，上述 EKC"经济增长源动力解释论"结论不变。

因此，知识经济替代传统经济，经济增长源动力从主要依靠物质资本和劳动力，转变为主要依靠人力资本和知识，伴随着收入可持续增长，环境污染可能出现先增长而后下降的趋势。这进一步扩充了 EKC"经济增长源动力解释论"。要证实上述观点，首先是要证明传统经济主要生产要素是否导致环境污染增加，而知识经济主要生产要素是否导致环境污染降低；其次是证明 EKC 的存在性；最后是验证按增长源动力划分的经济发展阶段，相应环境污染趋势是否与扩展的 EKC"经济增长源动力解释论"观点相契合。

① 需注意的是，如果经济增长主要依靠人力资本增加，但若人力资本收入占国民收入的比重 s_w 却不够大，则可能导致 $G<0$，即经济增长下滑。出现这种情况的原因可能是人力资本质量水平不高，边际产出较低。这意味着以人力资本为主要动力的经济增长阶段增速可能下降。本书不考虑这种情况。

4.3 经济增长主要源动力与环境污染关系的实证分析

4.3.1 计量模型

借鉴 de Mello (1997)和 Ramirez (2000) 等研究的模型,将人力资本因素置入生产函数:①

$$Y_t = A_t(\gamma L)^{\alpha} K^{\beta}, \text{其中 } \gamma = H^{Z} \tag{4-8}$$

上式中 Y 为产出(由地区生产总值代表),A 为技术进步,L 为初级劳动投入,K 为物质资本,γ 是初级劳动投入的人力资本系数,H 是教育水平即人力资本水平,z 是教育对原始劳动投入的反馈。这里 $0<z<1, 0<a<1, 0<\beta<1$。式(4-8)整理后为:

$$Y_t = (A_t H^{z\alpha})(L^{\alpha} K_d{}^{\beta}) \tag{4-9}$$

保罗・罗默(1990)将知识划分为两部分:一部分是人力资本,一部分是技术水平。因此上式 AH 可以代表知识经济,LK 可以代表传统经济。本章的人力资本 H 采用平均受教育年限法测算。具体计算方法见第 3 章。

一个开放经济体的物质资本由国内物质资本和外商直接投资(FDI)构成,但国内物质资本和 FDI 并非同质资本,FDI 对一国的作用还主要体现在其外溢效应方面,因此应区别对待(江锦凡,2004)。总物质资本 K 可定义为国内物质资本与 FDI 的加权平均,数学形式为:$K = K_d^{\lambda} FDI^{1-\lambda}$。这里 K_d 为国内物质资本,λ 为国内物质资本在总物质资本构成中的权重,$0<\lambda<1$。资本 K 的测算借

① de Mello (1997)的模型中涉及了知识存量 H,但未涉及劳动力 L;而 Ramirez (2000)的模型涉及了劳动力 L,但未涉及知识存量 H。本文保留 Ramirez (2000)模型的资本 K 和劳动力 L,将 de Mello (1997)模型的知识存量具体化为人力资本,即可得到上述基本模型。

鉴张军等(2004)的计算公式,并设初始投资额为1978年GDP的两倍,资本折旧率为7.5%,投资价格指数则可以用固定资产投资价格指数替代。① FDI采用存量数据,测算同样采用上述公式,新增FDI按照1995年人民币兑美元年平均汇率进行折算,折旧率为7.5%,价格指数为美国CPI。生产函数可变为:

$$Y_t = A_t H_t^{z\alpha} L_t^{\alpha} K_{dt}^{\beta\lambda} FDI_t^{\beta(1-\lambda)} \tag{4-10}$$

对生产函数取自然对数后,可得到一个基本线性计量模型。关于环境污染变量。将环境污染 P 作为环境投入(或环境代价)加入到模型,预期对经济增长的作用为正。本文以现代文明最具代表性的污染物之一 SO_2 排放量为环境污染变量,变量记为 P_SO_2,同时为了分析结果的稳健性,借鉴陈诗一(2009)的方法核算 CO_2 排放量,变量记为 P_CO_2,以及本书核算的环境污染损失,变量记为 P_pul。关于知识变量。一些研究将专利数量视为知识指标,但本文认为专利数量不等同于专利质量,因此不能很好地反映知识创新实际情况。本文拟从实际促进经济增长、环境保护的结果角度度量知识指标。由于知识经济的一个显著特征是经济可持续发展,因此本文拟将绿色技术进步率GTP作为知识经济的主要组成部分,预期其对经济增长的作用为正,对环境污染的作用为负。根据本书核算的绿色全要素生产率来衡量绿色技术进步。为了观测一般创新投入的影响,进一步引入研发强度变量 $R\&D$,研发的效率是高还是低,研发方向是以灰色技术为主还是以绿色技术为主,决定了研发的经济效应和环境效应。$R\&D$,先以CPI指数平减各省研发经费投入,再与各省生产总值 Y 相比,得出"万元GDP的研发经费投入"。由于中国东中西部经济差距较大,因此计量模型还加入区位控制变量 Loc。最后可得到如下线性经济计量模型:

$$\begin{aligned}\ln(Y)_{it} = {} & \alpha_0 + \alpha_1 \ln(K)_{it} + \alpha_2 \ln(L)_{it} + \alpha_3 \ln(H)_{it} + \alpha_4 \ln(F)_{it} + \alpha_5 \ln(P)_{it} \\ & + \alpha_6 \ln(R\&D)_{it} + \alpha_7 GTFP_{it} + \alpha_8 Loc + e_{it}\end{aligned} \tag{4-11}$$

① 其资本测算公式为 $K_{it+1} = (1-\delta)K_{it}\dfrac{I_{it+1}}{P_i^{K}}$,这里 I 为新增投资,P^K 为投资价格指数,i 和 t 分别表示各省与时间,δ 为折旧率。

影响经济增长的变量实际上也影响着环境污染，因此为证实前文提出的扩展的 EKC 假说“经济增长源动力解释论”，把 P 作为被解释变量。同时根据 EKC 假说一般模型设置，将被解释变量设置为人均收入 y，把 P 作为被解释变量。人均收入 y 选取各省各年当年的人均地区生产总值，利用各省公布的实际增长率进行价格平减，折算为 1995 年不变价格。从而可有如下线性经济计量模型：

$$\ln(P)_{it} = \alpha_0 + \alpha_1 \ln(y)_{it} + \alpha_2 \ln(y)_{it}^2 + \alpha_3 \ln(K)_{it} + \alpha_4 \ln(L)_{it} + \alpha_5 \ln(H)_{it} + \alpha_6 \ln(FDI)_{it} + \alpha_7 \ln(R\&D)_{it} + \alpha_8 GTP_{it} + \alpha_9 Loc + e_{it} \tag{4-12}$$

本章所涉及变量，其数据时间范围设定为 1995—2017 年，所有价格数据均以 1995 年为基期。由于数据资料受限，省际范围设定为国内 29 个省级地区，不含港澳台、西藏，其中四川与重庆合并。变量数据取自各期《中国能源统计年鉴》《中国人口和就业统计年鉴》《中国环境统计年鉴》《中国科技统计年鉴》《中国统计年鉴》和各省区市统计年鉴等。

4.3.2　变量的描述性统计

表 4-1 列出了主要变量求自然对数后的描述性统计。

表 4-1　主要变量求自然对数后的描述性统计

变量	均值	中位数	标准差	最小值	最大值	观测值数
$\ln Y_{it}$	8.400	8.469	1.152	5.123	10.97	667
$\ln y_{it}$	9.679	9.760	0.924	6.430	11.650	667
$\ln K_{it}$	9.470	9.447	1.124	6.354	11.97	667
$\ln FDI_{it}$	6.017	6.149	1.727	−3.042	9.098	667
$\ln L_{it}$	7.525	7.634	0.839	5.483	8.820	667
$\ln H_{it}$	2.090	2.101	0.149	1.546	2.526	667
$\ln R\&D_{it}$	−0.148	−0.140	0.874	−3.760	2.130	667

续表

变量	均值	中位数	标准差	最小值	最大值	观测值数
GTP_{it}	4.232	2.460	4.963	0.892	73.86	667
$\ln P\_SO_{2it}$	3.887	4.030	0.976	0.360	5.450	667
$\ln P\_CO_{2it}$	9.697	9.760	0.924	6.430	11.65	667
$\ln P\_pul_{it}$	5.271	5.354	1.010	1.744	7.412	667

4.3.3 实证分析

1) 估计方法

本书式(4-11)和式(4-12)两个模型的被解释变量与其他变量之间可能存在着双向交互影响关系,例如 Y 和 P 之间就可能存在这样的关系,因此模型可能存在内生性问题。为解决该问题,得到方程的无偏估计值,Arellano 和 Bond(1991)提出了用一阶差分 GMM(first differenced GMM)估计方法来解决。但 Blundell 和 Bond(1998)指出,由于变量滞后值并非一阶差分方程的理想工具变量,一阶差分 GMM 估计方法容易受到弱工具变量的影响而得到有偏的估计结果。为此 Arellano 和 Bover(1995)以及 Blundell 和 Bond(1998)提出了一种更为有效的方法,即系统 GMM(Sys-GMM)估计方法。Sys-GMM 又可以分为一步法和两步法,Arellano 和 Bond(1991)通过蒙特卡罗模拟表明两步法估计相对于一步法估计更为稳妥。Roodman(2009a,2009b)对如何在 Stata 中实现差分和 Sys-GMM 的具体操作进行了进一步的讨论。基于此,本研究拟采用的估计方法为两步系统广义矩法(GMM)。

通过以下四个方面可以证明两步法系统 GMM 方法的适用性。第一,横截面数($n=29$)大于时间序列数($t=23$),满足实施 GMM 的基准要求。第二,因变量是连续性的,地区生产总值,P_SO_2,P_CO_2,P_pul 与其一阶滞后的相关系数分别为 0. 998,0.999,0.986,以及 0.985,高于建立持续性所需的经验阈值 0.800。第三，使用面板数据结构的 GMM 技术不会消除跨省变化。同时，计量模型设置了区位控制变量，以此测试省际差异的影响，这很大程度上弥补了潜在的空间自相关性对模型的不利影响。第四，估计方法一方面考虑了解释变量的同时性，另一方面又考虑了内生性，即通过工具变量过程计算解释变量的同时性，并用非时变的指标控制未观察到的异质性。第五，系统 GMM 能够修正未观察到的异方差问题，同时选择两步法系统 GMM 是因为它控制异方差性，而一步法只控制同方差性。

本文特别关注了可能存在的多重共线性问题。第一，本文使用了 Stata14 进行面板数据测试，严格共线性变量会被 Stata 自动剔除（陈强，2015）。第二，计算式（4-11）解释变量之间的方差膨胀因子，所有解释变量 VIF 均小于 10，P_pul，P_SO_2 以及 P_CO_2 三种解释变量情形下模型平均 VIF 分别为 5.12，4.62 以及 4.3，故可以判断该模型不存在严重多重共线性问题。计算式（4-12）解释变量之间的方差膨胀因子，y 和 y^2 的 VIF 分别为 582.78，581.81，导致模型平均 VIF 大于 100，初步判断存在严重多重共线性问题。如果去掉变量 y^2，平均 VIF 降至 7.74，则可以去除严重多重共线性。但这样的话，模型不能测试人均收入 y 对环境污染 P 的倒"U"型影响，同时学术界关于 EKC 假说常用的模型也不能得到应用。Grossman 和 Krueger（1995）首次提出 EKC 假说及其模型后，迄今为止全世界跟随的文章极多。该模型一般含有解释变量 y 和 y^2 甚至 y^3，例如 Grossman 和 Krueger（1995）、Lin Lawell（2018）、Pata 和 Aydin（2020）、Li 等（2020）、Zhang 等（2020）等，这种模型设定容易产生严重的多重共线性问题。伍德里奇（2013）提出，为了消除多重共线性可以去掉一些变量，但不幸的是这可能会导致模型偏误，认为变量 VIF 太高并不能真正影响我们的决定。第三，通过观察测试结果表 4-2、表 4-3 发现，核心变量 t 检验均显著，变量系数符号与预想基本一致，通过了经济意义上的检验。陈强（2015）认为如果多重共线性影响到所关心变量的显著性，则应设法处理。但如果多重共线性并不影响所关心变量的显著性，则不必处理。因为如果没有多重共线性，变量系数只会更加显著。

2) 产出为被解释变量的估计结果分析及稳健性检验

为了验证中国经济增长主要源动力是否发生变化,对式(4-11)进行面板数据检验,并用三个不同污染指标作为解释变量,估算结果见表 4-2。在三个方程中,Wald 系数均显著。AR(2)检验结果表明,扰动项不存在二阶序列相关。Hansen 检验 P 值均大于显著性水平 0.1,接受原假设,表明工具变量不存在过度识别问题。DHT 检验包括两个部分,一个是检验(a)GMM 括号中的工具变量是否外生,另一个是检验(b)iv 括号中的工具变量是否外生,其原假设是工具变量是外生的。DHT 检验 P 值均大于显著性水平 0.1,接受原假设,表明工具变量是外生的。

根据估计结果,人力资本 H 已经成为当前促进中国经济增长的第一要素,且系数明显大于其他要素;其次是物质资本 K、环境污染 P 和劳动力 L;最后是绿色技术进步 GTP 和 FDI。它们对经济增长的促进作用依次减少。人力资本系数显著为正且系数最大。这首先是由于近年来中国人力资本的快速积累(参考本书 3.4 节的图 3-17);其次是由于中国人力资本积累正好与产业大规模转型升级相契合;再次则是物质资本、劳动力等传统经济增长主要依赖的生产要素增长率已经放缓。这与 Jian 等(2020)对中国人力资本的研究结论一致。物质资本系数显著为正但小于人力资本系数。这一方面说明中国投资需求仍然很大,带动了较大规模的投资和经济增长;另一方面也说明中国产业大规模转型升级背景下,经济增长对投资数量的依赖程度下降,将更多地依赖于投资质量,而投资质量的提升实际上又依赖于人力资本积累。劳动力系数显著为正。目前中国仍是第一人口大国,因此劳动力对经济增长仍发挥着巨大作用;但是由于中国人口增速下滑导致了人口红利逐渐下降,经济增长已经不再依赖于初级劳动力投入数量,而是更加依赖于劳动力投入质量即人力资本水平。环境污染系数显著为正。中国当前经济增长仍然相对较为粗放,因此环境污染作为代价促进了经济增长。绿色技术进步系数显著为正。中国产业转型升级加快,环境规制日益加强并在通过某个拐点后促进了绿色技术进步(Ma 等,2019)。而绿色技术进步也促进了绿色产业和绿色经济的发展。这一结果是令人振奋的,这意味着经济可持续增长是可行的。*FDI* 系数显著为正但系数较小。一方面,中国每年引进 *FDI* 规模较大,因此 *FDI* 仍然是中国经济增长的动力之一;但另一方面,由于中国经济日益成长,*FDI* 相对于国内投资的比例日益下降,因此对经济增长的拉动作用就显得较小。研发 *R&D* 对经济增长产生很小但为负的作用,这与 Song 等(2019)对中国的研究结论一致,这可能是由于研发经费的大幅增长抵消了对经济增长的积极作用,同时当前研发的效率还有所不足。

总体来说,当前知识经济的生产要素人力资本和绿色技术进步已经成为促进经济增长的重要因素。新的经济增长源动力确保了中国经济在转型过程中实现了可持续增长。鉴于知识经济的作用日益提升,按照扩展的 EKC"经济增长源动力解释论",如存在 EKC,则当前阶段环境污染应处于拐点附近,或已经通过了拐点。

表 4-2　产出为被解释变量的系统广义矩估计(sys-GMM)结果

变量	解释变量 P_SO_2	解释变量 P_CO_2	解释变量 P_pul
$\ln H_{it}$	1.185 4***	1.326 6***	1.221 7***
	(10.88)	(10.04)	(12.33)
$\ln L_{it}$	0.258 8***	0.397 7***	0.235 6***
	(8.79)	(11.51)	(7.63)
$\ln K_{it}$	0.646 4***	0.387 7***	0.156 2***
	(23.80)	(14.27)	(3.83)
$\ln GTP_{it}$	0.018 2***	0.005 9***	0.002 5***
	(17.82)	(10.87)	(4.73)
$\ln FDI_{it}$	0.004 3	0.075 2**	0.187 8***
	(0.10)	(2.56)	(5.23)
$\ln P_{it}$	0.274 8***	0.323 1***	0.587 1***
	(17.41)	(15.98)	(11.00)
$\ln R\&D_{it-1}$	−0.057 4***	−0.026 8***	−0.061 8***
	(−3.58)	(−3.98)	(−5.55)
Loc	−0.160 8***	−0.047 4	−0.030 9
	(−3.12)	(−1.05)	(−0.61)

续表

变量	解释变量 P_SO_2	解释变量 P_CO_2	解释变量 P_pul
常数项	−3.000 4*** (−12.55)	−4.554 2*** (−11.63)	−1.613 7*** (−4.69)
Wald 检验	81 935.74 (0.000)	506 704.91 (0.000)	43 143.14 (0.000)
AR(2)检验	0.73 (0.465)	0.69 (0.490)	0.59 (0.555)
Hansen 检验	27.59 (0.119)	27.00 (0.135)	23.76 (0.253)
DHT for instruments (a) GMM instruments for levels H excluding group Dif (null H = exogenous)	0.793	0.735	0.162
(b)IV (Years, eq (diff)) H excluding group Dif (null H = exogenous)	0.811	0.878	0.393
Number of Instruments	29	29	29
Number of Provinces	29	29	29
obs	580	580	580

注：***、**、*分别代表1%、5%、10%的显著性水平。各变量及常数项系数括号内为 z 统计值；Wald 检验、Hansen 检验及 AR(2)检验值括号内为 P 值。

表 4-3 产出为被解释变量的分区域系统广义矩估计(sys−GMM)结果

变量	东部地区	中部地区	西部地区
$\ln H_{it}$	1.210 3*** (3.50)	1.436 1*** (11.35)	1.445 5*** (3.59)
$\ln L_{it}$	0.375 0 (1.43)	0.302 3*** (3.43)	0.337 5*** (4.96)
$\ln K_{it}$	0.362 6*** (7.87)	0.386 3*** (5.29)	0.403 2*** (8.72)
$\ln GTP_{it}$	0.033 6*** (3.29)	0.043 2*** (2.98)	0.049 5*** (4.19)

续表

变量	东部地区	中部地区	西部地区
$\ln FDI_{it}$	0.144 5*** (8.18)	0.082 1** (2.48)	0.103 6 (1.25)
$\ln P_{it}$	0.128 4 (1.37)	0.405 8*** (5.54)	0.516 4*** (3.38)
$\ln R\&D_{it-1}$	−0.085 7*** (−7.44)	−0.052 0 (−0.58)	−0.063 3 (−1.55)
Loc	−0.015 4*** (−1.43)	−0.105 5 (−1.31)	−0.227 1 (−0.90)
常数项	−3.250 2*** (−7.57)	−7.154 4*** (−11.63)	−1.773 5 (−1.59)
Wald 检验	7 725.51 (0.000)	14 553.18 (0.000)	1 669.17 (0.000)
AR(2)检验	0.61 (0.562)	0.65 (0.510)	0.72 (0.469)
Hansen 检验	4.77 (0.779)	25.35 (0.154)	7.32 (0.122)
DHT for instruments (a) GMM instruments for levels H excluding group Dif (null H = exogenous)	0.757	0.681	0.354
(b) IV (Years, eq (diff)) H excluding group Dif (null H = exogenous)	0.545	0.821	0.424
Number of Instruments	21	24	24
Number of Provinces	29	29	29
obs	220	160	200

注：***、**、*分别代表 1%、5%、10%的显著性水平。各变量及常数项系数括号内为 z 统计值；Wald 检验、Hansen 检验及 AR(2)检验值括号内为 P 值。

为了验证中西部地区的经济增长源动力变化情况，对式(4-11)进行分区域的面板数据检验，并用 SO_2 排放量作为污染变量，估算结果见表 4-3。在三个方程中，Wald 系数均显著。AR(2)检验结果表明扰动项不存在二阶序列相关。Hansen 检验结果表明工具变量不存在过度识别问题。DHT 检验两个部分均表明工具变量是外生的。

根据估计结果，主要变量的系数正负方向与全国的估计结果基本相同，但可以看到分区域的估计结果在部分变量存在不显著的情况。中西部地区人力资本 H 均为当前促进中国经济增长的第一要素，且系数明显大于其他要素。其中，西部地区人力资本对经济增长促进作用最强，这可能与其快速的人力资本增长以及较低的经济增长基数有关。其次是中部地区，最后是东部地区。物质资本是经济增长第二大因素，其中，西部地区物质资本对经济增长促进作用最强，这也可能与西部投资和经济增长基数较低有关，其次是中部地区，最后是东部地区。对于劳动力，中西部地区系数显著小于物资资本系数，这一情形与全国一致。东部地区的劳动力系数为正但不显著，这可能与近些年东部地区"机器换人"导致劳动密集程度日益降低有关。中西部地区环境污染系数显著为正，系数仅次于人力资本，这是令人惊讶的，表明中西部地区经济增长仍比较依赖环境污染。东部地区环境污染系数为正但不显著，表明东部地区可能正逐步摆脱高污染高增长的模式。绿色技术进步系数均显著为正，西部地区系数最大，其次是中部地区，显示出中西部地区绿色技术进步更快增长率的积极意义。对于 FDI 而言，东部地区系数显著为正且系数最大，显示出东部地区 FDI 活跃且外溢作用较强。中部地区系数显著为正，并居于其次，而西部地区则不显著。研发 R&D 仅在东部地区对经济增长产生很小但为负的作用，与全国的情况一致，中西部地区则不显著。

总体来说，东中西部地区知识经济的生产要素人力资本和绿色技术进步均已经成为促进经济增长的重要因素。其中，中西部人力资本和绿色技术进步对经济增长的促进作用大于东部地区是一个积极的信号。

3）被解释变量为环境污染的估计结果分析及稳健性检验

为了验证经济增长源动力转变下环境库兹涅茨曲线是否存在，以及人均收入拐点是否已经发生，对式(4-12)进行面板数据检验，结果见表 4-4。三个计量结果中，Wald 系数均显著。AR(2)检验结果表明，扰动项不存在二阶序列相关。Hansen 检验 P 值均大于显著性水平 0.1，接受原假设，表明工具变量不存在过度识别问题。DHT 检验 P 值均大于显著性水平 0.1，接受原假设，表明工具变量是外生的。

表 4-4　被解释变量为环境污染的系统广义矩估计(sys-GMM)结果

变量	被解释变量 P_SO_2	被解释变量 P_CO_2	被解释变量 P_pul
$\ln y_{it}$	3.426 4*** (3.02)	2.695 0*** (3.67)	3.231 4*** (6.36)
$\ln y_{it}^2$	−0.179 4*** (−2.71)	−0.129 3*** (−2.90)	−0.157 2*** (−5.51)
$\ln H_{it}$	−0.813 2** (−2.13)	−0.835 0*** (−3.49)	−0.624 3*** (−6.71)
$\ln L_{it}$	0.755 2*** (2.79)	0.405 3** (2.43)	0.395 4*** (5.85)
$\ln FDI_{it}$	0.700 6*** (9.69)	0.129 6*** (2.79)	−0.017 9 (−0.57)
$\ln K_{it}$	−0.245 7 (−0.85)	0.370 3** (2.34)	0.531 8*** (6.10)
$\ln R\&D_{it}$	0.063 8 (1.10)	0.045 6 (1.16)	0.075 8*** (2.76)
GTP_{it}	−0.092 7*** (−7.79)	−0.013 6*** (−3.08)	−0.000 5 (−0.28)
Loc	0.976 7*** (6.51)	0.313 3** (2.46)	0.211 3*** (3.66)
常数项	−19.806 2*** (−4.23)	−10.337 9*** (−3.70)	−18.112 8*** (−8.16)
Wald 检验	1 034.27(0.000)	2 080.46(0.000)	88 742.11(0.000)
AR(2)检验	1.64(0.101)	1.04(0.299)	1.30(0.193)
Hansen 检验	17.96(0.117)	20.41(0.202)	27.59(0.278)
DHT for instruments (a) GMM instruments for levels H excluding group Dif (null H = exogenous)	0.253	0.879	0.994

续表

变量	被解释变量 P_SO_2	被解释变量 P_CO_2	被解释变量 P_pul
(b)IV (Years, eq (diff)) H excluding group Dif (null H = exogenous)	0.349	0.980	0.997
Number of Instruments	22	26	34
Number of Provinces	29	29	29
obs	609	609	609

注：* * *、* *、* 分别代表 1%、5%、10%的显著性水平。各变量及常数项系数括号内为 z 统计值；Wald 检验、Hansen 检验及 AR(2)检验值括号内为 P 值。

估计结果显示，人均收入 y、劳动力 L、国内物质资本 K、外商直接投资 FDI、研发 R&D 等对环境污染有正的影响。其中，人均收入、劳动投入、国内物质资本对污染损失增加的影响最为主要。人均收入系数在三个计量结果中均显著为正，且系数最大，表明经济增长是环境污染最大的原因。同时，人均收入的平方均显著为负，显示出环境污染与人均收入呈现出明显的倒"U"型曲线关系，这证实了 EKC 假说。计算三个方程拐点分别为 9.5496，10.4215 以及 10.2780。根据 1995 年基期的人均收入数据，29 个省级地区均已达到第一个方程拐点(P_SO_2 为被解释变量)；13 个省级地区已达到第二个方程拐点(P_CO_2 为被解释变量)；16 个省级地区均已达到第三个方程拐点(P_pul 为被解释变量)。劳动力系数显著为正，说明我国较为粗放的劳动密集型生产方式仍然普遍存在，增加劳动投入就意味着环境污染的增长。国内物质资本系数显著为正，说明中国的物质资本投入仍然伴随着大量的自然资源和能源投入，物质资本投入的增长就导致了环境污染增加。在第三个方程中，*FDI* 加重了环境污染，即"污染避难所"假说成立，这与 Yi 等(2020)对中国的研究结论一致。这是由于中国吸收 *FDI* 的环境友好程度还有待进一步提高，同时也说明 *FDI* 技术外溢并没有整体上改善环境污染，或环保技术的外溢效应还不足。研发 *R&D* 系数显著为正，可能是因为当前粗放经济发展背景下技术进步方向仍以污染型为主，绿色技术研发不足，导致研发提升的同时也使环境污染日益严重。

人力资本水平 H、绿色技术进步 GTP 对环境污染有着负的影响，这与 Li 等(2020)的研究一致。其中，人力资本水平对环境污染减排的影响最大，这是由于教育是知识和现代技术的主要来源之一，是提升绿色发展理念的重要基础，是集约化生产方式变革的重要前提，也是生产和管理创新的重要前提，因而教育的快速发展会对环境污染产生抑制作用。在第三个方程中，绿色技术进步与环境污染负相关，这是由于绿色技术进步使得经济结构有能力向集约化、低碳化的方向发展，使得投入更少物质资源、排放更少环境污染，可以得到相同经济产出。

总结起来，传统经济的生产要素物质资本、劳动力促使环境污染增加，而知识经济的生产要素人力资本、绿色技术进步促进了环境污染下降。中国存在 EKC，且当前阶段环境污染已经基本通过了拐点。因此中国环境污染趋势、经济转型发展阶段与扩展的 EKC 假说"经济增长源动力解释论"相吻合，即理论假说得到验证。

表 4-5　被解释变量为环境污染的分区域系统广义矩估计(sys-GMM)结果

变量	东部地区	中部地区	西部地区
$\ln y_{it}$	3.851***	2.825***	5.345***
	(5.58)	(3.74)	(3.58)
$\ln y_{it}^2$	−0.195 2***	−0.141 6***	−0.265 2***
	(−4.75)	(−5.36)	(−6.78)
$\ln H_{it}$	−0.725 4***	−0.562 1***	−0.325 8***
	(−3.85)	(−3.25)	(−5.69)
$\ln L_{it}$	0.568 2***	0.752 4***	0.657 8***
	(4.24)	(3.57)	(4.59)
$\ln FDI_{it}$	−0.350 1	0.529 2***	0.617 5***
	(−1.58)	(3.58)	(3.22)
$\ln K_{it}$	−0.276 2	0.157 8**	0.215 5***
	(−1.35)	(2.51)	(4.12)
$\ln R\&D_{it}$	0.167 4***	0.047 2	−0.058 1
	(3.47)	(0.66)	(0.78)

续表

变量	东部地区	中部地区	西部地区
GTP_{it}	−0.122 1*** (−6.75)	−0.077 6*** (−4.14)	−0.081 9** (−2.28)
Loc	0.525 1*** (5.49)	0.251 6 (1.46)	−0.621 5 (−1.56)
常数项	−10.358 9*** (−11.05)	−9.4 958*** (−5.75)	−14.587 9*** (−10.17)
Wald 检验	5 214.25(0.000)	8 583.10(0.000)	25 811.77(0.000)
AR(2)检验	1.31(0.185)	1.59(0.146)	1.17(0.258)
Hansen 检验	4.80(0.772)	7.52(0.122)	0.12(0.785)
DHT for instruments (a) GMM instruments for levels H excluding group Dif (null H =exogenous)	0.854	0.514	0.259
(b) IV (Years, eq (diff)) H excluding group Dif (null H = exogenous)	0.991	0.955	0.562
Number of Instruments	11	21	21
Number of Provinces	29	29	29
obs	609	609	609

注：***、**、*分别代表1%、5%、10%的显著性水平。各变量及常数项系数括号内为z统计值；Wald检验、Hansen检验及AR(2)检验值括号内为P值。

为了验证中西部地区的环境污染影响因素变化情况，对式(4-12)进行分区域的面板数据检验，并用SO_2排放量作为被解释变量，估算结果见表4-5。在三个方程中，Wald系数均显著。AR(2)检验结果表明扰动项不存在二阶序列相关。Hansen检验结果表明工具变量不存在过度识别问题。DHT检验两个部分均表明工具变量是外生的。

根据估计结果，核心变量系数的正负方向与全国的估计结果基本相同。人均收入系数在中东西部地区均显著为正，且系数最大。同时都显示出环境污染与人均收入呈现出明显的倒“U”型曲线关系。计算三个方程拐点分别为 9.864 2、10.017 7、10.077 3。根据 1995 年基期的人均收入数据，东中西部地区均已越过拐点（2017 年东部地区 10.969 8、中部地区 10.336 1、西部地区 10.179 1）。劳动力系数均显著为正，其中中部地区系数最大，这可能是因为中部地区污染性的劳动密集型产业比重更大，东部地区系数居其次，西部地区居第三。物质资本系数在中西部地区显著为正，而东部地区系数不显著，可能表明东部地区投资方向在整体上已经出现了积极的转变，而中西部地区投资方向仍相对较为传统。*FDI* 系数与物质资本的情形相似。研发 *R&D* 系数仅在东部地区显著为正，显示出东部地区研发可能仍未以绿色研发为主，中西部地区系数则并不显著。人力资本水平 *H*、绿色技术进步 *GTP* 对环境污染有着负的影响，这与全国的情形一致。其中，东部地区人力资本水平对环境污染减排的影响最大，这可能与东部地区人力资本绝对值更大有关，中部地区系数居第二，西部地区居第三。绿色技术进步系数绝对值大幅小于人力资本，东部地区系数依然最大，这与东部地区绿色技术进步绝对值更匹配，西部地区居第二、中部地区居第三。

总的来说，分地区的结论依然不变，传统经济的生产要素物质资本、劳动力促使环境污染增加，而知识经济的生产要素人力资本、绿色技术进步促进了环境污染下降。总体可以看出，中西部地区经济增长方式整体上较东部地区更为粗放。

4.4　本章主要结论及简要讨论

4.4.1　主要结论

本章从保罗·罗默的四要素角度出发，讨论了扩展的 EKC 假说“经济增长源动力解释论”,并运用 sys-GMM 估计方法对国内 29 个省级地区面板数据进行了实证分析。总体上看,检验结果支持了本章所提出的理论假设。主要有如下三方面的结论及相应建议:

①环境污染和碳排放等存在先增长而后下降的趋势,即 EKC 假说在中国是成立的。同时,中国正在通过 EKC 拐点,对于 SO_2 排放,国内各省级区域已经通过 EKC 拐点,对于 CO_2 和综合环境污染损失,国内分别有 13 个和 16 个省级区域已经通过 EKC 拐点。

②传统经济的主要生产要素物质资本和劳动力投入均与环境污染正相关,而知识经济的主要生产要素人力资本和绿色技术进步与环境污染负相关。

③中国正处于传统经济向知识经济转型的过程中,知识经济的生产要素已经成为促进经济增长的重要因素,这促进了中国经济的可持续增长。当前中国经济增长阶段、环境污染趋势与扩展的 EKC“经济增长源动力解释论”观点相契合。

4.4.2 简要讨论

以往文献分散地研究了保罗·罗默经济增长四要素与环境污染的关系,本章将它们整合到同一理论框架下进行研究。本章发现中国经济增长源动力从主要依靠物质资本和劳动力,正转变为主要依靠人力资本和知识,即从传统经济向知识经济转变。而后本章使用 sys-GMM 方法,利用中国数据验证了这种转变将使环境污染出现先增长而后下降的趋势。这扩展了 EKC 假说“经济增长源动力解释论”,本章所开展的上述创新工作,强化了 EKC 假说的理论适用性,对中国当前的环境保护和经济改革有重要理论指导意义,对世界其他类似经济发展水平的发展中国家处理经济增长与环境保护的关系也具有重要借鉴意义。

鉴于绿色发展的重要性(Jia 等 2017;Qu 等 2017),本文理论观点还有待更多的证据支撑。第一,对于中国而言还需要更多环境数据加入实证研究,虽然本文认为利用烟粉尘、COD 等已经明显下降的污染物排放数据进行实证意义不大，未来包括生态足迹等在内的环境数据还可以进一步进行研究。第二，本研究未对行业数据进行估计，也使得研究结论具有局限性。第三，本研究仅针对中国，还需要世界范围内更多国家数据的支撑。上述领域的进一步研究对丰富经济可持续发展理论具有重要意义。另外，本章对于环境规制下经济增长源动力的转变机制没有进行分析，这既是本研究的缺陷也是未来可以进一步研究的课题。

4.5　经济增长源动力转变与绿色发展案例：中西部地区引才“翻身仗”

中西部地区利用创新发展聚集人才，通过创新发展与人才聚集良性互动积极实现经济高质量发展，经济增长动力获得升级。近年来，随着中西部地区经济发展方式的转型，使得人才吸引力不断提升，甚至出现了人才回流中西部地区的趋势。在国家倾斜的教育政策支持下，中西部地区教育发展水平本就与东部地区差距不大，因此，近年来中西部地区经济增长动力越来越依靠人才聚集。人才聚集就为创新发展和绿色发展提供了基础，而这又反过来进一步有利于人才吸引。

中西部地区以人才聚集促进创新发展。根据光明网 2021 年 12 月 26 日的报道，西安、成都、重庆、兰州、银川、合肥、武汉等中西部城市近年来相继成为吸引人才集聚的重镇，成功扭转“孔雀东南飞”的人才流动轨迹。成都提出“聚四海之智、谋创新之势、筑科技之城”人才建设目标。继 2017 年 7 月推出“成都人才新政 12 条”后，2020 年又出台《中国西部（成都）科学城人力资源协同创新行动计划》，提出了支持引进创新团队、支持科技创新成果在蓉转移转化、推行“先安居后就业”、建设“共享人才”平台等创新举措，推动实现由资源要素吸引人才向全要素协同开发人才转变。从资金资助、交流培训、子女入学等方面对人才给予支持,实施人才安居工程,让人才在成都安心扎根、安逸生活。西安提出人才“聚宝盆”计划。2017 年以来西安实施人才强市战略,重点支持西安交大打造中国西部科技创新港,支持西工大建设“翱翔小镇”,建立集人才培养、科研、技术成果转化为一体的开放式学镇;大力实施“两个百万工程”,提供技术支持以及资金资助等优惠措施,引导百万大学生关注西安、融入西安;推进西安市人才公寓建设和安居货币化补贴,让人才落户真正实现无忧无虑;放开普通大中专院校毕业生的落户限制、放宽设立单位集体户口条件,到 2019 年,即为西安引进培养各类人才 37.73 万人。兰州为大力引进高水平人才,发布《兰州市急需紧缺人才引进实施办法》,对人才的住房、安家补贴、生活补贴、人才创新创业扶持资金、税收优惠、金融扶持等方面给予政策保障,并对引才先进单位予以资金奖励。重庆提出“近悦远来”的人才强市建设目标,实施万名高端人才集聚、十万产业人才培养、百万紧缺实用人才开发三大行动,推动人才与发展有效匹配。通过深化体制机制改革、探索赋予科研人员科技成果所有权和长期使用权、打造优质人才公共服务体系等措施,营造创新创业的良好生态,助力各类人才在重庆各得其所、尽展其长、名利双收。

城市能否持续吸引人才,不仅仅是在于人才吸引的政策,关键还要看个人事业能否长远发展、个人价值能否得到体现。以创新事业和创新平台吸引创新人才,营造良好的人才环境,提升经济创新发展的助推力,是中西部探索打好人才“翻身仗”的重要支撑和活力源泉。

近几年中西部地区人才吸引力明显提升。过去曾一度出现了东部地区人才吸引力愈发强劲,中西部地区人才流失愈发严重的人才聚集“马太效应”。党的十八大以来,在新一轮人才竞争中,中西部各省份瞄准特色,实施创新发展战略,成功提高差异化竞争力,较好解决了人才吸引与发展的问题,成功打响中西部引才“翻身仗”。2021 年,四川成都、宁夏银川荣获全国“最佳引才城市”(共 10 城)称号,成为中西部引才“翻身仗”的最新战果。创新发展与人才聚集良性互动愈发明显。

中西部地区逐渐形成以创新平台凝聚人才的趋势。在陕西西安，凭借高水平的研究平台和研究项目，西安交大、西工大、光学精密机械研究所等科研平台成为陕西省一流人才聚集的高地。以西安交通大学为例，全校拥有20个国家实验室、国家工程(技术)研究中心、国家工程实验室和国家国际科技合作基地，拥有两院院士45名、国家“杰青”和“优青”获得者112人。近年来，西北工业大学因在高新领域创新成果频出而备受关注。2021年夏天，我国首例具有应用能力的仿蝠鲼柔体潜水器成功完成1025米深度海试，标志着我国在该领域的研究进入世界先进水平。这一成果，由西北工业大学航海学院自主水下航行器团队研制。目前，该校有两院院士33人(含外聘)、国家“杰青”获得者23人、国家级团队27个，在多个国家科技战略项目中作出突出贡献，成为西部地区人才助推高质量发展的一个重要阵地。中国首次探月工程月面图像、中国航天员首次出舱画面，都是中国科学院西安光学精密机械研究所科研团队的杰作。该所以研究空间光学、光电工程、光子技术见长，目前有科技人员700余人，先后共孵化高科技企业50余家，在西部以及全国率先建立起激光装备制造产业群、光电子集成电路芯片产业群，成就和聚集了一大批光电子专业人才。在甘肃兰州，兰州大学努力打造高端人才施展才能的事业平台。近年来，兰州大学优化人才培养环境，立足搞好传统优势学科，增设西部特色学科，合并甘肃草原生态研究所、成立祁连山研究院、与中核兰州公司共建“核燃料循环与核技术应用实验室”等，搭建独具特色的高端人才事业平台。目前，兰州大学已形成约2800人的专兼职人才队伍，除专家教授外，有两院院士18人、国家“杰青”和“优青”获得者51人，在为西部吸引人才、聚集人才方面作出表率。西安和兰州等西部城市都曾一度人才流失现象突出，但通过保持和提升平台优势逐步扭转局面并实现了人才聚集。

以上城市科研单位之所以能够聚集大批高水平专业人才，其原因主要在于：第一，有与国家社会发展紧密联系的高端事业平台；第二，研究团队和工作模式为人才学习成长提供了好的环境；第三，产学研一体化实践取得了良好效果;第四,人才待遇和工作条件有好的保障。因此,中西部省份应以经济社会发展需求为导向,在国家支持下,调整高等教育的布局与结构,扩大高等教育规模,塑造高层次人才流向西部和留在西部的先决条件;要建立适合西部地区的独特人才创新和培养机制,完善"产学研用"相结合的协同育人模式;要构建多层次的终身教育体系,发展远程教育,促进东部优秀教育资源向西部有效传输。

党的十八大以来,党中央通过组织实施"西部之光计划""西部地区千名学科带头人工程""西部人才出国留学项目""新时代推动中部地区高质量发展的意见"等措施,有力推动中西部人才队伍建设获得长足发展,有力支撑了中部崛起战略、西部大开发战略的实施,以及中西部的经济社会发展。要从根本上解决中西部地区人才流失问题,加快发展是核心要义。要通过中西部经济社会的高质量发展,增加经济总量,增加社会财富,改善人民生活,同时为各类人才创造发展机遇,搭建事业平台。特别是要通过发展不断改善人才福利待遇,解除人才的后顾之忧,增强中西部人才独特的自豪感、幸福感、获得感。新时代带来新使命。深入实施新时代人才强国战略,加快建设世界重要人才中心和创新高地,中西部省份被赋予了新的使命,也获得了新的发展机遇。各地理应用足以用好已有的针对中西部实施的各种人才政策和发展项目,结合自身优势不断提质增效,瞄准国际前沿和国家经济社会发展重大需求,因地制宜加快创建健康宽松的人才生态,在中西部筑起人才高峰,为新时代中部崛起、西部大开发提供更有力的人才支撑和智力支持。

4.6　本章小结

本文通过一个简明的分析框架,从理论上扩展了 Copeland 和 Taylor (2003)提出的 EKC"经济增长源动力解释论",即经济增长源动力从主要依靠物质资本和劳动力,转变为主要依靠人力资本和绿色技术进步(代表知识),伴随着收入可持续增长,环境污染会出现先增长而后下降的趋势。基于国内 1995—

2017 年省级面板数据，使用系统广义矩估计(sys-GMM)方法进行实证分析，结果表明：第一，EKC 假说在中国成立，对于 SO_2 排放，国内各省级区域已经通过 EKC 拐点，对于 CO_2 和综合环境污染损失，分别有 13 个和 16 个省级区域已经通过 EKC 拐点；第二，传统经济的主要生产要素物质资本和劳动力与环境污染呈正相关，而知识经济的主要生产要素人力资本和绿色技术进步与环境污染呈负相关；第三，知识经济代表性生产要素已经成为促进经济增长的重要因素，其中人力资本成为了首要因素，表明中国正处于传统经济向知识经济转型的过程中。中国经济发展阶段、环境污染趋势与扩展的 EKC 假说"经济增长源动力解释论"相吻合，理论假说得到验证。

由于收入增长和环境改善正是绿色发展的根本要义，因此本章的论述可以表明，人力资本和绿色技术进步对绿色发展起着至关重要的作用。这对当前的中国经济改革具有重要的现实意义，对发展中国家经济转型和绿色发展也具有重要的理论借鉴意义。

第5章

5 贸易开放下的中国环境规制与人力资本*

---

*本章经整理已发表，详见 Wen H D，Dai J. Trade openness，environmental regulation，and human capital in China：based on ARDL cointegration and Granger causality analysis[J]. Environ Sci Pollut Res，2020 (27)：1789—1799. 以及 Ma S Q，Dai J，Wen H D. The influence of trade openness on the level of human capital in China：on the basis of environmental regulation[J]. J Clean Prod.，2019(225)，340-349.

5.1 引言

通过第 4 章的研究分析，我们可以明确人力资本、绿色技术进步对于绿色发展的重要积极意义。本章则着重研究在环境经济学领域中，什么样的机制可以促进人力资本积累。

以往发达国家通过提升环境规制，一方面在国内发展绿色技术、推行绿色清洁生产，另一方面逐渐向国外转移污染产业，环境质量得到大幅改善。一些发展中国家虽然也面临着严重的环境危机，但是否应该积极提升环境规制还存在疑义。Ma 等(2019b)认为，改善人力资本水平能够提升加强环境规制的可能性。显然，人力资本对于绿色发展具有十分重要的作用。不过，这样的观点可能使得一些发展中国家不敢轻易提升环境规制水平。因为大多数发展中国家人力资本水平较低，如果贸然提升环境规制不仅不能改善环境质量、提升绿色技术进步，反而可能会导致经济增长变缓。

对发展中国家来说，不能再走发达国家先污染再治理的老路，必须在达到生态环境承载"阈值"之前及时改善环境质量。但是，因此想要依据自身人力资本积累程度循序渐进地提升环境规制、促进绿色技术进步却未必正确。近年来中国开始强力推动经济绿色发展，这一现象引起各方关注和肯定，不过这也引发人们担心：逐年提升环境规制是否符合中国的发展阶段，是否会破坏经济系统正常运行。其中一个主要担忧是，由于缺乏足够的人力资本支撑，中国难以从高投入、高能耗、高污染、低效益的粗放型高碳增长方式，顺利转变为低投入、低能耗、低污染、高效益的集约型低碳增长方式。

本章拟探索是否存在倒逼机制，使得加强环境规制能够促进人力资本水平提升，这对发展中国家而言十分重要。如若如此，那么该机制必将促进环境经济协调发展，进一步丰富可持续发展理论，同时也为中国不断加强环境规制提供了理论支持，而且为中国和相似发展水平的发展中国家不断加强环境保护力度提供理论支持。本文力图证实该设想。文章首先利用偏向性技术理论提出理论假设，构建计量经济学模型，而后利用 ARDL 模型的边限协整检验方法，以及 sys-GMM 方法对理论假设进行经验验证，最后基于研究结论给出政策建议。

5.2 技术偏向模型下的环境规制与人力资本

Acemoglu 等(2002)提出偏向性技术进步理论，Acemoglu 等(2012)进一步在该模型中置入环境规制变量，潘士远(2009)将偏向性技术进步模型与 Grossman 和 Helpman(1991)提出的质量升级理论进行了结合。借鉴他们的研究，本文假定技术进步可以往两个方向发展，一个是绿色生产方向，一个是灰色生产方向，则一国生产函数可以由绿色生产部门和灰色生产部门构成。定义两个生产部门的生产函数：

$$Y_u = \int_0^{A_u} (\bar{q}_u)^{\alpha} (k_u(i))^{1-\alpha} d_i (H)^{\alpha} \tag{5-1}$$

$$Y_w = \int_0^{A_w} (\bar{q}_w)^{\alpha} (k_w(i))^{1-\alpha} d_i (L)^{\alpha} \tag{5-2}$$

绿色生产部门产出为 Y_u，机器或技术种类为相对集约的 A_u，质量为 $\bar{q}_u$，投入相应的中间产品(资本) k_u，假定绿色生产部门主要投入熟练劳动力或高层次人才 H。而灰色生产部门产出为 Y_w，机器或技术种类为相对粗放的 A_w，质量为 $\bar{q}_w$，投入相应的中间产品(资本) k_w，假定灰色生产部门主要投入普通劳动力 L。设加总函数：

$$Y = [(Y_u)^{\frac{\varepsilon-1}{\varepsilon}} + (Y_w)^{\frac{\varepsilon-1}{\varepsilon}}]^{\frac{\varepsilon}{\varepsilon-1}} \tag{5-3}$$

这里假定 $\varepsilon > 1$。知识的积累方程由下式给出：$\dot{A}_z = \frac{X_z}{\mu}$，$X_z$ 表示投入于研发的物质资源，$z = u$ 或 w。

中间产品的需求为：

$$k_u(i) = [(1-\alpha)p_u/\chi_u(i)]^{\frac{1}{\alpha}} q_u H \tag{5-4}$$

$$k_w(i) = [(1-\alpha)p_w/\chi_w(i)]^{\frac{1}{\alpha}} q_w L \tag{5-5}$$

假定新机器或新技术发明后，生产机器或技术的边际成本与技术的先进水平无关，同时为了便于计算，假定中间产品的边际成本为 $\eta = (1-\alpha)^2$ 单位最终产品，则中间产品的垄断定价为：

$$\chi_z(i) = \chi_z = 1-\alpha \tag{5-6}$$

将式(5-6)代入式(5-4)与(5-5)，以及式(5-3)，再分别代入式(5-1)与式(5-2)，可得：

$$Y_u = (p_u)^{\frac{(1-\alpha)}{\alpha}} A_u q_u H \tag{5-7}$$

$$Y_w = (p_w)^{\frac{(1-\alpha)}{\alpha}} A_w q_w L \tag{5-8}$$

由 CES 加总函数，以及 $\max(Y - p_u Y_u - p_w Y_w)$ 的一阶条件：

$$p = \frac{p_u}{p_w} = \left(\frac{Y_u}{Y_w}\right)^{-\frac{1}{\varepsilon}}，\text{以及 } p = \frac{p_u}{p_w} = \left[\frac{A_u q_u H}{A_w q_w L}\right]^{-\frac{\alpha}{1+\alpha(\varepsilon-1)}} \tag{5-9}$$

当且仅当 $\varepsilon > 1$ 时 $1+\alpha(\varepsilon-1) > 1$。经由式(5-9)，$\tau$ 时期绿色生产部门和灰色生产部门的中间产品垄断利润分别为：

$$\pi_u(\tau) = \alpha(1-\alpha)[p_u(\tau)]^{\frac{1}{\alpha}} q_u H \tag{5-10}$$

$$\pi_w(\tau) = \alpha(1-\alpha)[p_w(\tau)]^{\frac{1}{\alpha}} q_w L \tag{5-11}$$

设 V 为利润现值，同时考虑研发成功概率 δ，则利用非套利条件有：

$$V_u = \int_t^{\infty} e^{-\int_t^{\tau} r(s)ds} \pi_u(\tau) d\tau = \alpha(1-\alpha)\delta_u [p_u(\tau)]^{\frac{1}{\alpha}} q_u H/r \tag{5-12}$$

$$V_w = \int_t^{\infty} e^{-\int_t^{\tau} r(s)ds} \pi_w(\tau) d\tau = \alpha(1-\alpha)\delta_w [p_w(\tau)]^{\frac{1}{\alpha}} q_w L/r \tag{5-13}$$

则两类技术创新的利润现值之比为：

$$\frac{V_u}{V_w} = p^{\frac{1}{\alpha}} \frac{\delta_u q_u H}{\delta_w q_w L} \tag{5-14}$$

市场均衡时，两类技术创新的利润现值 V 之比应为 1，因此结合式(5-9)，可得：

$$\frac{A_u}{A_w}=\left(\frac{\delta_u q_u H}{\delta_w q_w L}\right)^{\alpha(\varepsilon-1)} \tag{5-15}$$

上式表明技术进步方向，与质量升级跨度和两国绿色生产部门、灰色生产部门的就业人数相关。式(5-15)可进一步改写成如下形式：

$$\frac{H}{L}=\frac{\delta_w q_w}{\delta_u q_u}\cdot\left(\frac{A_u}{A_w}\right)^{\frac{1}{\alpha(\varepsilon-1)}} \tag{5-16}$$

在 CES 函数中通常认为 $\varepsilon>1$，因此 $\alpha(\varepsilon-1)>0$。于是上式表明，绿色生产部门的机器或技术种类相对数量与人力资本的相对规模呈正相关关系。

由于绿色产品质量升级跨度更大，研发成功概率也可能更低，若没有外界力量介入将可能形成灰色技术进步的路径依赖，因此还需要考虑加强环境规制强度鼓励研发和采用绿色生产技术。为了方便理论分析，本文把针对污染排放的“环境税”作为环境规制。环境税可以通过减少污染产品的生产从而间接引导绿色技术研发。如果政府对污染品收益征收 τ_t 单位的污染税（$0<\tau_t<1$），那么式(5-15)变为：

$$\frac{A_u}{A_w}=\left(\frac{1}{1-\tau_t}\right)^{1+\alpha(\varepsilon-1)}\left(\frac{\delta_u q_u H}{\delta_w q_w L}\right)^{\alpha(\varepsilon-1)} \tag{5-17}$$

由于 $\left(\frac{1}{1-\tau_t}\right)^{1+\alpha(\varepsilon-1)}>1$，因此环境规制提高了绿色生产部门的机器或技术种类相对数量。根据式(5-17)则知，绿色生产部门的机器或技术种类相对数量与人力资本相对规模呈正相关关系，因此环境规制将提高人力资本相对规模。

但应看到，绿色生产部门质量等级 q_u 跨度大、研发概率 δ_u 低，在污染税较低的情况下，环境规制可能会促使企业为了排污达标而直接购买控污设备增加治污成本，反而对企业的节能减排技术研发造成挤出效应，导致绿色生产部门的机器或技术种类相对数量下降。进一步地，根据式(5-17)则知此时人力资本相对规模下降，即环境规制较弱时也可能不利于人力资本的相对规模。

据此提出命题：环境规制对人力资本水平的影响呈“U”型，当环境规制较弱时，环境规制不利于人力资本积累，当环境规制逐步增强时人力资本水平由降转升。

5.3　基于 ARDL 边限模型和全国数据的实证分析

5.3.1　模型设定与数据说明

本文实证分析所用数据取自各期《中国统计年鉴》《中国能源统计年鉴》等。本文选择的研究年限是 1990—2016 年。最后，为降低可能存在的异方差，并不改变变量的时序特征，对各变量取自然对数。由于贸易开放度是百分比数字，因此乘以 100 后再取对数。由此可以得到如下模型：

$$\ln H_t = \alpha + \beta_1 \ln Open_t + \beta_2 \ln regCO_{2t} + \beta_2 \ln regCO_{2t}^2 + \varepsilon_t \quad (5\text{-}18)$$

式中，t 表示年度，H 表示人力资本水平，$Open$ 表示贸易开放度，$regCO_2$ 表示环境规制强度，α 表示截距项，β_1 和 β_2 表示被解释变量系数，ε 表示误差项。

关于环境规制强度，使用 GDP/CO_2 作为代理变量。本文主要从环境规制效果的角度进行度量，该方法能很好地综合反映政府针对环境问题的一系列法律法规和政策措施执行效果，人们对于优质环境的需求提升而形成的环境约束，以及企业对于政府管制和人们环境需求提升的应对等。由于 CO_2 排放更能代表国民经济各个行业的污染排放情况，因而它是代表性污染排放指标，因此本文以 GDP/CO_2 作为环境规制代理变量。CO_2 排放估算方法借鉴陈诗一的研究，以煤炭、石油、天然气等化石能源消费量为基础进行估算。GDP 选取当年价的国内生产总值，再利用实际增长率进行价格平减，折算为 1990 年不变价格。

关于贸易开放度，本文使用地区进出口总值与GDP之比即贸易依存度表示。贸易开放度受到一国的经济发展阶段、发展水平、价格因素、汇率因素、市场规模等因素的影响，因此外贸依存度并不能完全反映贸易开放度，但这一方法仍是度量贸易开放度最传统也是最流行的方法。进出口总额用美国居民消费价格指数调整为1990年不变价格，再按照1990年平均汇率折算为人民币。GDP利用公布的实际增长率进行价格平减，折算为1990年不变价格。

5.3.2 ARDL边限检验研究方法

在本书的实证研究中，大多都采用了系统矩估计和空间估计的方法，这里也尝试用ARDL边限检验研究方法，使实证研究的方法多样化，也使得研究结论可以更好地相互印证。

1）单位根检验

在ARDL（自回归分布滞后）方法中，允许变量数据是I(0)或I(1)单整过程，或两者的混合。但Pesaran和Shin(1999)、Pesaran等(2001)的ARDL边限测试方法要求没有变量是I(2)单整过程，因为这样的数据将使该方法无效。因此，必须测试每个变量的平稳性，然后才能进行下一步的分析。ADF和PP单位根检验方法将运用于所有变量的单位根检验。

2）基于ARDL边限检验的协整检验

本文主要采用基于自回归分布滞后（ARDL）模型的边限协整检验方法(Pesaran和Shin,1999;Pesaran等,2001)。这种分析方法与其他协整检验方法相比，具有如下几方面的优势：一是由于该方法对样本规模要求相对不高，因此对于小样本也具有很好的适应度；二是能够对不同阶数的单整变量进行协整检验，不要求时序变量同为I(0)或I(1)单整过程；三是可以避免计量分析常见的内生性和自相关问题；四是基于协整和误差修正模型，可以同时估计长期和短期方程(Jungho,2015;Hasanov,2015;Rahman 和 Kashem,2017)。因此,结合本文所使用小样本的时序数据特征,选择基于 ARDL 边限模型的边限协整检验方法进行建模分析。根据 Rahman(2017)和 Shahbaz 等(2013)的边限协整检验研究,本研究中使用的 ARDL 边限模型是:

$$\Delta \ln H_t = \alpha + \sum_{i=1}^{P} \beta_i \Delta \ln H_{t-i} + \sum_{i=0}^{Q} \gamma_i \Delta \ln Open_{t-i} + \sum_{i=0}^{R} \delta_i \Delta \ln regCO_{2\,t-i} + \sum_{i=0}^{S} \mu_i \Delta \ln regCO^2_{2\,t-i} + \theta_0 \ln H_{t-1} + \theta_1 \ln Open_{t-1} + \theta_2 \ln regCO_{2\,t-1} + \theta_3 \ln regCO^2_{2\,t-1} + \varepsilon_{t2} + \cdots \tag{5-19}$$

Δ 是一阶差分算子。ε_{t2} 为随机"扰动"项,是连续独立的,同态的和正态分布的。P、Q、R 和 S 合适的最大滞后值通过一个或多个"信息标准"——AIC、SC(BIC)、HQ 等来确定。

模型(2)零假设不存在协整关系,具体为:$H_0.\ \theta_0 = \theta_1 = \theta_2 = \theta_3 = 0$;$H_1.$? $\theta_0 \neq \theta_1 \neq \theta_2 \neq \theta_3 \neq 0$。上述系数的联合显著性由 F 检验来测试。根据 Pesaran 等(2001)和 Narayan 等(2005)给出的 F 统计量上下限值,如果 F 值大于上限值则拒绝原假设,表明变量间存在长期均衡关系;若 F 值小于下限值则接受原假设;若 F 值介于二者之间则无法判断。

短期参数由 error correction mechanism (ECM)进行估计,模型如下:

$$\Delta \ln H_t = \alpha + \sum_{i=1}^{P} \beta_i \Delta \ln H_{t-i} + \sum_{i=0}^{Q} \gamma_i \Delta \ln Open_{t-i} + \sum_{i=0}^{R} \delta_i \Delta \ln reg\_CO_{2\,t-i} + \sum_{i=0}^{S} \mu_i \Delta \ln reg\_CO^2_{2\,t-i} + \tau ECM_{t-1} + \varepsilon_{t3} + \cdots \tag{5-20}$$

误差修正模型的结果将短期系数与长期系数相结合,而不丢失长期信息。在误差修正模型技术下,长期因果关系由误差修正项(ECM)系数的负值和显著性表示,而短期因果关系由其他解释变量的系数显著性表示(Rahman 和 Kashem,2017; Rahman 和 Mamun,2016;Shahbaz 等,2013)。

3)模型诊断

ARDL 边限检验方法中最重要和最关键的假设之一,是公式(5-20)的误差必须是正态分布和序列独立的。本文的序列独立性由“Breusch-Godfrey Serial Correlation LM test”进行检验，正态性由“Jarque-Bera”进行检验。最后将使用“Breusch Pagan Godfrey”进行异方差性检验。

4）模型稳定性

对于具有自回归结构的模型需要确保“动态稳定性”。本文模型的稳定性可以用递归 CUSUM 和 CUSUM of squares（Brown 等，1975）进行检验。Pesaran 和 Pesaran（1997）、Rahman 和 Kashem（2017）也提出使用该检验用于测量模型稳定性。

5）Granger 因果检验

检验变量之间的相关性还不足以构建对两个或多个时间序列之间关系的完整理解，即只有相关性不能确认变量之间的因果关系（Granger，1969）。如果时间序列是协整的，那么还必须对时间序列进行因果关系的交叉检查（Rahman 和 Kashem，2017）。具体可以用 VAR 模型进行检验。变量之间的 Granger 因果关系将在一个增强的向量自回归（VAR）框架下进行检验。VAR 中变量的适当的最大滞后长度将依据通常的信息标准，如 SBC 和 AIC。

5.3.3 ARDL 边限检验分析

1）单位根检验

依据 ADF 和 PP 检验，$\ln H$、$\ln reg\_CO_2$、$\ln Open$ 可认为是一阶平稳时间序列，$\ln reg\_CO_2$ 可认为是水平平稳时间序列。根据数据特征，传统方法不能对包含 I(0)和 I(1)单整过程的数据进行长期关系研究，而 ARDL 边限检验方法可以对此类数据进行协整研究。

表 5-1　变量平稳性检验

变量 模型	ADF		PP		结论
	Level	1st Diff.	Level	1st Diff.	
ln *H*	−2.002 3[2]	3.438 5[3]*	−1.304 2[2]	−6.783 7[3]***	一阶平稳
ln *Open*	0.665 7[1]	−3.747 9[1]***	0.600 4[1]	−3.747 9[1]***	一阶平稳
$\ln reg\_CO_2$	−3.296 1[3]*	−2.614 8[2]	3.219 9[1]	−2.096 8[2]	水平平稳
$\ln reg\_CO_2$	−1.195 2[1]	−3.686 1[1]***	−1.107 5[1]	−3 686 1[1]***	一阶平稳

注：ADF 和 PP 检验的原假设是时间序列非平稳。***，** 和 * 分别表示 1%，5% 和 10%的显著性水平。[1]表示无，[2]表示截距项，[3]表示截距项和趋势项。

2）ARDL 边限检验模型估计

在估计 ARDL 模型之前，需要确定不同变量的滞后期。Pesaran 和 Shin (1995)建议 SBC 和 AIC 两个准则下估计值较小的模型为最优滞后期选择模型。如二者相同，则选择 AIC 准则下的滞后期判断。模型(5-20)最优滞后期选择为 ARDL(3，4，3,0)。

3）模型诊断检验

模型(5-20)的 R^2 是 0.8806，AR^2 是 0.7082，DW 检验值是 2.1010，F 检验值为 5.1077(P 值 0.0096)。此外，表 5-2 检验结果的 P 值表明，模型通过了序列相关(Breusch-Godfrey 序列相关 LM 检验)、正态性(Jarque-Bera 检验)和异方差性(Breusch-Pagan-Godfrey 检验)的检验。以上建议都表明了模型具有良好的性质。

表 5-2　模型诊断测试结果

检验	χ^2	P 值
Breusch-Godfrey Serial Correlation LM test	2.431 0	0.157 9
Breusch-Pagan-Godfrey Heteroskedasticity test	1.465 1	0.286 9
Jarque-Bera test	1.007 8	0.604 2

4) ARDL 边限检验

我们进一步进行协整边限测试。对模型 2 进行 ARDL 边限测试。对于 $k=3$(自变量数)以及 unrestricted intercept 和 no trend 的情形,根据 Pesaran 等(2001)和 Narayan(2005)给出的临界值,整理为表 5-3。ARDL 边限测试的 F 统计量为 7.1522,大于各自的 95%上限临界值。ARDL 边限测试结果表明,人力资本、环境规制与贸易开放之间存在着长期的协整关系。

表 5-3 模型诊断测试结果

临界值	Pesaran		Narayan	
	下限值 I(0)	上限值 I(1)	下限值 I(0)	上限值 I(1)
5%	3.23	4.35	3.710	5.018
10%	2.72	3.77	3.008	4.150

5) 短期和长期估计

表 5-4 提供了长期 ARDL 边限估计。根据表 5-4,贸易开放系数显著为正,表明近年来中国贸易开放带来的技术设备引进、学习模仿研发、产业竞争加剧,以及由此带来的产业结构升级等,总体上有利于人力资本积累。环境规制一次项系数和二次项系数显著为正,表明环境规制对人力资本水平存在促进作用。中国虽为发展中国家但却具有积极的环境价值观,可以认为该实证结果正是中国当前所体现出的积极环境价值观的成效之一。环境规制对人力资本积累呈现"U"型曲线关系,即环境规制较弱时可能不利于人力资本积累,当环境规制逐渐加强后会倾向于促进人力资本积累。环境规制强度较低时企业处理污染可能仅仅是增加一定的环保设备投入,不能促进技术升级、产业转型,也无法提升就业结构与知识技能要求,但可能因为成本上升造成企业国际竞争力下降,此时停滞技术结构和产业结构以及下降的收入水平,将不利于人们进行人力资本投资。当环境规制不断加强时企业为了维持竞争力,不得不学习、吸收和创新更先进的技术,发展更朝阳的产业,而新的技术结构和产业结构必然要求就业

岗位具备更高的技能和知识水平，激励人们做出教育决策进而提升人力资本水平。

表 5-4　ARDL 边限检验长期估计结果

变量	系数	标准差	t 统计值	P 值
ln *Open*	1.688 452	0.576 195	2.930 347	0.016 7
ln reg_CO_2	0.483 848	0.064 784	7.468 62	0.0 000
lnreg_CO_2	0.715 854	0.271 159	2.639 976	0.026 9
C	−18.545 638	6.697 029	−2.769 234	0.021 8

表 5-5 提供了短期 ARDL 边限检验估计，方程中回归系数的显著性检验非常显著。同时，我们看到误差修正系数在 1%水平上是显著为负的，这证实了人力资本、环境规制和贸易开放之间存在统计上显著的长期关系。

表 5-5　ARDL-ECM 估计结果

变量	系数	标准差	t 统计值	P 值
D(ln *H*(−1))	−2.490 1	0.099 1	−25.104 3	0.001 6
D(ln *H*(−2))	−1.186 9	0.059 0	−20.105 6	0.002 5
D(ln *H*(−3))	−1.964 9	0.095 9	−20.496 7	0.002 4
D(ln *Open*)	−6.040 5	1.032 3	−5.851 5	0.028
D(ln *Open*(−1))	5.053 2	1.417 1	3.565 9	0.070 4
D(ln *Open*(−2))	3.169 2	1.177 1	2.692 4	0.114 7
D(ln *Open*(−3))	6.710 91	0.794 4	8.447 8	0.013 7
D(ln *Open*(−4))	−6.644 0	0.531 5	−12.501 5	0.006 3
D(ln reg_CO_2)	0.505 9	0.024 9	20.343 8	0.002 4
D(ln reg_CO_2(−1))	0.094 0	0.033 3	2.819 2	0.106 2
D(ln reg_CO_2(−2))	0.725 0	0.058 2	12.453 4	0.006 4
D(ln reg_CO_2(−3))	0.247 9	0.020 0	12.373 4	0.006 5
D(ln reg_CO_2(−4))	0.383 2	0.024 9	15.404 7	0.004 2

续表

变量	系数	标准差	t统计值	P值
D(ln reg_CO_2)	−3.121 8	0.517 6	−6.030 7	0.026 4
D(ln $reg\_CO_2(-1)$)	2.398 5	0.702 5	3.414 2	0.076 1
D(ln $reg\_CO_2(-2)$)	1.485 6	0.589 4	2.520 4	0.127 9
D(ln $reg\_CO_2(-3)$)	3.243 6	0.392 7	8.258 7	0.014 3
D(ln $reg\_CO_2(-4)$)	−3.342 2	0.264 5	−12.636 5	0.006 2
$ECM(-1)$	−1.726 8	0.083 2	−20.750 3	0.002 3
C	−0.018 7	0.001 2	−15.569 4	0.004 1

6）稳定性检验

为了检测模型长期关系的稳定性，我们根据 Pesaran 和 Pesaran(1997)提出的递归 CUSUM 和 CUSUM of squares（CUSUMSQ）进行结构稳定性试验。CUSUM 和 CUSUMSQ 统计数据的图形如图 5-1、图 5-2 所示。如果 CUSUM 和 CUSUMSQ 的图保持在 5%的临界范围内，则表示 parameter constancy 和模型的稳定性。这两个图都表明，没有一条直线（在 5%的水平上绘制）被 CUSUM 和 CUSUMSQ 所交叉，即 CUSUM 和 CUSUMSQ 的图都在边限内（以红色虚线显示）。因此这些统计数据证实了模型的稳定性，并且在研究期间，在 5%显著性水平下，系数没有系统变化。

7）格兰杰因果检验

在考察变量之间的长期关系后，我们使用格兰杰因果关系检验来确定变量之间的因果关系。如果变量非平稳，但经过检验后发现存在协整关系，我们期望序列之间存在单向或双向因果关系。Granger 因果关系将在一个增强的向量自回归(VAR)框架下进行检验。表 5-6 显示了变量之间的短期格兰杰因果关系。

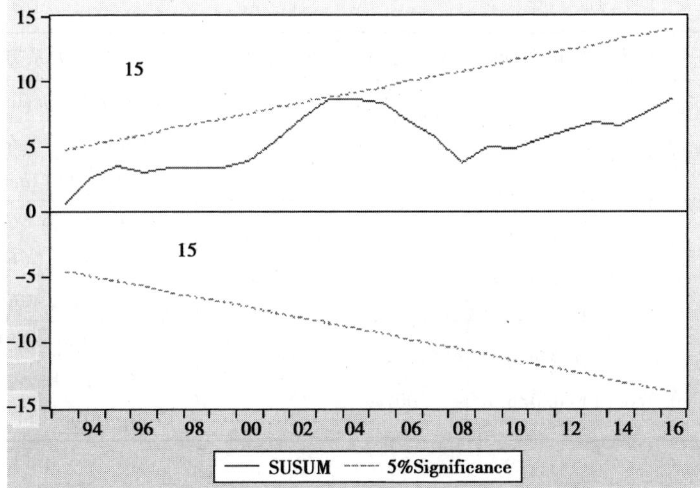

图 5-1　Plot of CUSUM tests

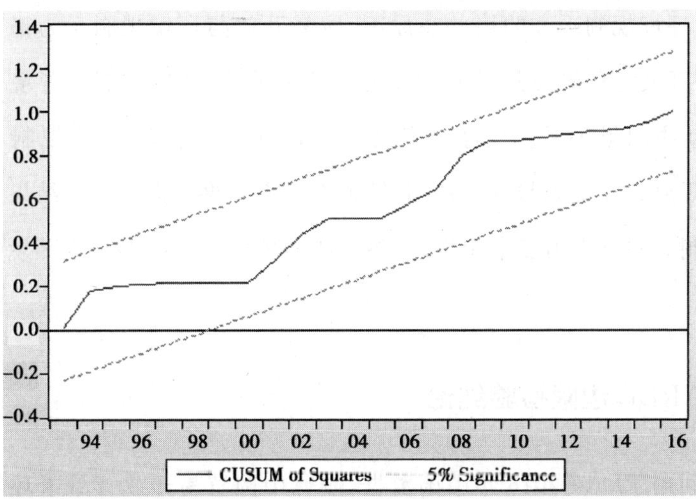

图 5-2　Plot of CUSUM of squares tests

表 5-6　格兰杰因果关系

	ln *H*	ln *Open*	ln *reg*_CO_2	ln *reg*_CO_2	因果关系方向
ln *H*	—	3.876 6 (0.143 9)	7.931 5** (0.0 190)	3.908 7 (0.141 7)	ln *reg*_CO_2→lnH

续表

	$\ln H$	$\ln Open$	$\ln reg\_CO_2$	$\ln reg\_CO_2$	因果关系方向
$\ln Open$	5.080 3* (0.078 9)	—	9.925 6*** (0.007 0)	6.626 3** (0.036 4)	$\ln H \rightarrow \ln Open$；$\ln reg\_CO_2 \rightarrow \ln Open$；$\ln reg\_CO_2 \rightarrow \ln Open$
$\ln reg\_CO_2$	2.222 0 (0.329 2)	5.999 7** (0.049 8)	—	6.056 5** (0.048 4)	$\ln Open \rightarrow \ln reg\_CO_2$；$\ln reg\_CO_2 \rightarrow \ln reg\_CO_2$
$\ln reg\_CO_2$	5.096 7* (0.078 2)	6.597 7** (0.036 9)	9.719 5*** (0.007 8)	—	$\ln H \rightarrow \ln reg\_CO_2$；$\ln Open \rightarrow \ln reg\_CO_2$；$\ln reg\_CO_2 \rightarrow \ln reg\_CO_2$

通过表 5-6 可知，环境规制是人力资本水平的格兰杰原因；人力资本水平是贸易开放、环境规制平方的格兰杰原因；贸易开放与环境规制互为格兰杰因果关系，贸易开放与环境规制平方也互为格兰杰关系；环境规制与环境规制平方也互为格兰杰因果关系。从经济意义层面看可以归结为，环境规制→人力资本→贸易开放⇌环境规制，箭头方向代表格兰杰因果方向。这一结果进一步表明环境规制有利于人力资本积累，反映了加强环境规制能够带来环境经济的协调发展。

5.3.4 ARDL 边限检验结论

本文利用 1990—2016 年中国数据，研究中国贸易开放背景下环境规制对人力资本的影响。通过 ARDL 模型的边限检验方法分析了贸易开放、环境规制与人力资本规制间的协整关系，长期和短期关系，以及格兰杰因果关系。主要结论如下：①环境规制、贸易开放与人力资本存在长期协整关系；②环境规制、贸易开放有利于促进人力资本水平；③环境规制对人力资本积累呈现“U”型曲线关系；④环境规制是人力资本水平的格兰杰原因；人力资本水平是贸易开放的格兰杰原因；贸易开放与环境规制互为格兰杰因果关系。以上检验结果支持了本文的研究目标，即贸易开放下环境规制有利于人力资本积累。

5.4　基于 Sys-GMM 模型的面板数据实证分析

5.4.1　模型设定与数据说明

1）估计模型的设定

在 Katz 和 Murphy(1992)技能劳动力的需求和供给分析框架基础上，Ma 等(2019a)考虑了两种劳动力要素：普通劳动力 L 和人力资本 H；相应地设置两种资金投入要素：物质资本投资和知识教育投资。其中普通劳动力形成生产力依赖于物质资本投资 K，人力资本形成生产力依赖于知识教育投资 T。据此，采用如下形式的 CES 生产函数：

$$Y_t = [\gamma(A_t K_t L_t)^\rho + (1-\gamma)(B_t T_t H_t)^\rho]^{\frac{1}{\rho}} \tag{5-21}$$

式中，A 和 B 分别为两类经济的技术效率因素；λ 为产出弹性，取值范围为 $0 < \lambda < 1$。设工资为 W，相应的人力资本报酬为 W_H，普通劳动力报酬为 W_L。假定人力资本和普通劳动力均按其边际产出获得报酬。用式(5-21)对 H 和 L 分别求偏导，可得到两种要素的报酬之比 W_H/W_L，进一步两边取对数展开，移项后可得到：

$$\ln\left(\frac{H_t}{L_t}\right) = \frac{1}{1-\rho}\ln\left(\frac{1-\gamma}{\gamma}\right) + \frac{1}{\rho-1}\ln\left(\frac{W_H}{W_L}\right) + \frac{\rho}{1-\rho}\ln\left(\frac{T_t}{K_t}\right) + \frac{\rho}{1-\rho}\ln\left(\frac{B_t}{A_t}\right) \tag{5-22}$$

式(5-22)表明人力资本相对规模，取决于以下几类因素。

第一类因素：人力资本相对价格（工资价格因素）。工资上涨可能使个人和家人的教育培训投资增加，因而促进人力资本积累；但工资上涨也可能使教育投资的机会成本上升，因而减少人力资本投资。

第二类因素:人力资本相对投入指数(经费投入因素)。如果社会加大知识教育投入,例如全社会教育经费支出、$R\&D$ 经费支出等,则有利于人力资本积累。据此,人力资本的经费投入因素可以分解成以下形式:

$$\ln(T_t/K_t)=\delta_1\ln eduf_t+\delta_2\ln R\&D_t+\varepsilon \tag{5-23}$$

式中,$eduf$ 为生均教育经费投入,$R\&D$ 为国内研发经费投入强度。

第三类因素:人力资本相对技术效率指数(技术进步因素)。如果技术进步偏向技能型技术或清洁技术,则会增加对人力资本的需求,从而有利于人力资本积累;但如果相反,则可能增加对普通劳动力的需求,进而不利于人力资本积累。具体可以包括三个方面:第一,对外贸易是技术进步偏向技能型技术的重要原因(Acemoglu,2002),对外贸易将会引起技术偏向技能型并增加熟练工人的相对需求;第二,外商直接投资是国际间知识技术溢出的重要渠道(Coe 和 Helpman,1995),可能刺激对人力资本的需求;第三,绿色技术进步是产业结构升级和清洁生产的重要力量,根据式(5-16),它也会增加对人力资本的需求。因而,技术进步因素可分解成如下形式:

$$\ln(B_t/A_t)=\delta_3\ln Tr_t+\delta_4\ln FDI_t+\delta_5 GTP_t+\varepsilon \tag{5-24}$$

式中,Tr 是对外贸易,FDI 为外商直接投资,GTP 为绿色技术进步。将式(5-20)、式(5-21)带入式(5-19)可得到:

$$\ln\left(\frac{H_t}{L_t}\right)=\frac{1}{1-\rho}\ln\left(\frac{1-\lambda}{\lambda}\right)+\frac{1}{\rho-1}\ln\left(\frac{W_H}{W_L}\right)+\frac{\rho\delta_1}{1-\rho}\ln eduf_t+\frac{\rho\delta_2}{1-\rho}\ln R\&D_t+\frac{\rho\delta_3}{1-\rho}\ln Tr_t+\frac{\rho\delta_4}{1-\rho}\ln FDI_t+\frac{\rho\delta_5}{1-\rho}\ln GTP_t+\varepsilon \tag{5-25}$$

此外,加入第四类因素:环境规制。拟在模型中加入环境规制强度 E。关于环境规制的度量,本文拟跟随 Sonia(2008)、Ma 等(2019a)、Wen(2019)等的研究,以 GDP/能源投入作为代理变量,并以 GDP/二氧化碳排放、GDP/环境污染损失作为代理变量进行稳健性分析。

考虑到人力资本有一个较长的累积过程,不论是示范引领、人文环境,还是政策措施、制度设计,实际发挥作用都可能会产生滞后,为一定程度上反映这些无法量化因素的影响，应引入滞后一期的人力资本变量进入模型。考虑到对外贸易与环境规制可能存在的交互影响，模型加入对外贸易与环境规制的交互项。考虑到人均国民收入体现着一个地区的地区经济发展水平和人们生活水平，因而也很可能影响人力资本水平，故加入变量人均国民收入 y。最后，为降低可能存在的异方差，并不改变变量的时序特征，对各变量取自然对数。可以得到如下模型：

$$\begin{aligned}\ln(H_{it}) = {} & \eta_i + \beta_1 \ln H_{it-1} + \beta_2 \ln W_{it} + \beta_3 \ln Tr_{it} + \beta_4 \ln FDI_{it} + \\ & \beta_5 \ln GTP_{it} + \beta_6 \ln E_{it} + \beta_7 \ln E_{it}{}^2 + \beta_8 \ln Tr_{it} \ln E_{it} + \\ & \beta_9 \ln eduf_{it} + \beta_{10} \ln R\&D_{it} + \beta_{11} \ln y_{it} \varepsilon_{it}\end{aligned} \tag{5-26}$$

式中，t 表示年度，i 表示省份，η_i 为非观测的个体效应。

2）变量说明

本文所涉及变量，其数据时间范围设定为 1995—2017 年，1995 年是目前模型所涉及变量生均教育经费的省际面板数据所能获取的最早年份。由于数据资料受限，省际范围设定为 29 个省级地区，不含港澳台、西藏和重庆。变量数据取自《新中国 60 年统计资料汇编》，以及各期《中国统计年鉴》、各省区市统计年鉴、《中国教育统计年鉴》、《中国劳动统计年鉴》、《中国人口和就业统计年鉴》、《中国科技统计年鉴》、《中国能源统计年鉴》、《中国环境统计年鉴》等。不同年鉴数据若有差异，以最新统计年鉴为准。除第 4 章已有变量说明外，其他变量的选取和说明见表 5-7。

表 5-7　部分变量选取和描述

变量名称	符号	变量说明
工资水平	W	选取各省各年当年价的城镇单位就业人员平均工资，并利用各省公布的实际工资增长率进行价格平减，折算为 1995 年不变价格

续表

变量名称	符号	变量说明
对外贸易	Tr	以进出口贸易总额来反映各地区的总体贸易发展水平。进出口总额用美国居民消费价格指数调整为1995年不变价格，再按照1995年平均汇率折算为人民币
环境规制1 GDP/能源投入	E_energy	能源投入为各省折算为标准煤的能源消费总量
环境规制2 GDP/污染损失	E_pul	污染损失估算方法借鉴谭晶荣和温怀德(2010)的研究，利用主要污染物排放量估算环境污染综合损失，并以PPI指数将价格转换为1995年不变价格
环境规制3 GDP/CO_2	E_CO_2	二氧化碳排放估算方法借鉴陈诗一(2009)的研究，以煤炭、石油、天然气等化石能源消费量为基础进行估算
生均教育 经费投入	$eduf$	选取各省各年教育经费合计，利用CPI指数折算为1995年不变价格；再将各类学校在校生数相加得到总在校生数。教育经费合计与总在校生数之比即为生均教育经费投入

3）变量的描述性统计

表5-8列出了主要变量求自然对数后的描述性统计。

表5-8　主要变量的描述性统计

变量	均值	中位数	标准差	最小值	最大值	观测值数
$\ln H_{it}$	2.090	2.101	0.149	1.546	2.526	667
$\ln W_{it}$	9.670	9.727	0.739	8.327	11.26	667
$\ln Tr_{it}$	6.756	6.720	1.817	2.109	10.99	667
$\ln FDI_{it}$	6.017	6.149	1.727	−3.042	9.098	667
GTP_{it}	4.232	2.460	4.963	0.892	73.86	667
$\ln E\_energy_{it}$	8.735	8.780	0.538	7.400	9.793	667

续表

变量	均值	中位数	标准差	最小值	最大值	观测值数
$\ln E\_CO_{2it}$	7.914	7.918	0.663	5.989	9.729	667
$\ln E\_pul_{it}$	3.133	3.129	0.580	1.697	4.224	667
$\ln eduf_{it}$	8.202	8.259	0.988	5.897	10.49	667
$\ln R\&D_{it}$	4.949	5.003	1.755	−1.112	8.730	667
$\ln y_{it}$	9.679	9.760	0.924	6.430	11.650	667

5.4.2 Sys-GMM 实证分析及稳健性检验

1）估计方法

本文所建立动态模型的解释变量含有被解释变量的一阶滞后项，从而与扰动项相关，同时被解释变量 H 与其他变量之间可能存在着交互影响关系，如 FDI、$R\&D$、W 等，因此模型可能存在内生性问题。为解决该问题，得到方程的无偏估计值，Arellano 和 Bond（1991）提出了用一阶差分 GMM（first differenced GMM）估计方法来解决。Blundell 和 Bond（1998）指出，由于变量滞后值并非一阶差分方程的理想工具变量，一阶差分 GMM 估计方法容易受到弱工具变量的影响而得到有偏的估计结果。为此 Arellano 和 Bover（1995）以及 Blundell 和 Bond（1998）提出了另外一种更为有效的方法，即系统 GMM（System GMM）估计方法。系统 GMM 又可以分为一步法和两步法，Arellano 和 Bond（1991）指出，当模型存在异方差干扰时，一步法 Sargan 检验倾向于过度拒绝原假设，因此所得结果不足采信；但两步法 Sargan 检验又倾向于过度接受原假设。同时，Arellano 和 Bond（1991）通过蒙特卡罗模拟表明两步法估计相对于一步法估计更为稳妥。Roodman（2009a，2009b）对如何在 Stata 中实现差分和系统 GMM 的具体操作进行了进一步的讨论。因此本研究拟采用的估计方法为两步系统广义矩法（GMM）。

下面阐述这种方法的适用性。第一,横截面数($n=29$)大于时间序列数($t=23$),满足实施 GMM 的基准要求。第二,因变量是连续性的,人力资本水平与其一阶滞后的相关系数为 0.988,高于建立持续性所需的经验阈值 0.800。第三,使用面板数据结构的 GMM 技术不会消除跨省变化。第四,估计方法一方面考虑了解释变量的同时性,另一方面又考虑了内生性,即通过工具变量过程计算解释变量的同时性,并用非时变的指标控制未观察到的异质性。选择两步法是因为它控制异方差性,而一步法只控制同方差性。

此外,再介绍一下方程的识别性、同时性和排除限制。最近的文献提出,所有的解释变量都假定是预先确定的(或怀疑是内生的),而只有不随时间(或年)发生改变的变量被认为是严格的外生变量(Asongu 和 Nwachukwu,2016)。关于排除限制,与识别过程一致,时间不变变量仅通过怀疑内生性解释变量(或前定或怀疑内生性)影响人力资本水平。当且仅当用于检验工具变量是否外生的 Difference Hansen Test(DHT)的原假设不被拒绝时,潜在的(基础的)排除限制假设才是有效的。此外,在标准工具变量程序中拒绝 Sargan 过度识别限制检验的原假设,表明工具变量不能通过可疑的内生变量专门解释因变量(见 Beck 等,2003)。

2)估计结果分析及稳健性检验

估算结果见表 5-9。表格中 AR(1)和 AR(2)分别用来检验是否存在扰动项一阶和二阶序列相关,其原假设是不存在序列相关;Hansen Test 用来检验工具变量是否存在过度识别问题,其原假设是工具变量是有效的,不存在过度识别问题;DHT(Difference-in-Hansen tests)用来检验工具变量是否外生,其原假设是工具变量是外生的。DHT 检验包括两个部分,一个是检验(a)GMM 括号中的工具变量是否外生,另一个是检验(b)iv 括号中的工具变量是否外生,其原假设是工具变量是外生的。在这三个方程中,Wald 系数均显著。AR(2)检验结果表明,扰动项不存在二阶序列相关。Hansen 检验 P 值均大于显著性水平 0.1,接受原假设,表明工具变量不存在过度识别问题。DHT 检验 P 值均大于显著性水平 0.1，接受原假设，表明工具变量是外生的。

表 5-9　系统广义矩估计（sys-GMM）结果

变量	环境规制 1（GDP/能源消费量）	环境规制 2（GDP/CO_2 排放）	环境规制 3（GDP/污染损失）
$\ln h_{it-1}$	0.279 5***	0.210 0***	0.295 2***
	(5.09)	(3.36)	(5.30)
$\ln W_{it}$	−0.049 5***	−0.057 5***	−0.062 0***
	(−3.88)	(−3.77)	(−7.13)
$\ln Tr_{it}$	0.169 8***	0.159 8***	0.031 0**
	(2.87)	(3.46)	(2.33)
$\ln FDI_{it}$	0.018 8**	0.030 5***	0.015 7***
	(2.46)	(5.86)	(4.14)
GTP_{it}	0.001 1***	0.000 4*	0.000 9***
	(3.19)	(1.89)	(3.30)
$\ln E_{it}$	−0.636 1***	−0.865 9***	−0.270 2***
	(−2.73)	(−5.46)	(−5.69)
$\ln E_{it}{}^{2}$	0.043 2***	0.062 5***	0.044 5***
	(2.80)	(5.10)	(4.69)
$\ln Tr_{it} * \ln E_{it}$	−0.019 9***	−0.021 6***	−0.006 8**
	(−3.21)	(−3.83)	(−2.34)
$\ln eduf_{it}$	0.101 7***	0.122 3***	0.102 9***
	(10.71)	(8.00)	(8.33)
$\ln R\&D_{it-1}$	0.027 0***	0.022 0***	0.014 1***
	(5.39)	(3.09)	(3.97)
$\ln Y_{it}$	−0.003 4	−0.003 6	−0.006 2
	(−0.51)	(　0.44)	(−1.03)
常数项	3.354 6***	4.060 6***	1.527 0***
	(3.75)	(7.89)	(20.63)
Thresholds	8.532 7	7.398 1	4.558 8

续表

变量	环境规制 1（GDP/能源消费量）	环境规制 2（GDP/CO_2 排放）	环境规制 3（GDP/污染损失）
Net effects	−0.004 0	−0.011 1	0.009 7
Wald 检验	18 549.01 (0.000)	43 660.88 (0.000)	8 721.72 (0.000)
AR(1)检验	−4.46(0.000)	−3.91(0.000)	−4.65(0.000)
AR(2)检验	1.48(0.140)	0.87(0.385)	1.13(0.257)
Hansen 检验	26.41(0.879)	24.96(0.203)	24.90(0.411)
DHT for instruments (a) GMM instruments for levels H excluding group Dif (null H = exogenous)	0.996	0.912	0.910
(b)IV (Years, eq (diff)) H excluding group Dif (null H = exogenous)	0.997	0.971	0.857
Number of Instruments	48	32	36
Number ofProvinces	29	29	29
obs	609	609	551

注：* * *、* *、* 分别代表 1%、5%、10%的显著性水平。各变量及常数项系数括号内为 z 统计值；Wald 检验、Hansen 检验及 AR(1)AR(2)检验值括号内为 P 值。

从表 5-9 可以看出，人力资本水平滞后期系数为正，说明人力资本水平存在显著的累积效应和滞后效应。接下来，分别对模型中影响人力资本水平的四类因素进行分析。

第一类因素：工资价格。工资系数显著为负。表明随着中国工资逐渐上涨，个人进行人力资本投资的机会成本提升，导致工资上涨对人力资本积累造成了负面影响。20 世纪 90 年代中期社会主义市场经济体制目标确立，中国利用人口红利逐渐确立“世界工厂”地位，农村剩余劳动力大规模跨区域转移，农村出现大量学生辍学外出打工现象。近十年来随着国家日益融入国际经济体系，用工荒愈演愈烈，普通劳动者就业机会明显增多、工资日益看涨，反而受过高等教育的大学毕业生就业竞争日益激烈。这些都可能导致了中国工资价格上涨不利于人力资本水平提升。

第二类因素:经费投入。生均教育经费投入和研发经费投入两个变量的系数均显著为正,表明经费投入有利于提升人力资本水平。生均教育经费投入系数显著为正,表明财政性教育经费投入、民营办学机构经费投入、个人学费投入、社会各界捐赠等教育投入力度越大,教育越发展,人力资本水平就越高。研发经费投入强度系数显著为正,表明随着研发投入强度提高,对人力资本的需求越来越大,进而产生示范作用和引领作用,促进人力资本积累。

第三类因素:技术进步。对外贸易、FDI 和绿色技术进步的系数为正,这表明技术进步机制对人力资本水平的直接影响是正向的。对外贸易系数显著为正,表明近年来贸易带来的技术设备引进、学习模仿研发、产业竞争加剧等,总体上有利于人力资本积累。FDI 系数显著为正,表明外商直接投资存量的不断增加,总体上有利于人力资本水平提升。其原因可能包括:第一,外商投资企业的知识技术、管理经验外溢效应,有利于国内人力资本积累;第二,进入外商投资企业工作的门槛和收入相对较高,其示范效应有利于个人的人力资本投资决策;第三,外商投资企业的选址很大程度上依赖于当地的人力资本情况,这有利于促进地方政府加强教育投入,提升人力资本水平。这表明中国应该进一步加强 FDI 甄别机制,引进更多环境友好的技术、外溢效应和示范效应更强的外商投资,提升 FDI 对人力资本水平的促进作用。绿色技术进步的系数显著为正,表明随着环境法律法规的日益完善、执法的日益严格,企业不得不逐渐转型升级或转向清洁生产,向社会提供绿色产品,这就改变了产业结构与就业结构,进而能够促进人力资本水平提升。绿色技术进步的系数显著为正,表明绿色技术进步使得社会经济发展要求更高的人力资本水平。一方面,绿色技术进步本身需要更多的人均受教育年限作为基础,来促进人力资本水平提升;另一方面,绿色技术进步使得经济结构向集约化、低碳化的方向发展,促进绿色产业发展,这促使就业结构有利于更高教育水平的就业人员,也因此倒逼人力资本水平提升。这证明了命题 1:绿色技术进步有利于提升人力资本水平。

第四类因素:环境规制。环境规制的一次项系数显著为负,二次项系数显著为正,表明环境规制对人力资本水平存在着"U"型影响,即环境规制较弱的时期倾向于降低人力资本水平,而当建立起一定技术经济条件后环境规制逐渐提升会倾向于促进人力资本水平提升。计算该二次曲线的拐点,$\text{Ln}E_{it}\_energy$ 为 7.3623,$\text{Ln}E_{it}\_CO_2$ 为 6.9272,$\text{Ln}E_{it}\_pul$ 为 3.0360,三个指标均已通过了拐点,说明中国当前处于环境规制与人力资本水平正相关的阶段,即当前的环境规制有利于提升人力资本水平。中国虽为发展中国家却具有积极的环境价值观,可以认为,上述实证结果正是自 1988 年以来中国所体现出的积极环境价值观的成效之一。同时,这也反映中国逐渐脱离了环境规制"向底线赛跑"的阶段。新中国成立后的工业化进程和改革开放后的经济发展使中国具备了一定的技术经济条件,随着改革开放不断深入,国内企业在环境规制的提升下为了实现更强竞争力,不得不发展更朝阳的产业,学习、吸收和创新更先进的技术,新的产业结构和技术结构必然要求就业岗位具备更高的技能和知识水平,激励着人们做出教育决策提升人力资本水平。这就证明了命题 2:环境规制对人力资本水平的影响呈"U"型,当环境规制逐步增强时人力资本水平由降转升。对外贸易和环境规制的交互项系数显著为负,表明当前背景下的环境规制提升在一定程度上限制了对外贸易的发展,因此影响了经济发展和收入增长进而不利于人力资本水平提升。

综上所述,影响人力资本的四类因素中,工资因素不利于人力资本水平提升、经费投入因素和技术进步因素均有利于促进人力资本水平提升,而环境规制因素则表现出"U"型影响,中国当前阶段环境规制有利于促进人力资本水平。

表 5-10 分区域的系统广义矩估计(sys-GMM)结果

变量	东部地区	中部地区	西部地区
$\ln H_{it-1}$	0.241 2***	0.265 0***	0.271 5***
	(7.14)	(4.37)	(3.86)

续表

变量	东部地区	中部地区	西部地区
$\ln W_{it}$	0.015 3	−0.045 8***	−0.054 9***
	(0.82)	(−4.23)	(−5.28)
$\ln Tr_{it}$	0.238 7***	0.148 2	0.101 5
	(3.02)	(1.45)	(1.37)
$\ln FDI_{it}$	0.031 3**	0.021 6***	0.018 7***
	(2.37)	(3.75)	(3.16)
GTP_{it}	0.000 8***	0.001 0	0.002 3***
	(3.35)	(1.34)	(3.35)
$\ln E_{it}$	−0.714 5**	−0.642 2***	−0.665 5***
	(−2.35)	(−4.44)	(−4.65)
$\ln E_{it}{}^2$	0.048 1***	0.043 5***	0.045 8
	(2.86)	(3.77)	(1.25)
$\ln eduf_{it}$	0.153 4***	0.122 5***	0.152 4***
	(5.78)	(8.58)	(9.25)
$\ln R\&D_{it-1}$	0.035 1	0.017 9**	0.016 9*
	(1.36)	(2.34)	(1.96)
常数项	3.458 2***	4.356 8***	4.724 2***
	(6.54)	(8.42)	(7.75)
Wald 检验	5 762.35 (0.000)	4 210.27 (0.000)	8 523.44 (0.000)
AR(2)检验	−1.36(0.175)	−1.45(0.148)	−1.42(0.157)
Hansen 检验	23.01(0.878)	17.56(0.198)	19.19(0.135)
DHT for instruments (a) GMM instruments for levels H excluding groupDif (null H = exogenous)	0.995	0.991	0.908
(b) IV (Years,eq (diff)) H excluding group Dif (null H = exogenous)	0.996	0.990	0.865

续表

变量	东部地区	中部地区	西部地区
Number of Instruments	20	21	21
Number ofProvinces	29	29	29
obs	220	160	200

注：* * *、* *、* 分别代表 1%、5%、10% 的显著性水平。各变量及常数项系数括号内为 z 统计值；Wald 检验、Hansen 检验及 AR(2) 检验值括号内为 P 值。

为了验证中西部地区的环境规制对人力资本的影响情况，进一步进行分区域的面板数据检验，并用 GDP/能源消费量作为环境规制变量，估算结果见表 5-10。在三个方程中，Wald 系数均显著。AR(2) 检验结果表明扰动项不存在二阶序列相关。Hansen 检验结果表明工具变量不存在过度识别问题。DHT 检验两个部分均表明工具变量是外生的。

根据估计结果，除个别变量显著性存在差异外，核心变量系数的正负方向与全国的估计结果基本相同。滞后一期的人力资本系数均显著为正，但西部地区系数最大，中部地区居第二，东部地区居第三。这反映出中西部地区过往人力资本的示范作用更强，也反映出中西部地区潜在的人力资本优势。东部地区工资水平系数不显著，可能与东部地区历年来各层次人口不断流入有关，导致当地工资水平与人力资本出现了一定程度的不相关。中西部地区对外贸易系数不显著则有可能与这些地区对外开放度总体还不高有关，人们的教育投入决定与对外贸易或外向型产业发展的相关程度不高。中部地区绿色技术进步系数不显著，可能与中部地区绿色技术和绿色产业发展不足有关，导致对人力资本投资刺激不足。环境规制的三个拐点经计算分别为 7.427 2、7.381 6、7.265 3，均已通过拐点，但是西部地区环境规制的二次方没有通过检验。东部地区研发的滞后项系数不显著，可能与人才总体流入有关，也就是说东部地区的研发对人力资本的促进作用范围可能并不局限在本地区。就总体结论而言，与全国基本一致，环境规制对人力资本水平表现出“U”型影响，并且东中西部地区均已通过拐点。其中值得关注的是,中西部地区人力资本示范作用明显强于东部地区。

5.4.3 Sys-GMM 实证检验的结论与启示

本文建立了动态面板数据模型,利用1995—2017年各省级地区数据,从工资价格、技术进步、经费投入、环境规制四类因素入手,采用系统广义矩估计方法实证分析了中国环境规制对人力资本积累的影响。本章认为:①人力资本积累存在滞后效应与累积效应。②劳动密集型就业岗位增多、工资上涨,劳动者进行人力资本投资的机会成本也上升,造成工资与人力资本积累负相关。③生均教育经费投入增加有利于支撑教育事业发展和人力资本水平提升,研发投入强度提高则有利于形成正面的示范作用和引领作用,促进人力资本积累。④对外贸易和FDI带来的技术知识转移和技术知识外溢,有利于人力资本积累;绿色技术进步有利于提升人力资本水平。⑤环境规制对人力资本积累存在着长期"U"型影响,而中国当前阶段的环境规制有利于人力资本积累。

环境规制、绿色技术进步可以对人力资本水平产生积极影响,这是本文的重要发现。由于人力资本水平的提升不仅可以进一步促进经济增长,而且为加强环境规制、促进绿色技术进步提供了保障,从而有利于形成环境经济良性互动。因此,这丰富了环境经济可持续发展理论。这对中国以及类似经济技术水平发展中国家实施更为严格的环境政策提供了一定的理论支持。然而,本文的研究仅仅使用了中国的省际面板数据,未涉及中国的行业面板数据,也未涉及其他发展中国家的数据,因此研究结论还有待进一步实证验证。同时,环境规制背景下,产业结构升级也是倒逼人力资本水平提升的重要因素,这为未来的研究提供了进一步的方向。由于大多发展中国家都有发展经济与环境保护的双重渴望,因此本文认为实施环境规制、绿色发展等积极主动的环境政策,如能产生倒逼效应促进环境经济良性可持续发展,将是非常有意义的理论探索方向。

5.5 中西部地区环境规制、人力资本与绿色发展案例：重庆绿色转型

重庆市作为西南地区和长江上游地区最大的经济中心城市，也是中国老工业基地之一，环境污染问题一直困扰着城市发展。基于人才优势，制造业转型升级和数字经济发展逐渐成为重庆市绿色发展的核心手段。通过制造业不断转型升级，重庆市已经发展成为国家重要的现代制造业基地，不但形成了全球最大电子信息产业集群和中国国内最大汽车产业集群，还形成了装备制造、综合化工、材料、能源和消费品制造等千亿级产业集群，还是全球最大的笔记本电脑生产基地、全球第二大的手机生产基地。重庆市当前高技术制造业营业额居中西部地区第二位，居全国第 8 位。从制造业绿色程度看，2019 年重庆市每吨 SO_2 排放的制造业营业额为 0.289 亿元，大幅高于全国平均水平的 0.239 亿元，居中西部地区首位；每吨 NO_X 排放的制造业营业额为 0.316 亿元，居中西部地区首位，不仅远高于全国平均水平的 0.172 亿元，也远高于东部 0.249 的水平。

近年来，重庆市进一步聚焦数字经济。重庆抢抓成渝地区双城经济圈建设、西部(重庆)科学城建设等机遇，加快推进产业结构调整，大力发展大数据智能化产业，数字经济等产业发展取得显著成效。重庆市深入实施以大数据智能化为引领的创新驱动发展战略，统筹推进数字产业化、产业数字化，推动数字经济和实体经济深度融合，优化完善“芯屏器核网”全产业链、“云联数算用”全要素群、“住业游乐购”全场景集，促进智能产业、智能化应用协同发展，集中力量建设“智造重镇”“智慧名城”，大数据智能化发展取得显著成效。2018 年至 2020 年，重庆市数字经济分别增长 13.7%、15.9%、18.3%，增速逐年走高，数字经济规模达到 6387 亿元。重庆市数字经济发展已经进入全国第一方阵。截至 2021 年 6 月底，重庆大数据智能化企业已超过 7000 家，数字产业增加值达

到 21.6%。数字经济企业已达 1.85 万家，重点平台企业 351 家，数字经济在 GDP 中的比重为 24%。重庆市已累计推动实施 3485 个智能化改造项目，建设智能工厂 105 个、数字化车间 574 个，建成 5G 基站 5.3 万个、实施 67 个“5G ”试点示范项目。按照计划到 2025 年，全市数字经济总量将达到万亿元规模，建成国内领先、具有全球影响力的数字经济创新发展高地。

重庆市强烈的绿色发展的愿景，既源于其人才优势，更源于其对人才的渴求。重庆市共有各类高等教育学校 72 所，中等职业学校 129 所。具有博士学位授权资格的高校达 12 所，高等教育毛入学率达 58.03%。人均受教育年限、大专及以上人口占 6 岁及以上人口比重、生均教育经费等均处于全国前列水平。重庆市从 20 世纪 90 年代开始就在中小学校大力推动环境教育，并在广大领导干部和群众中开展环境教育。2021 年，重庆市环境教育已全部纳入地方课程，且每学年各年级中小学环境教育课程不少于 12 课时；编写和配发具有地方特色的环境教育教材，实现上课时人手一册并循环使用。重庆市环境教育从幼儿园到大学都已实现了全覆盖。在国家教育向中西部倾斜背景下，基于重庆市良好的教育基础，人才培养取得了积极成效。但仅仅是人才培养而留不住人才、吸引不了人才，绿色发展也不能切实发展起来。

根据新华网重庆频道 2022 年 1 月 22 日的报道，为解决留住人才、吸引人才的难题，重庆市目前积极建设全国首个“智能＋技能”数字技能人才培养试验区和中国重庆数字经济人才市场建设。2022 年 1 月 21 日，为加快促进数字化人才的培养和聚集，由重庆市人力社保局主办的“中国重庆数字经济人才市场”挂牌成立。这是重庆首个聚集和培养数字经济人才的新阵地，也是人社部批复设立的我国首家数字经济人才市场。“中国重庆数字经济人才市场”将以产业为引导，集中引进国内知名人力资源服务机构，提供员工招聘和培训、人才测评、人才派遣、猎头服务、外包服务、职业能力鉴定服务，形成完整的人力资源服务产业链。按照计划，2022 年，“中国重庆数字经济人才市场”将基本完成数字化平台建设。到 2025 年，该市场将力争打造成高端数字经济人才培育基地、全国数字经济人才输送交流平台，成为国内一流、国际知名的专业化人才市场。

5.6 本章小结

本章基于一个偏向性技术进步模型，分析提出贸易开放条件下，环境规制能够倒逼机制促进人力资本积累。实证方面，首先是基于 ARDL 边限检验模型的边限协整检验方法，利用中国数据检验贸易开放、环境规制与人力资本的协整关系、长期和短期关系以及因果关系。实证结果表明：环境规制、贸易开放与人力资本存在长期协整关系；环境规制、贸易开放有利于促进人力资本水平；环境规制与人力资本积累呈现"U"型曲线关系；环境规制是人力资本水平的格兰杰原因，人力资本水平是贸易开放的格兰杰原因，贸易开放与环境规制互为格兰杰因果关系。

随后，再利用 1995—2017 年中国省际面板数据，采用广义系统矩估计方法实证分析了贸易开放背景下中国环境规制对人力资本水平的影响。实证结果表明，环境规制对人力资本水平存在着"U"型影响，中国当前阶段的环境规制有利于人力资本积累，同时绿色技术进步显著促进人力资本，本文提出的假说得到验证。该研究结果确认了环境规制对人力资本存在着"U"型影响，中国当前阶段的环境规制有利于人力资本积累，这为绿色发展理论带来新的贡献。

第6章

6

贸易开放下中国环境规制与绿色技术进步*

*本文经整理已发表，详见马淑琴，戴军，温怀德．贸易开放、环境规制与绿色技术进步——基于中国省际数据的空间计量分析[J]．国际贸易问题，2019(10)：132－145。

6.1 引言

通过第 4 章的研究分析，我们已经明确人力资本、绿色技术进步对于绿色发展的积极意义。本章在第 5 章基础上进一步研究在环境经济学领域中，什么样的机制可以促进绿色技术进步。

2017 年以来，中国环保部门发起史无前例的环保风暴，加大环境规制力度助推绿色经济发展。可以预见，在未来几年中，环境规制问题仍将是学者们重点讨论的议题。本书第 2 章的已有文献表明，贸易开放对环境规制产生着重要影响，而环境规制能够进一步促进技术进步。同时，贸易开放可以通过贸易竞争、进口引进和研发溢出等方式影响技术进步。但对于贸易开放、环境规制与绿色技术进步的研究目前还处于探索阶段。本文重点关注在贸易开放中加强环境规制能否促进绿色技术进步，进而有助于破解发展中国家经济增长与环境保护的矛盾，为实施绿色技术创新战略提供决策参考。同时，这将进一步丰富可持续发展理论，是一项新的工作。

本章在偏向性技术进步分析框架下纳入质量升级理论，考察贸易开放和环境规制对绿色技术进步的影响机制。考虑到几乎所有的空间数据都具有空间依赖性或空间自相关性（Anselin，1988），本文拟利用中国省域面板数据进行空间计量分析。

6.2 贸易开放下环境规制与绿色技术进步的理论模型

6.2.1 技术偏向、人力资本与绿色技术进步

再次利用 Acemoglu 等（2002）的偏向性技术进步理论，以及 Grossman 和

Helpman(1991)的质量升级理论,假定技术进步可以往以下两个方向发展,一个是绿色生产方向,一个是污染生产方向,则一国生产函数可以由绿色生产部门和污染生产部门构成。类似第 5 章的推导,可得到下式:

$$\frac{A_u}{A_w}=\left(\frac{\delta_u q_u H}{\delta_w q_w L}\right)^{\alpha(\varepsilon-1)} \tag{6-1}$$

由于在 CES 函数中通常 $\varepsilon>1$,因此,$\delta_u q_u H>\delta_w q_w L$ 就是技术进步方向转向绿色生产技术的条件。即技术进步在绿色生产部门和污染生产部门之间的选择,主要依据是研发成功概率、质量升级跨度以及两个部门的就业人数。一般而言质量等级 q_u 更大(即研发难度更大但研发成功的利润更高),而绿色技术研发成功概率 δ_u 也更低,这两个因素通常情况下较为固定。因而技术进步方向转向绿色生产技术的主要可变因素就是人力资本,即绿色部门就业人数即熟练劳动力或高层次人才越多,就越可能转向绿色技术研发。

于是提出命题 1,提升人力资本水平能够促进绿色技术进步。

6.2.2　环境规制与绿色技术进步

由于绿色产品质量升级跨度更大,研发成功概率也可能更低,若没有外界力量介入将可能形成污染技术进步的路径依赖,因此还需要考虑加强环境规制强度,鼓励研发和采用绿色生产技术。为了方便理论分析,本文把环境规制政策分为以下两类:①直接针对绿色技术的"研发补贴";②针对污染排放的"环境税"。后者可以通过减少污染品生产间接引导绿色技术研发。

假设政府对生产清洁型设备的厂商收益提供比率为 γ_t 的补贴($\gamma_t>0$),则潜在厂商在绿色生产部门进行研发的技术选择变为:

$$\frac{A_u}{A_w}=(1+\gamma_t)^{1+\alpha(\varepsilon-1)}\left(\frac{\delta_u q_u H}{\delta_w q_w L}\right)^{\alpha(\varepsilon-1)} \tag{6-2}$$

由于 $(1+\gamma_t)^{1+\alpha(\varepsilon-1)}>1$,因此提供补贴提高了绿色技术研发的相对收益,进而可能提升绿色技术研发。不过在环境规制较弱的时候,补贴的激励作用可能非常有限，并不会促使企业摆脱对污染技术进步的路径依赖，转而进行研发成本高、难度大的绿色技术；这种补贴反而可能加重财税负担，不利于经济增长和教育投入，导致人力资本 H 相对下降，根据式(6-1)知，此时可能不利于绿色技术进步。

如果政府对污染品收益征收 τ_t 单位的污染税($0<\tau_t<1$)，那么上式变为：

$$\frac{A_u}{A_w}=\left(\frac{1}{1-\tau_t}\right)^{1+\alpha(\varepsilon-1)}\left(\frac{\delta_u q_u H}{\delta_w q_w L}\right)^{\alpha(\varepsilon-1)} \tag{6-3}$$

由于 $\left(\frac{1}{1-\tau_t}\right)^{1+\alpha(\varepsilon-1)}>1$，因此污染税的征收同样提高了清洁型研发的相对收益，进而可能提升绿色技术研发。但应看到，在环境规制较弱的情况下，污染税可能导致企业为了使排污达标而直接购买控污设备增加治污成本，进而对企业的节能减排技术研发造成挤出效应，因此反而不利于绿色技术进步。

上述分析与景维民和张璐(2014)的观点基本一致，即环境规制弱的时候反而对绿色技术进步造成负面影响，随着环境规制加强，企业需要投入更多的成本才能达到环境规制的要求，这将激励企业从事清洁型研发，从而促进绿色技术进步。该分析与李玲和陶峰(2012)、张成等(2011)所得到的结论也一致。

据此提出命题 2，环境规制对绿色技术进步的影响呈"U"型走势，环境规制弱的时期对绿色技术进步的影响很可能是负面的，当环境规制逐渐加强时能够促进绿色技术进步。

6.2.3 贸易开放、环境规制与绿色技术进步

记贸易封闭情况下两类技术创新分别为 A_u^c 和 A_w^c，研发成功概率分别为 δ_u^c 和 δ_w^c，人力资本和普通劳动力分别 H_u^c 和 L_w^c 。记贸易开放条件下两类技术创新分别为 A_u^o 和 A_w^o，研发成功概率分别为 δ_u^o 和 δ_w^o，人力资本和普通劳动力分别为 H_u^o 和 L_w^o。

一般而言发展中国家普通劳动力存在比较优势，环境规制强度也低于发达

国家，贸易开放可能强化发展中国家污染型产品生产的国际分工格局。贸易开放使污染型产品生产扩大，这会增加普通劳动力相对雇佣规模，导致 $H_u^o/L_w^o < H_u^c/L_w^c$ ，根据式(5-15)可知，$A_u^o/A_w^o < A_u^c/A_w^c$ ，因此这弱化了模仿清洁型技术的激励，阻碍发展中国家绿色技术进步。也就是说，贸易开放不利于发展中国家绿色技术进步。这与“污染天堂假说”相符。

封闭情况下，绿色技术研发成功概率小于污染技术研发成功概率 $\delta_u^c < \delta_w^c$ ，但贸易开放条件下，清洁型研发和污染型研发均有机会模仿发达国家前沿技术，两类技术研发概率均会提升。由于质量等级跨度 $q_u > q_w$ ，即清洁型研发成功的利润更高，因此一旦清洁型研发概率同时提升，发展中国家模仿清洁型技术的激励就会得到一定程度提高。虽然两类技术研发概率均提升，但若提高环境规制强度就会增加绿色技术的相对收益而降低污染技术的比较优势，因此会进一步促进企业倾向于模仿和研发绿色技术。Lovely 和 Popp(2011)指出，贸易开放使人们更容易获得对环境友好的技术，导致非创新国家更早地进行监管。此时，贸易开放情形下的环境规制，必然使绿色技术研发相对收益提升，即 $A_u^o/A_w^o > A_u^c/A_w^c$ 。

于是提出命题 3，贸易开放会抑制绿色技术进步，而环境规制的提升有助于削弱这一抑制效应。

6.3　计量模型设定与数据说明

6.3.1　基本模型

本文围绕上述三个命题构建计量模型，分析影响绿色技术进步的主要因素。在景维民和张璐(2014)关于绿色技术进步的实证研究基础上设置如下模型：

$$GTP_{it} = \alpha_0 + \alpha_1 \ln y_{it} + \alpha_2 H_{it} + \alpha_3 \ln K_{it} + \alpha_4 \ln E_{it} + \alpha_5 \ln E^2{}_{it} + \alpha_6 \ln PL_{it} + \alpha_7 Open_{it} + \alpha_8 Open_{it} * \ln E_{it} ? + \alpha_9 \ln FDI_{it} + \alpha_{10} \ln RD_{it} + f_i + f_t + e_{it} \tag{6-4}$$

式中，GTP 为绿色技术进步，y 为人均 GDP，K 为物质资本，H 为人力资本，E 为环境规制，PL 为环境污染，$Open$ 为贸易开放度，FDI 为外商直接投资，RD 为研发，f_i 和 f_t 为非观测的地区固定效应和时间固定效应，e_{it} 为误差项。此处 PL 环境规制为第 3 章核算的环境污染综合损失；E 环境规制为 GDP/能源投入，能源投入为各省折算为标准煤的能源消费总量，然后再用各地 1995 年基期 GDP 除以能源投入。

6.3.2 变量选取和说明

由于部分变量数据可得性受限，研究时间范围设定为 1995—2016 年。省际范围设定为 29 个省级地区，不含港澳台、西藏和重庆。如无特殊说明，本文数据均取自《新中国 60 年统计资料汇编》，以及各期《中国统计年鉴》、各省级地区统计年鉴、《中国教育统计年鉴》、《中国人口和就业统计年鉴》、《中国科技统计年鉴》、《中国环境统计年鉴》、《中国能源统计年鉴》等。同变量不同年份数据若有差异，以最新统计年鉴为准。

6.3.3 变量的统计性描述

表 6-1 列出了主要变量的描述性统计。

表 6-1 主要变量的描述性统计

变量	均值	中位值	标准差	最小值	最大值	观测值数
GTP_{it}	4.232	2.460	4.963	0.892	73.86	667
$\ln y_{it}$	8.400	8.469	1.152	5.123	10.97	667
H_{it}	0.081 0	0.066 0	0.065 0	0.004 00	0.480	667

续表

变量	均值	中位值	标准差	最小值	最大值	观测值数
$\ln K_{it}$	9.470	9.447	1.124	6.354	11.97	667
$\ln FDI_{it}$	6.017	6.149	1.727	−3.042	9.098	667
$Open_{it}$	0.348	0.147	0.457	0.020 0	2.746	667
$\ln E_{it}$	8.735	8.780	0.538	7.400	9.793	667
$\ln RD_{it}$	4.949	5.003	1.755	−1.112	8.730	667
$\ln PL_{it}$	5.271	5.354	1.010	1.744	7.412	667

6.4　空间计量分析

6.4.1　空间自相关检验

李婧等(2010)认为技术创新活动具有明显的空间相关性。李婉红(2017)，王裕瑾和于伟(2016)，杨桂元和吴青青(2016)，徐鹏杰(2018)等，分别认为绿色全要素生产率、绿色技术创新、绿色技术效率、工业绿色效率存在显著空间自相关性。因此对于绿色技术进步有必要进一步分析其空间相关关系。

表 6-2　绿色技术进步 Moran's I 全局指数

(空间邻接权重矩阵 W_1 指数)

年份	I	E(I)	sd(I)	z	P 值
1996	0.248	−0.036	0.120	2.367	0.009
1997	−0.037	−0.036	0.123	−0.010	0.496
1998	0.372	−0.036	0.124	3.289	0.001
1999	0.229	−0.036	0.124	2.137	0.016
2000	0.222	−0.036	0.123	2.090	0.018
2001	0.232	−0.036	0.124	2.157	0.016

续表

年份	I	E(I)	sd(I)	z	P值
2002	0.239	−0.036	0.124	2.222	0.013
2003	0.192	−0.036	0.122	1.871	0.031
2004	0.193	−0.036	0.122	1.875	0.030
2005	0.186	−0.036	0.121	1.831	0.034
2006	0.177	−0.036	0.121	1.759	0.039
2007	0.174	−0.036	0.121	1.732	0.042
2008	0.175	−0.036	0.122	1.733	0.042
2009	0.175	−0.036	0.122	1.725	0.042
2010	0.176	−0.036	0.122	1.734	0.041
2011	0.201	−0.036	0.122	1.932	0.027
2012	0.202	−0.036	0.123	1.937	0.026
2013	0.211	−0.036	0.123	2.008	0.022
2014	0.221	−0.036	0.123	2.085	0.019
2015	0.237	−0.036	0.123	2.209	0.014
2016	0.138	−0.036	0.122	1.420	0.078
2017	0.077	−0.036	0.090	1.257	0.104

表 6-3 绿色技术进步 Moran's I 全局指数

(地理距离权重矩阵 W_2)

年份	I	E(I)	sd(I)	z	P值
1996	0.033	−0.036	0.038	1.821	0.034
1997	−0.007	−0.036	0.039	0.738	0.230
1998	0.073	−0.036	0.039	2.762	0.003
1999	0.037	−0.036	0.039	1.852	0.032
2000	0.039	−0.036	0.039	1.908	0.028
2001	0.054	−0.036	0.039	2.296	0.011

续表

年份	I	E(I)	sd(I)	z	P 值
2002	0.061	−0.036	0.039	2.469	0.007
2003	0.034	−0.036	0.039	1.802	0.036
2004	0.041	−0.036	0.039	1.989	0.023
2005	0.035	−0.036	0.038	1.860	0.031
2006	0.034	−0.036	0.038	1.834	0.033
2007	0.040	−0.036	0.038	1.961	0.025
2008	0.043	−0.036	0.038	2.037	0.021
2009	0.044	−0.036	0.039	2.080	0.019
2010	0.048	−0.036	0.039	2.160	0.015
2011	0.025	−0.036	0.039	1.559	0.060
2012	0.026	−0.036	0.039	1.602	0.055
2013	0.029	−0.036	0.039	1.671	0.047
2014	0.033	−0.036	0.039	1.763	0.039
2015	0.039	−0.036	0.039	1.907	0.028
2016	0.049	−0.036	0.039	2.190	0.014
2017	0.005	−0.036	0.029	1.408	0.080

表 6-4　绿色技术进步 Moran's I 全局指数

（地理经济距离权重矩阵 W_3）

年份	I	E(I)	sd(I)	z	P 值
1996	0.037	−0.036	0.045	1.609	0.054
1997	0.004	−0.036	0.047	0.842	0.200
1998	0.107	−0.036	0.047	3.042	0.001
1999	0.054	−0.036	0.047	1.928	0.027
2000	0.044	−0.036	0.046	1.715	0.043
2001	0.103	−0.036	0.047	2.957	0.002

续表

年份	I	E(I)	sd(I)	z	P值
2002	0.126	−0.036	0.047	3.470	0.000
2003	0.070	−0.036	0.046	2.306	0.011
2004	0.083	−0.036	0.046	2.586	0.005
2005	0.070	−0.036	0.046	2.315	0.010
2006	0.072	−0.036	0.046	2.362	0.009
2007	0.082	−0.036	0.046	2.559	0.005
2008	0.084	−0.036	0.046	2.615	0.004
2009	0.085	−0.036	0.046	2.618	0.004
2010	0.089	−0.036	0.046	2.698	0.003
2011	0.053	−0.036	0.046	1.930	0.027
2012	0.053	−0.036	0.046	1.914	0.028
2013	0.053	−0.036	0.046	1.910	0.028
2014	0.054	−0.036	0.046	1.940	0.026
2015	0.059	−0.036	0.047	2.032	0.021
2016	0.115	−0.036	0.046	3.280	0.001
2017	0.033	−0.036	0.034	2.006	0.022

通过测算 Moran's I 指数进行检验可判断地区绿色技术进步的空间相关性。本文构建三种空间权重矩阵以增加稳健性。第一种为空间邻接权重矩阵 W_1：毗邻地区之间可能受到彼此绿色技术进步的影响。两个地区相邻则取值为 1，否则为 0，并进行行标准化。第二种为地理距离权重矩阵 W_2：距离越近，地区间绿色技术进步相互的影响可能越大，矩阵元素 W_{ij} 为 i 地区省会与 j 地区省会最近公路里程的倒数。第三种为地理经济距离空间权重矩阵 W_3：参考邵帅(2016)的方法，矩阵元素为 i 地区省会与 j 地区省会最近公路里程的倒数与 i 地区人均 GDP 年均值占所有地区人均 GDP 年均值比重的乘积。

从表 6-2 到表 6-4 的绿色技术进步 Moran's I 统计量值来看，W_1 和 W_2 除个别年份之外取值皆为正，W_3 则均为正值，并基本达到了 5%显著性水平，个别为 10%的显著性水平。这表明，中国绿色技术进步存在明显的正向空间自相关性。

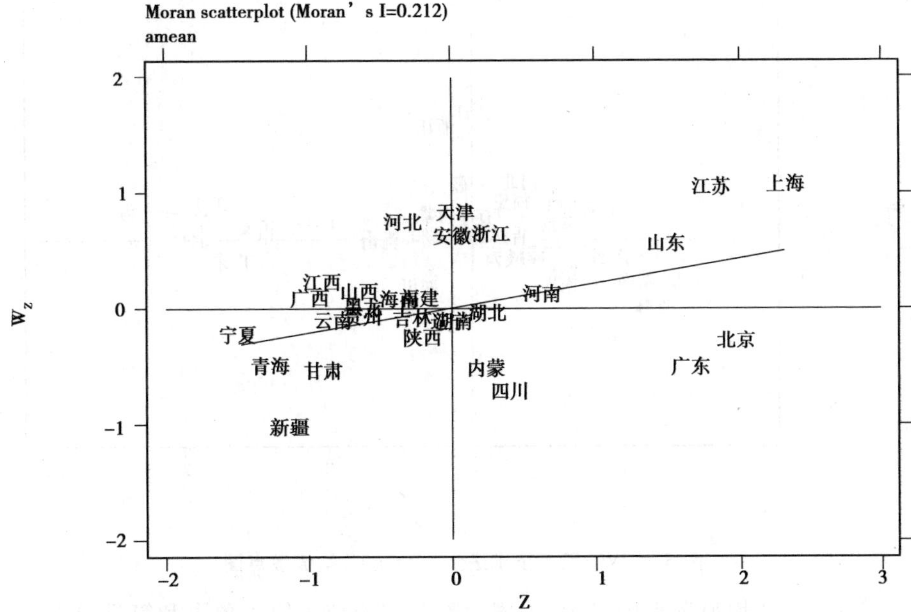

图 6-1　W_1 绿色技术进步 Moran's I 均值散点图

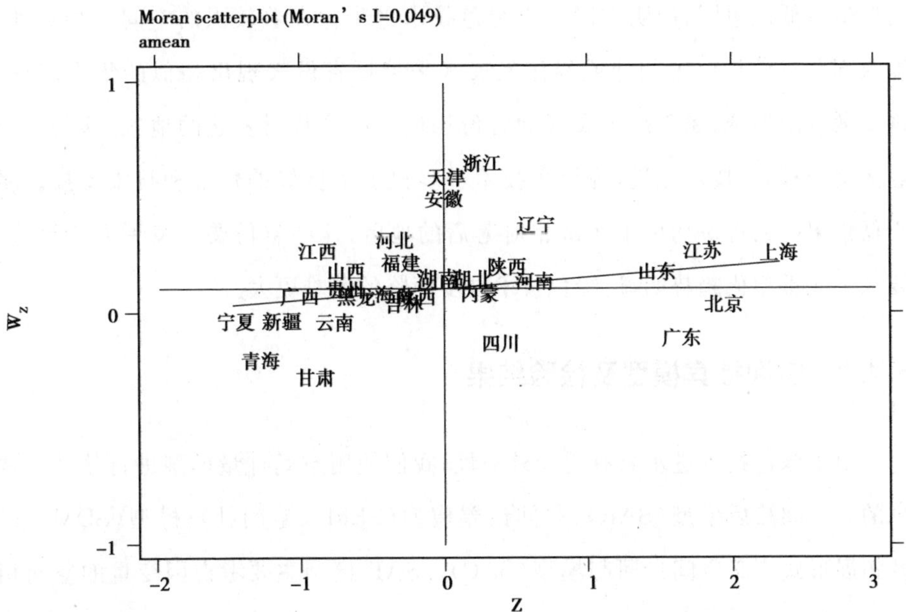

图 6-2　W_2 绿色技术进步 Moran's I 均值散点图

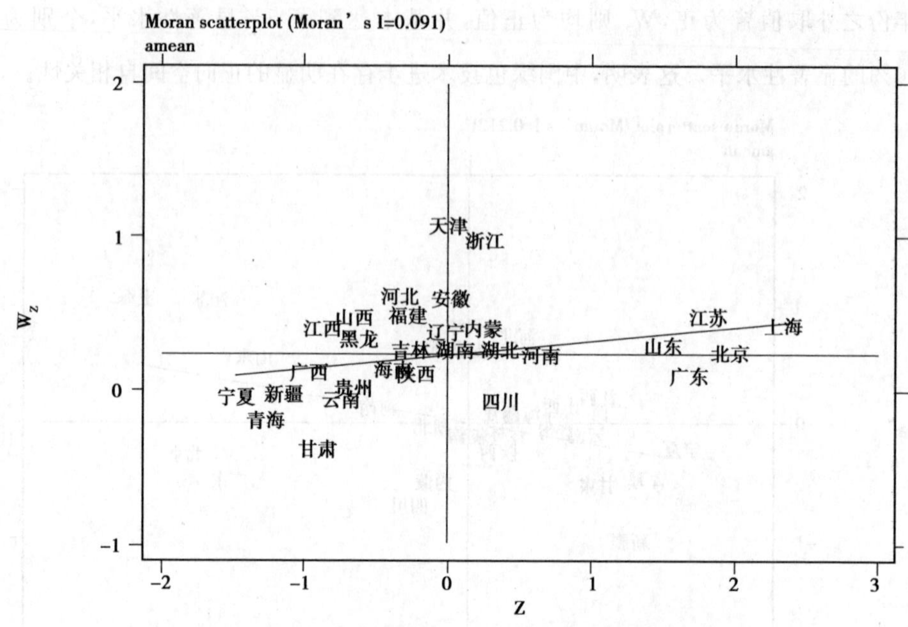

图 6-3　W_3 绿色技术进步 Moran's I 均值散点图

Moran's I 均值散点图显示，中国大部分省份位于第Ⅰ象限和第Ⅲ象限，在第一象限表示绿色技术进步的高值被高值包围，在第三象限表示绿色技术进步的低值被低值包围，说明中国各省绿色技术进步存在着较强的空间正相关性，即大部分省份与位置相邻或经济发展水平接近省份表现出相似的集聚特征。观察散点图发现，属于高集聚区的省份均位于经济相对发达的地区，这些省份经济基础较好、技术先进，为绿色技术进步提供了良好的资金和技术支撑。属于低集聚区的省份均位于经济相对落后的地区，这些省份要么发展方式粗放，要么工业重型化趋势明显，绿色技术进步面临的困难更大。

6.4.2　空间杜宾模型及检验结果

由于绿色技术进步具有空间外溢性，我们使用空间计量模型进行估计。常见的有空间滞后模型(SAR)、空间误差模型(SEM)、空间杜宾模型(SDM)，以及拓展形式广义空间自回归模型(SAC)。SAR 模型主要考虑因变量的空间相关性,SEM 模型侧重考查随机扰动的空间影响,二者是 Durbin 模型的特殊形式;在整合 SAR 与 SEM 模型基础上又发展了 SAC 模型。三种空间权重矩阵下,Wald 检验值分别为 32.91,32.86,35.96,Lratio 检验值分别为 39.63,32.06,32.11,p 值均为 0,结果表明 SAR 与 SEM 模型并不适用。SDM 模型 AIC 值为 2217.94,SAC 模型 AIC 值为 2245.26,因此 SDM 模型优于 SAC 模型。SDM 模型不仅考虑了因变量空间相关性,还考虑了自变量空间相关性,即因变量不仅受到本地区自变量的影响,还受到其他地区自变量和因变量的影响。LeSage(2009)指出对于内生性问题,使用 SDM 模型可以得到不被放大偏误的估计值。因此本文选择空间杜宾模型进行估计。

三种空间权重矩阵下的 Hausman 检验值分别为 114.55,47.62,87.55,均在 1%显著性水平上显著拒绝了“随机效应优于固定效应”的原假设,故选择固定效应模型。将空间权重矩阵导入 stata14 软件中,分别采用了时间固定、地区固定和双固定效应进行回归,其中地区固定效应的估计结果最优。与李婧(2010)类似,地区固定效应反映的是随区位变化的背景变量对稳态水平的影响,在对绿色技术进步的分析中,表现出环境规制和贸易开放的影响毋庸置疑。因此本文主要报告地区固定效应的估计结果,见表 6-5 至表 6-8。

表 6-5　地区固定效应 SDM 模型

	空间邻接权重矩阵 W_1		地理距离权重矩阵 W_2		地理经济距离权重矩阵 W_3	
变量	Main	Wx	Main	Wx	Main	Wx
ln *E_energy*	−55.788 1***	−66.902 0***	−52.902 7***	−85.168 9*	−55.159 9***	−36.395 4
	(−5.16)	(−3.48)	(−5.12)	(−1.92)	(−5.34)	(−0.84)
ln *E_energy*2	3.369 1***	3.770 1***	3.237 5***	4.668 4*	3.350 3***	1.908 5
	(5.26)	(3.33)	(5.26)	(1.84)	(5.45)	(0.76)
H	47.637 1***	4.621 2	42.518 4***	−21.007 1	40.404 2***	−0.425 9
	(6.40)	(0.35)	(5.75)	(−0.98)	(5.34)	(−0.02)
Open	−26.755 1**	61.461 1***	−26.713 6**	83.740 0*	−26.176 6**	70.952 7**
	(−2.36)	(2.96)	(−2.38)	(1.93)	(−2.36)	(2.43)

续表

	空间邻接权重矩阵 W_1		地理距离权重矩阵 W_2		地理经济距离权重矩阵 W_3	
Open * ln*E_energy*	2.377 9* (1.93)	−6.727 3*** (−3.03)	2.403 7** (1.98)	−8.956 3* (−1.94)	2.383 4** (1.97)	−7.437 3** (−2.39)
ln *FDI*	0.270 8 (1.14)	0.192 7 (0.33)	0.617 1*** (2.59)	3.669 4*** (2.90)	0.640 6*** (2.67)	3.627 5*** (3.20)
ln *K*	−2.161 7*** (−3.24)	−0.064 2 (−0.06)	−2.746 9*** (−3.97)	2.433 3 (1.06)	−2.857 8*** (−4.16)	4.042 6** (2.05)
ln *y*	3.613 7** (2.49)	−0.271 5 (−0.10)	3.280 6** (2.02)	−6.566 7 (−1.08)	3.429 9** (2.08)	−10.571 5* (−1.95)
ln *RD*	0.108 4 (0.31)	−0.180 6 (−0.27)	0.590 9* (1.69)	1.517 0 (1.02)	0.704 3** (2.05)	1.780 0 (1.23)
ln *PL*	−1.135 7 (−1.13)	0.015 9 (0.01)	−0.120 9 (−0.11)	−3.043 3 (−0.91)	−0.653 5 (−0.60)	−2.524 5 (−0.78)
spacial rho	0.309 0*** (6.02)		0.500 3*** (7.77)		0.474 9*** (8.12)	
Variancesigma2_e	6.353 9*** (18.07)		6.072 7*** (18.15)		6.019 0*** (18.17)	
Log Likelihood	−1 570.607 8		−1 554.411 2		−1 551.365 0	
R-squared	0.672 8		0.677 8		0.673 3	
Observations	638	638	638	638	638	638
Number of Provinces	29	29	29	29	29	29

注：***、**、*分别代表1%、5%、10%的显著性水平，括号内为z值。以下各表相同。

表 6-6 地区固定效应 SAC 模型

变量	空间邻接权重矩阵 W_1	地理距离权重矩阵 W_2	地理经济距离权重矩阵 W_3
ln *E_energy*	−63.267 1*** (−7.10)	−61.906 9*** (−6.31)	−60.568 5*** (−6.34)
ln *E_energy2*	3.703 5*** (6.98)	3.826 0*** (6.57)	3.720 6*** (6.54)
H	39.755 7*** (5.79)	44.285 4*** (6.37)	41.728 3*** (6.08)
Open	−12.674 7 (−1.30)	−21.730 0** (−2.06)	−24.095 6** (−2.39)

续表

变量	空间邻接权重矩阵 W_1	地理距离权重矩阵 W_2	地理经济距离权重矩阵 W_3
Open * ln*E_energy*	0.966 9 (0.92)	1.908 6* (1.67)	2.238 0** (2.05)
ln *FDI*	0.148 3 (0.67)	0.178 2 (0.87)	0.177 0 (0.91)
ln *K*	−2.501 4*** (−4.49)	−2.522 3*** (−3.96)	−2.519 4*** (−4.11)
ln *y*	3.530 4*** (3.03)	3.518 0** (2.51)	4.205 8*** (3.13)
ln *RD*	0.082 3 (0.30)	0.768 6** (2.48)	0.888 7*** (3.01)
ln *PL*	−1.563 3** (−2.02)	−0.355 8 (−0.37)	−0.587 7 (−0.64)
spacial rho	0.549 8*** (6.18)	−0.451 2** (−2.16)	−0.672 3*** (−5.41)
spacial lambda	−0.385 5** (−2.38)	0.774 7*** (13.25)	0.803 8*** (25.34)
Variance sigma2_e	6.348 4*** (13.57)	6.286 3*** (17.50)	5.893 3*** (18.15)
Log Likelihood	−1 584.804 6	−1 569.311 5	−1 557.816 4
R-squared	0.653 9	0.616 8	0.603 1
Observations	667	667	667
Number of Provinces	29	29	29

注：***、**、*分别代表1%、5%、10%的显著性水平，系数括号内为 z 值。

表 6-7　地区固定效应 SAR 模型

变量	空间邻接权重矩阵 W_1	地理距离权重矩阵 W_2	地理经济距离权重矩阵 W_3
ln *E_energy*	−70.844 8*** (−7.64)	−62.235 5*** (−6.79)	−61.472 5*** (−6.70)
ln *E_energy*2	4.220 9*** (7.74)	3.688 2*** (6.84)	3.640 0*** (6.74)
H	45.299 5*** (6.51)	40.470 5*** (5.91)	38.495 9*** (5.60)
Open	−15.810 5 (−1.47)	−21.555 2** (−2.04)	−22.244 9** (−2.11)

续表

变量	空间邻接权重矩阵 W_1	地理距离权重矩阵 W_2	地理经济距离权重矩阵 W_3
Open * ln*E_energy*	1.207 1 (1.04)	1.940 3* (1.70)	2.031 8* (1.79)
ln *FDI*	0.161 7 (0.72)	0.227 3 (1.04)	0.206 7 (0.94)
ln *K*	−2.038 5*** (−3.44)	−2.814 0*** (−4.76)	−2.804 2*** (−4.75)
ln *y*	2.863 4** (2.23)	3.368 9*** (2.68)	3.681 0*** (2.92)
ln *RD*	0.356 5 (1.23)	0.381 7 (1.35)	0.328 4 (1.16)
ln *PL*	−1.837 7** (−2.09)	−2.166 8** (−2.52)	−2.209 5*** (−2.58)
spacial rho	0.319 2***(7.06)	0.505 2***(9.64)	0.458 6***(9.64)
Variance sigma2_e	6.657 4***(18.10)	6.369 1***(18.19)	6.352 5***(18.21)
Log Likelihood	−1 586.702 1	−1 570.457 6	−1 568.854 8
R-squared	0.653 4	0.652 5	0.653 5
Observations	667	667	667
Number of Provinces	29	29	29

注：***、**、*分别代表1%、5%、10%的显著性水平，系数括号内为z值。

表 6-8 地区固定效应 SEM 模型

变量	空间邻接权重矩阵 W_1	地理距离权重矩阵 W_2	地理经济距离权重矩阵 W_3
ln *E_energy*	−72.849 5*** (−7.14)	−63.669 3*** (−6.42)	−63.167 1*** (−6.39)
ln *E_energy*2	4.431 6*** (7.38)	3.900 0*** (6.65)	3.845 7*** (6.57)
H	46.639 2*** (6.45)	44.378 0*** (6.27)	42.482 9*** (5.96)
Open	−19.103 4* (−1.71)	−20.477 3* (−1.90)	−24.352 9** (−2.28)

续表

变量	空间邻接权重矩阵 W_1	地理距离权重矩阵 W_2	地理经济距离权重矩阵 W_3
Open * ln*E_energy*	1.491 3 (1.24)	1.738 2 (1.49)	2.193 2* (1.90)
ln *FDI*	0.169 5 (0.78)	0.191 5 (0.91)	0.174 0 (0.83)
ln *K*	−1.482 5** (−2.48)	−2.527 1*** (−3.91)	−2.643 7*** (−4.13)
ln *y*	2.458 9* (1.81)	2.920 7** (2.13)	3.481 1** (2.56)
ln *RD*	0.537 6* (1.70)	0.567 4* (1.90)	0.539 3* (1.82)
ln *PL*	−1.811 0* (−1.90)	−0.990 3 (−1.04)	−1.278 6 (−1.37)
spacial lambda	0.344 6*** (6.53)	0.599 3*** (10.85)	0.559 6*** (10.93)
Variance sigma2_e	6.705 5*** (18.00)	6.308 3*** (18.10)	6.259 4*** (18.14)
Log Likelihood	−1 590.529 1	−1 570.774 6	−1 567.486 0
R-squared	0.645 7	0.636 7	0.635 3
Observations	667	667	667
Number of Provinces	29	29	29

注：***、**、*分别代表 1%、5%、10%的显著性水平，系数括号内为 z 值。

从表 6-5 到表 6-8 的估计结果来看，W_1、W_2 和 W_3 空间权重矩阵下，SDM，SAC，SAR 以及 SEM 模型四种固定效应空间计量模型的空间项系数都显著为正，这表明本地区的绿色技术进步会受到其他地区绿色技术进步的加权影响。从检验结果来看，四个空间计量模型的核心解释变量 *H*，ln*E_energy*，ln*E_energy*2，*Open*，*Open* * ln*E_energy* 符号一致，并且大部分都通过显著性检验。综合检验结果来看，在 10%显著性水平上，SDM 模型中核心解释变量均通过检验，模型拟合效果是最好的。基于此前对 SDM 模型的 Wald 检验和 Lratio 检验可知，三种空间权重矩阵，均在 1%显著性水平上拒绝了空间误差项的系数以及因变量空间滞后项系数等于零的原假设。在三种空间权重矩阵下的固定效应回归结果总体上较为稳健，同一变量的显著性虽有少量差异，但正负号基本一致。外生交互效应方面（即其他地区自变量对本地区因变量的空间溢出效应），在三种空间权重矩阵下通过显著性检验的变量正负号均一致，但一些未通过显著性检验的变量正负号有所差异，这显示出一些变量的空间交互效应的检验效果并不十分突出。本文认为这不影响对文章所提出命题的验证分析。

人力资本 H 对本地区的绿色技术进步存在正向作用，并在 W_1 和 W_2 权重矩阵模型中通过显著性检验。这说明一个地区受过高等教育的人口比重越大，对本地区的绿色技术进步就越具有促进作用，这基本证实了命题 1。其他地区人力资本对本地区绿色技术进步有正向但不明显的空间溢出效应，说明人力资本跨地区流动有利于知识和技术传播，但由于户籍等因素限制中国高层次人才的跨地区流动并不充分，且一般以从中西部地区向东部地区单向流动为主，这可能造成了其他地区人力资本对本地区绿色技术进步的空间外溢效应并不明显。

环境规制 E 的一次项系数显著为负，二次项系数显著为正，这表明环境规制对绿色技术进步存在着"U"型影响，即环境规制较弱的时期倾向于恶化绿色技术进步，而当逐渐提升环境规制会倾向于促进绿色技术进步。计算三个矩阵 LnE_{it} 检验结果的二次曲线拐点，它们分别为 8.3 950，8.2 175 和 8.2 747，均大幅低于均值和中位值（表 6-2），表明早已通过了拐点，即当前的环境规制有利于提升绿色技术进步。因此命题 2 得到验证。改革开放后的工业化进程和经济发展使中国形成了一定技术经济条件，因而能够在环境规制下形成倒逼机制。即不断提升环境规制强度促使国内企业为实现更强竞争力，不得不发展更朝阳的产业，引进、吸收和创新更先进的绿色技术。但其他地区环境规制对本地区绿色技术进步的这种影响仅对空间邻接地区产生空间外溢效应，在 W_2 和 W_3 权重矩阵的模型检验中，均未通过显著性检验。

贸易开放 $Open$ 对本地区绿色技术进步存在着负面影响，这表明在中国中低端制造品世界工厂的国际分工格局下，贸易开放总体上使污染型产品生产扩大，这倾向于减少熟练劳动力相对雇佣规模，根据式(6-15)可知这将阻碍绿色技术进步。即经济结构总体上为粗放型，则贸易开放带来的技术进步就可能是灰色的。这支持了“污染天堂假说”。另外，其他地区贸易开放对本地区绿色技术进步存在显著为正的空间外溢效应，说明其他地区贸易开放可能促使劳动密集型和污染型产业流入该地区，可能使本地区相关产业竞争力下降进而迁出相关产业，从此促进本地区绿色技术进步。

贸易开放与环境规制交叉项 $Open * \ln E$ 显著为正，即贸易开放背景下提升环境规制能够促进绿色技术进步，这证实了命题 3。中国作为经济快速增长的发展中国家，已经具备了较强技术经济条件，在贸易开放条件下选择了不断提高环境规制强度，这强化了绿色技术进步的激励。因此贸易开放虽然不利于绿色技术进步，但提升环境规制削弱了这一抑制效应，导致贸易开放与环境规制的交互作用反而促进了绿色技术进步。该交叉项显著为负的空间外溢效应表明，当其他地区提高环境规制并促进了绿色技术进步时，部分污染产能为了维持贸易竞争力可能迁移到本地区，进而对本地区的绿色技术进步形成一定程度的阻碍。

其他方面。人均地区生产总值 y 对本地区绿色技术进步有显著促进作用，表明经济越发达越能够为本地区绿色技术进步提供物资条件支撑；但在 W_2 和 W_3 权重矩阵模型中，其他地区人均地区生产总值对本地绿色技术进步存在显著空间负外溢效应，说明地区间存在一定程度的虹吸效应。物质资本 K 对本地区的绿色技术进步存在显著抑制作用，以劳动密集型为主的产业结构，使物质资本投资更可能以促进普通劳动力就业为主，根据本文式(6-15)，这将不利于本地区绿色技术进步；但其他地区的物质资本对本地区绿色技术进步却存在积极的空间外溢效应，可能是因为其他地区以基建投资为主的投资结构，将大学生等高级人才推向本地区就业，这促进了本地区绿色技术进步。环境污染 PL 对绿色技术进步存在负面影响，但仅在 W_1 中通过显著性检验，环境污染与绿色技术进步的反向关系，表明在当前经济发展模式下，由于路径依赖，环境污染越严重绿色技术进步越受制约；另外，在 W_2 和 W_3 权重矩阵的模型中环境污染存在显著空间外溢负效应，这是由于水污染、空气污染等存在“公地悲剧”，其他地区污染可能提高本地环境保护的成本，导致其他地区环境污染对本地区绿色技术进步产生空间负外溢效应。*FDI* 对本地区绿色技术进步存在正向影响，并在 W_2 和 W_3 权重矩阵的模型中通过显著性检验，其原因可能包括：第一，随着国内环境规制加强，重污染型 *FDI* 已经难以进入中国市场。第二，出于竞争考虑，制造业 *FDI* 集约型生产水平普遍高于国内企业水平，其市场竞争效应和技术外溢效应促进国内企业提升集约化生产水平，进而有利于绿色技术进步。第三，如今 *FDI* 投入制造业的比重逐渐降低，投入第三产业尤其是生产性服务业的比重逐渐上升，这也一定程度有利于绿色技术进步；同时 *FDI* 存在着显著的正向空间外溢效应，说明在人力资本和信息资源具备流动性的背景下，*FDI* 带来的市场竞争效应和技术外溢效应均存在一定的绿色技术进步空间溢出正效应。研发 *RD* 对本地区绿色技术进步有显著为正的促进作用，并在 W_2 和 W_3 权重矩阵的模型中通过显著性检验，表明研发是促进一个地区绿色技术进步的积极因素；其空间外溢效应未通过显著性检验，表明其他地区研发成果很难即时对本地区的绿色技术进步产生空间外溢影响。

6.4.3 直接效应与间接效应测度

1）检验与分析

运用 SDM 模型的偏微分法，对三类权重下变量作用的总效应进行直接效应和间接效应分解，结果见表 6-9。直接效应，即本地区人力资本、环境规制等对绿色技术进步的影响；间接效应，表示本地区人力资本、环境规制等对其他区域绿色技术进步的空间溢出影响。

人力资本在三类权重模型中的直接效应均显著为正，这进一步强化了命题 1。其他所有变量在三类权重模型中的直接效应均与表 6-7 至表 6-8 地区固定效应估计结果基本一致，这进一步确认了本文的命题 2 和命题 3。这一结果表明了本文研究结果具有稳健性。

人均 GDP 间接效应仅在 W_3 权重矩阵模型中通过显著性检验，显示出存在一定负面空间外溢效应，但对邻接地区和距离较近地区绿色技术进步的负面影响并不显著。人力资本 H 在 W_1 和 W_3 权重矩阵模型中的间接效应系数通过显著性检验，且数值较大，这可能是由于人力资本具有一定流动性且是技术传播载体，因此本地区人力资本对其他地区绿色技术进步具有正的空间外溢效应是合理的。$\ln E$，$\ln E^2$ 间接效应系数与直接效应系数一致，但仅在 W_1 权重矩阵模型中通过显著性检验，表明本地区环境规制对其他地区绿色技术进步的空间外溢效应仅在邻接地区显著存在。*Open* 间接效应为正，且在 W_1 和 W_3 权重矩阵模型中通过显著性检验，表明本地贸易开放可能吸引内、外资劳动密集型和污染型产业流入，但却可能不利于其他地区相关产业贸易竞争力进而有利于其发展绿色技术。$Open * \ln E$ 间接效应显著为负，当本地区提高环境规制并促进了绿色技术进步时，可能促使部分污染产能迁移到其他地区，进而不利于其他地区的绿色技术进步。人均 GDP 间接效应仅在 W_3 权重矩阵模型中通过显著性检验，显示出存在一定负面空间外溢效应，但对邻接地区和距离较近地区绿色技术进步的负面影响并不显著。物质资本 K 三类权重模型的间接效应均未通过显著性检验，显示出物质资本不存在明显的空间外溢效应。环境污染 PL 在 W_2、W_3 权重矩阵模型中的间接效应系数显著为负，表明本地区污染严重也会提高其他地区环境保护的成本，进而不利于绿色技术进步。研发 RD 在 W_2、W_3 权重矩阵模型中的间接效应系数显著为正，显示除了经济发展水平相似地区外，研发对地理位置距离较近的地区也存在积极的空间外溢效应。*FDI* 间接效应系数显著为正，表明本地区外商投资技术外溢效应同样有利于其他地区。

表 6-9 SDM 模型的直接效应和间接效应

变量	Iny	H	InK	InE	InE	InPL	*Open*	*Open* * InE	InFDI	InRD
	空间邻接权重矩阵 w1									
直接效应	3.716 1**	48.861 7***	−2.165 1*	−62.433 1**	3.747 8***	−1.145 3	−22.956 5*	1.945 1	0.308 5	0.080 7
	(2.46)	(6.82)	(−3.27)	(−5.95)	(6.10)	(−1.21)	(−1.95)	(1.54)	(1.20)	(0.23)
间接效应	0.836 8	26.528 9	−0.992 7	−110.590 9***	6.315 7***	−0.360 5	72.537 3***	−8.176 4***	0.398 0	−0.114 9
	(0.26)	(1. 55)	(−0.71)	(−4.72)	(4.65)	(−0.17)	(2.71)	(−2.85)	(0.48)	(−0.14)
总效应	4.552 8	753 906***	−3.157 8*	−173.024 0***	10.063 5***	−1 505 8	495 809	−6.231 3*	0.706 5	−0.034 2
	(1.19)	(4.02)	6−1.90)	(−6.57)	(6.71)	(−0.64)	(1.60)	(−1 .87)	(0.71)	(−0.04)
	地理距离权重矩阵 W2									
直接效应	3.069 4*	42.276 5***	−2.635 9***	−58.259 8***	3.538 5***	−0.218 9	−23.799 9**	2.079 8	0.823 8***	0.682 2**
	(1.78)	(5.94)	(−3.81)	(−5.87)	(6.07)	(−0.21)	(−1.98)	(1.60)	(3.00)	(1.97)
间接效应	−11.022 5	2.630 0	2.272 5	−217.024 3***	12.206 7***	−5 896 4	145.963 0*	−16.103 7*	8.092 9***	3.875 7
	(−0.93)	(0.06)	(0.52)	(−2.65)	(2.62)	(−0.88)	(1.65)	(−1.71)	(2.72)	(1.34)
总效应	−7.953 0	449 065	−0.363 4	−2 752 841***	15.745 2***	−61 153	122.163 1	−14.023 9	8.916 7***	4.557 9
	(−0.64)	(1.01)	(−0.08)	(−3.29)	(3.33)	(−0.88)	(1.31)	(−1.41)	(2.82)|	(1.56)
	地理经济距离权重矩阵 W3									
直接效应	3.033 1*	41.034 3***	−2.670 5***	−58.161 2***	3.517 2***	−0.738 9	−23.923 7**	2.139 5*	0.841 9***	0.808 7**
	(1.74)	(5.68)	(−3.90)	(−5.90)	(6.07)	(−0.70)	(−2.05)	(1.70)	(3.09)	(2.39)
间接效应	−178 436*	37 .087 3	5.182 5	−112.913 1	6.291 7	−5.085 1	113.268 9**	−12.229 3**	7.489 7***	4.213 8
	(−1.76)	(1. 01)	(1.44)	(−1.52)	(1.48)	(−0.84)	(2. 09)	(−2.13)	(3.01)	(1.59)
总效应	−14.810 5	78.121 6**	2.512 0	−171.074 3**	9 808 9**	−5.824 1	89.345 2	−10.089 8	8.331 5***	5 .022 5*
	(−1 38)	(2 .08)	(0.66)	(−2.26)	(2.29)	(−0.91)	(1.54)	(−1.64)	(3.12)	(1.88)

2）稳健性分析

当前学术界计量经济学中较为成熟的系统 GMM 估计方法广为运用。对于系统 GMM 估计方法的适用性和可靠性，本书前文已经进行了较为详细的介绍。这里将其检验结果作为稳健性检验的一种手段。通过表 6-10，我们发现模型的系数的正负方向和显著性，与空间估计的结果没有明显差异。

表 6-10　动态系统广义矩估计(sys-GMM)结果

变量	(1)环境规制为 GDP/能源消费量	(2)环境规制为 GDP/CO_2 排放	(3)环境规制为 GDP/污染损失
GTP_{t-1}	1.324 7***	1.361 1***	1.292 5***
	(33.06)	(50.56)	(21.15)
H	17.967 2***	3.993 0***	−37.439 4
	(5.63)	(5.56)	(−0.94)
ln E_energy	−32.785 4**	−13.097 7***	32.782 2
	(−1.96)	(−3.07)	(0.80)
ln $E\_energy2$	1.699 6*	0.672 7**	0.888 0*
	(1.76)	(2.33)	(1.85)
$Open$	−15.253 5*	−6.340 4	−17.937 7***
	(−1.79)	(−1.23)	(−3.25)
$Open$* lnE_energy	1.399 9	0.379 5	3.670 8**
	(1.53)	(0.63)	(2.54)
ln FDI	0.060 8	0.096 3	0.722 2***
	(0.35)	(1.29)	(3.98)
ln K	−1.258 1*	−0.953 7**	−2.047 8***
	(−1.83)	(−2.43)	(−4.43)
ln y	4.463 6***	21.704 7***	29.493 5***
	(4.72)	(7.29)	(7.80)
ln RD_{t-1}	−0.379 6**	−0.224 5**	0.067 9
	(−2.29)	(−2.17)	(0.33)

续表

变量	(1)环境规制为 GDP/能源消费量	(2)环境规制为 GDP/CO_2 排放	(3)环境规制为 GDP/污染损失
ln *PL*	−2.673 2***	−3.276 9***	38.162 7
	(−7.82)	(−6.10)	(0.95)
常数项	145.040 0**	53.231 7***	14.986 1***
	(2.02)	(3.32)	(3.83)
Wald 检验	162 034.07(0.000)	56 930.86(0.000)	169 864.86(0.000)
AR(2)检验	0.100	0.109	0.127
Hansen 检验	17.93(0.460)	23.17(0.184)	25.67(0.177)
DHT for instruments(a) GMM instruments for levels H excluding group Dif (null H=exogenous)	0.285	0.513	0.965
(b)IV (Years, eq (diff)) H excluding group Dif (null H = exogenous)	0.317	0.468	0.655
Number ofInstruments	30	30	30
Number ofProvinces	29	29	29
obs	609	609	609

注:***、**、*分别代表1%、5%、10%的显著性水平。各变量及常数项系数括号内为 z 统计值;Wald 检验、Hansen 检验及 AR(2)检验值括号内为 P 值。

为了进一步明确中西部地区绿色技术进步影响因素的变化情况,表 6-11 给出分区域的系统广义矩估计结果。模型的 Wald 检验、AR(2)检验、Hansen 检验、DHT 检验等均符合要求。部分变量系数未通过检验,但核心变量系数方向与表 6-10 基本一致,表明本章基本结论具有稳健性。

表 6-11　分区域的动态系统广义矩估计(sys-GMM)结果

变量	东部地区	中部地区	西部地区
GTP_{t-1}	2.543 1***	1.756 4***	1.952 1***
	(12.56)	(9.14)	(11.52)
H	8.368 7***	4.583 2***	4.853 2***
	(3.28)	(3.21)	(4.54)
$\ln E\_energy$	−32.281 5**	−20.156 8**	−30.452 5*
	(−2.21)	(−1.98)	(−1.72)
$\ln E\_energy2$	1.700 2*	1.076 9***	1.655 1
	(1.79)	(4.31)	(0.85)
$Open$	−7.258 4	−3.258 7*	−2.689 4
	(−1.59)	(−1.73)	(−1.28)
$Open^{*} \ln E\_energy$	3.259 4	1.256 9	0.259 7**
	(1.53)	(0.63)	(2.54)
$\ln FDI$	1.256 9**	0.568 1	0.852 6
	(2.35)	(1.29)	(0.68)
$\ln y$	20.365 8**	15.364 5***	30.279 5***
	(1.74)	(4.36)	(3.69)
$\ln RD_{t-1}$	0.856 2	−0.059 1	−0.074 6*
	(−1.25)	(−1.47)	(1.73)
常数项	36.512 3***	41.264 8***	25.452 3***
	(12.82)	(7.56)	(4.58)
Wald 检验	15 264.25(0.000)	8 552.17(0.000)	225 782.21(0.000)
AR(2)检验	0.136	0.156	0.100
Hansen 检验	20.92(0.765)	17.88(0.197)	21.22(0.117)
DHT for instruments (a) GMM instruments for levels H excluding groupDif (null H=exogenous)	0.943	0.324	0.301

续表

变量	东部地区	中部地区	西部地区
(b) IV (Years, eq (diff)) H excluding groupDif (null H = exogenous)	0.356	0.215	0.365
Number ofInstruments	19	24	21
Number ofProvinces	29	29	29
obs	220	160	200

注：***、**、*分别代表1%、5%、10%的显著性水平。各变量及常数项系数括号内为z统计值；Wald检验、Hansen检验及AR(1)AR(2)检验值括号内为P值。

6.5 空间计量主要结论与启示

本章关注中国在贸易开放中加强环境规制能否促进绿色技术进步。在偏向性技术进步分析框架下纳入质量升级理论，提出三个命题：人力资本水平促进绿色技术进步；环境规制与绿色技术进步呈"U"型关系；贸易开放不利于绿色技术进步，但提升环境规制有助于降低贸易开放对绿色全要素生产率的抑制效应。本章据此提出计量模型，构建空间邻接权重矩阵、地理距离权重矩阵、地理经济距离权重矩阵，并测算了1996—2016年绿色技术进步Moran′s I指数，结果表明其显著存在正向空间相关性。随后利用SDM模型进行空间计量分析。实证结果表明：

①本章提出的命题全部得到验证。第一，人力资本水平对本地区的绿色技术进步存在正面作用，间接效应表明还存在一定程度的积极空间外溢效应。由此，我们可以进一步得出结论，人力资本水平与绿色技术进步存在相互促进的关系。这为我们提供了重要的政策启示，即实施绿色发展战略需要同时重视促进人力资本积累以及绿色技术进步，充分发挥二者相互的关系使其实现良性互

动。第二,环境规制对绿色技术进步存在着“U”型影响,根据拐点值计算发现当前的环境规制有利于提升绿色技术进步。折旧使我们当前实施更为积极的环境规制具有理论支撑。第三,贸易开放不利于绿色技术进步,但提升环境规制削弱了这一抑制效应,导致贸易开放与环境规制的交互作用反而促进了绿色技术进步。该结论的政策启示是,不能在仅看到贸易开放对绿色技术进步的不利效应时,就要减少或放弃贸易开放,而是应该在更为积极的环境规制下实施更深入的贸易开放,既充分利用国际市场,又较好地实现绿色技术进步。

②其他方面。第一,绿色技术积累存在正的空间自相关性。第二,人均 GDP 对本地区绿色技术进步有显著促进作用,并存在空间负外溢效应。第三,物质资本对本地区的绿色技术进步存在显著的抑制作用,并存在一定的正向外溢效应。第四,环境污染对绿色技术进步存在一定的负面影响,同时还存在负的空间外溢效应。第五,贸易开放度对本地区绿色技术进步存在着负面影响,同时存在着积极空间外溢效应。第六,FDI 对本地区绿色技术进步存在显著积极影响,同时存在着显著的正向空间外溢效应。第七,研发对本地区绿色技术进步有显著积极的促进作用,其他地区研发对本地绿色技术进步的空间外溢效应并不显著,但 W_2、W_3 权重矩阵模型中的间接效应表明,本地区研发对其他地区绿色技术进步存在一定的空间正向外溢效应。

6.6 环境规制、绿色技术进步与中西部地区绿色发展案例：东数西算工程

“东数西算”是继“西电东送”“南水北调”“西气东输”工程后的又一项国家工程项目,主要目的是通过合理布局数据中心来统筹协调全国的数字化发展,同时实现资源有效配置和行业转型升级。工程的核心在于数据和算力,数据是数字经济时代的关键生产要素,而算力则是赋予数据价值化的能力。长期以来,京津冀、长三角、粤港澳地区数字科技和数字经济快速发展,数据丰富庞大,

数据中心集中,但是受制于资源环境约束,总体呈现出供不应求的市场现象。而西部地区能源富集,土地辽阔,气候适宜,并且拥有一定的人才和技术方面的数据中心发展基础,非常适合缓解来自发达地区的数据压力,提供数据的加工、分析和存储服务。目前,我国设立了八个国家算力枢纽节点,其中五个分布在西部地区,包括成渝、内蒙古、贵州、甘肃和宁夏。每个枢纽节点设立一到两个数据中心集群,总计十个集群。数据中心建设依据绿色、低碳、集约和高效的原则,将可再生能源作为数据中心动力的主要供应来源,积极打造绿色的数字中心。新浪财经于 2022 年 3 月 22 日报道了施懿宸等关于“数据中心产业助力我国实现‘双碳’目标的”文章,总结了“东数西算”工程的绿色发展效应。

在西部地区建设数据中心首先是可以缓解东部地区的资源紧张。数据中心的建设离不开电力供应。随着数字化渗透进各个行业,除了互联网和信息科技企业拥有专门的数据中心之外,其他行业有实力的企业都在加快打造自己的数据部门,数据中心的建设越来越成为实力雄厚企业的重要竞争资产之一。由于数据中心由各种计算机硬件组成,除去本就消耗巨大的日常运作和维护,冷却所需的电力需求也相当巨大。目前的冷却技术以风冷为主,成本低、效率高,缺点是噪声大、能耗高,随着数据中心行业竞争加剧,电力消耗越来越大,为本就缺少能源的东部地区带来更多的压力。尽管目前以液冷为代表的新型节能冷却技术正在普及,但也无法及时有效地缓解东部地区对数据中心的建设需求,而在东部地区建设数据中心的企业也面临着成本增加的问题。

其次是可以改善西部地区的能源结构。在西部地区建设云计算和大数据计算中心能有效分担东部地区的资源压力。从气候来看,西部地区位于内陆,属温带大陆性气候,全年平均气温低于东部沿海地区,能有效降低冷却成本;从能源来看,西部地区拥有丰富的煤炭、石油和天然气等化石能源和风力、太阳能等可再生能源,电力来源丰富且廉价,数据中心总成本的 60%都来源于电力消耗,因此布局西部将大大降低成本。此外,依据绿色、低碳的原则,国家发改委等部门要求数据中心的电力供给来源需以绿色能源为主,这一导向将促进西部地区的能源结构得以改善，是对发展绿色能源的政策支持。预计西部地区风力、太阳能等可再生能源将得到进一步开发。在西部地区建设数据中心，企业能够降低生产维护的成本，当地能改善能源使用的结构，实现双赢。

再次是可以促进西部地区绿色发展。在西部地区建立数据中心，一方面，能带动数字技术和人才向西部地区转移；另一方面，数据中心能反哺当地的行业进行数字化转型，通过数字基础设施建设赋能当地经济高质量发展。数据中心的建设涉及土木、电子信息设备、信息软件、空调机柜等行业，因此在建设过程中能有效带动上下游行业共同发展。此外，在西部地区建立的云数据、大数据计算中心等能为当地企业提供服务器租赁服务，企业能节省自己组建数据中心付出的巨大的资金投入，以及日常维护的人工和电力成本，使企业能将更多的生产要素投入自身的核心业务中。如果中西部地区没有技术与人才积累，能源也只能通过超高压输电系统运输至东部地区，而不可能实现数据中心的建设。“东数西算”带来的数字经济和新能源的发展，为西部地区绿色发展提供了强大支撑。

最后是能够助推全国实现“双碳”目标。首先将一部分基础的数据加工、离线分析和存储工作从东部地区迁移至西部能缓解东部地区的用电紧张问题，减少能源消耗；其次西部地区的能源能够就地消化，减少长距离运输的损耗，提高了能源的利用率。国家提出要打造绿色的数据中心，使可再生能源成为供给数据中心的主要电力来源，这无疑将进一步改善西部地区的能源结构，提升可再生能源比重，从而降低碳排放。将东部地区拥挤的数据中心迁移至西部地区，对整个国家来说都是一件能够助力实现“双碳”目标的优秀工程。

6.7 本章小结

本章在偏向性技术进步分析框架下纳入质量升级理论，研究发现人力资本水平促进绿色技术进步；环境规制与绿色技术进步呈“U”型关系；贸易开放能够抑制绿色技术进步，而环境规制的加强有助于削弱贸易开放对绿色技术进步的抑制效应。为验证这一理论命题，采用考虑环境非期望产出的方向性距离函数(DDF)和固定参比 Malmquist 模型测算 1995—2016 年中国省域绿色技术进步指数，构建空间邻接、地理距离和地理经济距离等三种空间权重矩阵，基于空间杜宾模型进行了实证分析。

研究结果表明，理论命题得到验证：人力资本水平促进了绿色技术进步；环境规制与绿色技术进步呈“U”型关系，通过计算拐点表明当前阶段环境规制有利于绿色技术进步；贸易开放不利于绿色技术进步，但提升环境规制有助于降低贸易开放对绿色全要素生产率的抑制效应。本章的学术价值体现在为中国实施绿色发展和绿色技术创新战略提供决策参考。

第7章

7

人力资本、绿色技术进步与中国中西部地区绿色发展后发优势*

*本文经整理已发表，详见：Wen H D，Dai J. Green Technological Progress and the Backwardness Advantage of Green Development：Taking the Sustainable Development Strategy of Central and Western China as an Example[J]. Sustainability，2021，13(7)，7567.

7.1 中西部地区绿色发展的相对劣势与优势

7.1.1 中西部地区绿色发展的相对劣势分析

1）环境污染方面

由于东部地区经济规模更大，因此东部主要环境污染指标人均排放量大于中西部地区，但从人均排放增速看，中西部地区环境污染形势不容乐观。2010—2017年中部、西部地区，人均能源消费、人均CO_2排放平均增速高于东部地区。1995—2017年中部、西部地区人均COD排放、人均SO_2排放、人均烟粉尘排放平均增速也明显大于东部地区。根据Ma等(2019a)提供的核算数据，1995—2017年中西部地区不变价人均综合环境污染损失增速分别为8.714%和9.134%，也大于东部地区的8.7%。详见表7-1。在越来越严格的环境规制下，当前全国范围内COD排放、人均SO_2排放、人均烟粉尘排放等环境污染指标已经处于下降态势，综合环境污染损失的增长幅度也已经放缓。但中西部地区如不及时改变经济发展模式，则仍可能永久性伤害其更为脆弱的生态环境。

表7-1　主要污染物人均排放和环境污染人均损失平均增速

指标	2010—2017年人均能源消费平均增速(%)	2010—2017年人均CO_2排放平均增速(%)	1995—2017年人均COD排放平均增速(%)
东部	2.360	2.302	0.267
中部	2.702	2.322	1.844
西部	4.257	5.077	3.189
指标	1995-2017年人均SO_2排放平均增速(%)	1995-2017年人均烟粉尘排放平均增速(%)	1995-2017年人均损失平均增速(%)
东部	−4.967	−2.525	8.700

续表

指标	2010—2017年人均能源消费平均增速(%)	2010—2017年人均 CO_2 排放平均增速(%)	1995—2017年人均COD排放平均增速(%)
中部	−1.830	−2.089	8.714
西部	−0.720	−1.390	9.134

注:以上数据均基于各年《中国统计年鉴》《中国环境统计年鉴》计算所得;其中 CO_2 排放、人均环境污染损失以1995年为基期。

当前中西部地区主要污染排放指标要么增幅大于东部地区,要么降幅小于东部地区,表明中西部地区经济发展模式相对更为粗放。2010—2017年中部、西部地区,人均能源消费增速分别为2.702%和4.257%,人均 CO_2 排放平均增速分别为2.322%和5.077%,高于东部地区的2.36%和2.302%。1995—2017年中部、西部地区人均COD排放平均增速分别为1.844%和3.189%,人均 SO_2 排放平均增速分别为−1.83%和−0.72%,人均烟粉尘排放平均增速分别为−2.089%和−1.390%,明显大于东部地区平均增速0.267%、−4.967%和−2.525%。根据Ma等(2019a)提供的核算数据,1995—2017年中西部地区不变价人均环境污染损失增速分别为8.714%和9.134%,也大于东部地区的8.7%。在此背景下,中部地区人均能源消费(2.895吨)、人均 CO_2 排放(7.648吨)、1995年价格的人均环境污染损失(1322.376元)快速接近东部地区(4.138吨、8.394吨和1461.228元),而西部地区(4.775吨、13.106吨和1682.735元)则已经明显超过东部地区。详见表7-2。

在越来越严格的环境规制下,当前全国范围内COD排放、人均 SO_2 排放、人均烟粉尘排放等环境污染指标已经处于下降态势,综合环境污染损失的增长幅度也已经放缓。但中西部地区如不及时改变经济发展模式,则仍可能永久性伤害脆弱的生态环境。

表 7-2　主要污染物人均排放和环境污染人均损失情况

指标	人均能源消费(吨)		人均 CO_2 排放(吨)		人均 COD 排放(千克)	
年份	2010	2017	2010	2017	1995	2017
东部	2.874	4.138	6.308	8.394	13.058	7.431
中部	1.897	2.895	4.847	7.648	12.642	7.326
西部	2.643	4.775	6.419	13.106	12.660	7.971
指标	人均 SO^2 排放(千克)		人均烟粉尘排放(千克)		人均环境污染损失(元)	
年份	1995	2017	1995	2017	1995	2017
东部	14.961	4.359	10.787	5.034	784.687	1 461.228
中部	13.994	5.903	15.830	6.032	704.457	1 322.376
西部	24.375	13.676	19.359	12.212	781.666	1 682.735

注:以上数据均基于 2018 年《中国统计年鉴》《中国环境统计年鉴》计算所得;其中 CO_2 排放、人均环境污染损失以 1995 年为基期。

2)生产要素方面

我们发现,中西部地区无论是金融资本、劳动就业还是技术进步率,与东部相对差距都在扩大(具体参见表 7-3、表 7-4)。劳动就业方面,1995 年中西部劳动就业数量均具有比较优势,但由于增速更慢,到 2017 年中部地区劳动就业数量比较优势正在失去,而西部地区劳动就业数量已成为比较劣势。由于东部地区对外开放区位优势、产业聚集和人口集聚优势的存在,1995—2017 年东部地区劳动就业数量平均增速(1.57%)明显大于中西部地区(1.08%和 1.19%)。中部地区劳动就业数量优势下降,而西部地区劳动就业数量劣势扩大。相反,东部地区出现了劳动就业聚集优势。

表 7-3　主要经济指标 1995—2017 年平均增速

指标	劳动就业平均增速(%)	2010—2017 年劳动就业平均增速(%)	金融机构贷款余额平均增速(%)	人均 GDP 平均增速(%)
东部	1.571	1.935	16.526	9.352

续表

指标	劳动就业平均增速(%)	2010—2017 年劳动就业平均增速(%)	金融机构贷款余额平均增速(%)	人均 GDP 平均增速(%)
中部	1.080	0.995	14.820	10.160
西部	1.188	1.430	16.183	9.988
指标	平均技术进步率(%)	平均绿色技术进步率(%)	生均教育经费投入平均增幅(%)	至少接受高等教育的人口比例平均增速(%)
东部	4.444	5.766	12.0 482	10.4 952
中部	2.673	3.818	12.4 220	14.0 071
西部	1.897	2.875	13.5 318	11.3 515

注:以上数据均基于各年各省级地区统计年鉴、《中国教育统计年鉴》、《中国人口和就业统计年鉴》计算所得;其中生均教育经费投入、人均 GDP 以 1995 年为基期。

金融资本和技术进步方面。1995—2017 年,中国中西部地区金融资本和技术进步的比较劣势有进一步扩大的态势。东部地区金融机构贷款余额不仅总量大幅领先中西部地区,1995—2017 年间平均增速也更快,东部地区平均增速 16.53%,超过中部、西部地区的 14.82%和 16.18%。东部地区平均技术进步率 1995—2017 年也远高于中西部地区,超过中部地区的比例达 39.84%,超过西部地区的比例达 57.31%。在此背景下,东部地区和中西部地区巨大的经济差距仍然存在。目前中国中西部地区与东部的 GDP 差距较大。1995 年东中西部地区人均 GDP(1995 年基期)分别为 8 409.64 元、3 701.55 元、3 197.10 元,到 2017 年分别达到 58 091.94 元、30 825.91 元、26 345.55 元,绝对差距不断扩大。

表 7-4　主要经济指标平均值及差距

指标	生均教育经费投入(1995 年为基期)		至少接受高等教育的人口比例(%)		劳动就业平均人数(万人)		金融机构贷款平均余额(亿元;现价)		人均 GDP(元;1995 年为基期)	
年份	1995	2017	1995	1995	1995	1995	1995	2017	1995	2017
东部	1 684	17 874	6.369	20.56	2 266	3 168	2 299	63 092	8 409	58 092
中部	805.3	10 013	1.800	12.22	25 946	3 337	1 494	29 154	3 702	30 826

续表

指标	生均教育经费投入（1995 年为基期）		至少接受高等教育的人口比例(%)		劳动就业平均人数(万人)		金融机构贷款平均余额(亿元;现价)		人均 GDP（元;1995 年为基期)	
西部	771.4	10 846	2.076	12.92	16 406	1 980	919.3	21 301	3 197	26 346
东中部差距%	109.1	78.51	253.8	68.27	−12.67	−5.064	53.92	116.4	127.2	88.45
东西部差距%	118.3	64.80	206.8	59.15	38.13	60.03	150.1	196.2	163.0	120.5

注:以上数据均基于各年各省统计年鉴、《中国教育统计年鉴》、《中国人口和就业统计年鉴》计算所得;其中生均教育经费投入、人均 GDP 以 1995 年为基期。

7.1.2 中西部地区绿色发展的相对优势分析

目前中国中西部地区与东部地区的 GDP 和绿色 GDP 差距较大。1995 年东中西部地区人均 GDP(1995 年基期)分别为 8 409.64 元、3 701.55 元、3 197.10 元,到 2017 年分别达到 58 091.94 元、30 825.91 元、26 345.55 元,绝对差距不断扩大。不过,三个地区人均 GDP 平均增速分别为 9.36%、10.16%、9.99%,中西部地区人均 GDP 增速比东部快了 0.8%和 0.63%,即中西部地区获得了相对更快的发展。一般认为,绿色技术进步研发难度更大(Ma 等,2019a),因此中西部地区绿色发展可能相对不利。通过第三章核算的东中西部地区绿色 GDP,发现中西部地区与东部地区的绿色 GDP 绝对差距虽然也较大,但中西部人均绿色 GDP 平均增长率更为明显地高于东部地区。1995 年东中西部地区人均绿色 GDP(1995 年基期)分别为 8 147.39 元、3 492.00 元、2 968.95 元,到 2017 年分别为 56 545.22 元、29 475.74 元、24 628.81 元。三个地区人均绿色 GDP 平均增速分别为 9.37%、10.22%、10.04%,中西部地区人均 GDP 增速比东部快了 0.85%和 0.67%,这说明中西部地区人均绿色 GDP 追赶东部的速度明显大于人均 GDP。过去的研究更关注于探讨传统经济的后发优势问题,而忽视绿色 GDP 的后发优势研究。但上述数据表明,中西部地区更可能正产生着绿色发展的后发优势。

但中国对中西部地区实施了倾斜的教育政策，使这些地区人力资本获得了更快发展。近年来中国人力资本快速积累，至2017年高等教育在学总规模达到3699万人，占世界高等教育总规模比例超过20%。分地区来看，1995—2017年中西部地区生均教育经费投入平均增幅分别为12.42%和13.53%，高于东部地区的12.05%；至少接受高等教育人口占6岁及以上人口的比例平均增速分别为14.01%和11.35%，也明显高于东部地区的10.50%。根据表7-4，若以教育水平代表人力资本水平，则东中西部人力资本水平相对差距与绝对差距均持续缩小。从动态看，由于中西部地区人力资本的增长速度更快，这些地区人力资本逐渐成为新的比较优势（即劣势更小）。

根据表7-4，1995—2017年，东部地区平均绿色技术进步率领先中西部地区的幅度，小于平均技术进步率领先幅度。也就是说中西部地区绿色技术进步率与东部地区之间的差距，小于技术进步率的差距。这表明中西部地区可能更多发展了绿色技术进步。

7.1.3　中西部地区绿色发展后发优势假说的提出

Gerchenkron（1962）的“后发优势”理论提出，由于在制度安排上的多样性和可选择性，对先进国家技术的模仿、设备和资金的引进、成功经验的借鉴，使后发国家一开始就可以处在一个较高的起点。因此后发国家在强烈的工业化愿望驱使下，可以实现更快的经济增长。与此相关的，Abramovitz（1989）提出“追赶假说”，Brezis和Krugman（1993）提出“蛙跳模型”。在沃森“对后来者的诅咒”的概念基础上，杨小凯（2000）提出发展中国家的“后发劣势”。这引发了21世纪初中国国内关于后发优势与后发劣势两种理论的论战，但也使得后发优势理论在中国获得了广泛关注。总体来说支持后发优势理论的文献更多。郭熙保（2004）在《光明日报》撰文，认为中国利用后发优势可以实现经济跨越式发展。后发优势理论也逐渐成了指导中国经济增长的政策依据之一。在全球面临越来越严峻的环境污染的背景下,包括中国在内的许多发展中国家已经不再将经济增长视为唯一目标,而是更加关注绿色发展。因此,本文提出应更关注绿色发展是否也存在后发优势。目前此类研究还未见报道。

本书第六章的研究基于 Acemoglu 等(2002)的偏向性技术进步理论,提出人力资本相对更快地积累可以促使一国选择绿色技术方向;而后利用空间杜宾模型,证实了人力资本积累有利于促进中西部地区在内的中国绿色技术进步。本章据此进一步提出,中西部地区人力资本的比较优势,可能促使这些地区更多地选择了绿色技术进步,而这也可能使得中西部地区获得绿色发展的新机遇。

中西部地区一些案例佐证了上述说法。四川省重点发展数字经济,目前四川省成都市已成为全国主要数字经济中心,2020 年数字经济产值达 2 万亿元。贵州省重点发展大数据产业,已经逐渐成长为中国数据中心。重庆市重点发展的电子信息产业,已成为当地经济增长第一动力。湖北、湖南、河南、安徽、江西、广西、云南、陕西等地也都将数字经济、绿色制造作为经济发展重点,其中湖北、湖南、河南、安徽数字经济产值超过 1 万亿元。重庆、湖北、广西、四川、江西、贵州等地数字经济在当地地区生产总值中的比重超过 30%。由于这些绿色产业具有更强的竞争力和更高的利润,因此中西部地区可能因此获得了绿色发展的后发优势。

已有文献的研究表明,虽有争议,但普遍认为技术进步是发展中国家实现后发优势的主要原因,以及绿色技术(包括新能源技术、节能减排技术)对环境保护和绿色发展具有重要意义(Gerchenkron,1962;Howitt,2000;Lin,2018 等)。目前还没有关于发展中国家绿色发展后发优势的研究。但是已有研究为本文提供了思路,即绿色技术进步可能带来发展中国家的绿色发展后发优势。本章在此基础上进一步提出,绿色技术进步可能是中西部地区获得绿色发展后发优势的关键。本章第二部分将分析绿色技术进步对绿色发展后发优势的作用机制;第三部分为模型设定及变量说明;第四部分通过系统广义矩估计(sys-

GMM)方法,利用 1995—2017 年中国东中西部 29 个省级地区面板数据进行实证研究;第五部分根据实证研究给出结论,并进行简要讨论。

7.2　绿色技术进步与绿色发展后发优势的理论分析

本章重点解决绿色技术进步引致绿色发展的后发优势问题。与第四章类似的,本章拟借鉴 Copeland 和 Taylor(2003)、Wen 和 Dai(2021)关于生产要素变动与环境质量改善的理论模型。假定一国同时有两类产业,一类是会产生污染的产业,用 X 表示,该产业生产产品 x 以及污染物,主要使用灰色技术 T;另一类产业是清洁产业,用 Z 表示,该产业生产清洁产品,主要使用绿色技术 G。利用雷布津斯基定理,可以推知两类技术不同增速所带来的经济与环境变化情况。① 根据 Copeland 和 Taylor(2003)、Wen 和 Dai(2021)的模型,将污染排放函数简明地表示为:

$$P = \bar{e}x(\bar{\tau}, T_x, G_x) \tag{7-1}$$

式中,P 为环境污染,由(7-1)式内生给定。$GTP_{it-1} * Backward_t$ 为污染排放税(或企业为排污付出的代价),e 为污染排放系数,为方便分析 T、G 变化对污染的影响,这里设污染排放税不变 $Backward_t$,以及污染排放强度不变 $Backward_t$。

收入函数可以相应简明表示为:

$$Y = f(T, G, P) \tag{7-2}$$

式中,Y 为总产出。若经济增长主要由灰色技术 T 的进步来推动,保持 G 不变,对(7-1)式和(7-2)式取对数后求微分,分别可得:

---

① Rybczynski(1955)提出了罗伯津斯基定理(Rybczynski Theorem),是指在商品相对价格不变的前提下,某一要素的增加会导致密集使用该要素部门的生产增加,而另一部门的生产则下降。

$$\dot{P}=\varepsilon_{XT}\dot{T} \tag{7-3}$$

$$\dot{Y}=s_r\dot{T}+s_\tau\dot{P} \tag{7-4}$$

$\dot{P}=d\ln(P)=dP/P$，以此类推。ε_{XT} 是能够导致污染的产业 X 的产出，相对灰色技术的弹性。由雷布津斯基定理，即一种生产要素的数量增加而另一种生产要素的数量保持不变，其结果是密集地使用前者进行生产的产品数量将增加，而密集使用后者进行生产的产品数量将减少。① X 产业密集使用灰色技术，由于假定灰色技术进步而绿色技术不变，因此产品 x 会增加，而主要使用绿色技术的产业 Z 生产的产品会减少，于是必定有 $\varepsilon_{XT}>0$。s_r 和 s_τ 分别表示灰色技术收入和污染排放征税占总产出的比重，$s_r>0$，$s_\tau>0$。(7-3)式代入(7-4)式，整理后有：

$$\dot{Y}=(s_r+s_\tau\varepsilon_{XT})\dot{T} \tag{7-5}$$

由于这里已经假定灰色技术进步，即 $\dot{T}>0$，因此根据(7-3)式有 $\dot{P}>0$，以及根据(7-5)式 $\dot{Y}>0$。这意味着灰色技术进步同时提高了污染水平和收入。但此时的产出增长主要是灰色产出增长，而绿色产出是下降的。因此扣除灰色产出资源环境损失后的绿色 GDP 增速将下降(相对 GDP 增速)。

同理，假设经济主要由绿色技术 G 的进步来推动，保持 T 不变，则有：

$$\dot{P}=\varepsilon_{XG}\dot{G} \tag{7-6}$$

ε_{XG} 为 X 产业的产出相对绿色技术的弹性，仍然由雷布津斯基定理，绿色技术进步刺激了清洁产业 Z 的产出，而导致污染的产业 X 可用资源减少，因此必定有 $\varepsilon_{XG}<0$。进而由(7-6)式可知，绿色技术进步降低了污染排放水平。绿

① 雷布津斯基定理虽然一般针对资本、劳动力、人力资本等生产要素，但本文认为对于技术同样适用。因为，一个地区若更多地采用绿色技术，那么相应的资源就会更多集中到绿色产业，促使绿色产业产出增长。相应地，该地区灰色产业只能有更少的资源和产出。同理，若更多的采用灰色技术，则灰色产业产出增长，绿色产业产出下降。

色技术进步对收入的影响为：

$$\dot{Y}=s_w\dot{G}+s_\tau\dot{P}=(s_w+s_\tau\varepsilon_{XG})\dot{G} \tag{7-7}$$

上式 $s_w>0$ 表示绿色技术收入占国民收入的比重。这里已经假定绿色技术进步，即 $\dot{G}>0$，由于 $\varepsilon_{XG}<0$，根据式(7-6)有 $\dot{P}<0$。由于 $s_\tau>0$，$\varepsilon_{XG}<0$，因此有 $s_\tau\varepsilon_{XG}<0$。由于此时经济增长主要由绿色技术进步驱动，因此 s_w 较大，而 s_τ 和 ε_{XG} 的乘积绝对值均应很小，即 $s_w>|s_w\varepsilon_{XG}|$，结合 $\dot{G}>0$，可知 $\dot{Y}>0$。也就是说主要依靠绿色技术进步，同时保持灰色技术不变会使国民收入增加，这符合一般认知。① 于是式(7-6)和式(7-7)意味着人力资本积累增加的同时提高了收入，却降低了污染水平。此时的产出增长主要是绿色产出增长，而灰色产出是下降的。因此，扣除灰色产出资源环境损失后的绿色 GDP 增速提升(相对 GDP 增速)。

总结起来，一国若主要依靠灰色技术进步来推动经济增长，环境污染与收入均增长，但绿色 GDP 增速下降(相对 GDP 增速)；而若主要依靠绿色技术进步来推动经济增长，则随着绿色产出增长，环境污染将降低，因此绿色 GDP 增长更快(相对 GDP 增速)。因此，一国或地区更多选择绿色技术进步方向，将使得该国或地区获得更快速的绿色发展。发达国家或地区一定程度存在灰色技术的路径依赖(Wen 和 Tan，2011)，且直接面临绿色技术前沿，因此存在现实的研发难度。但发展中国家在具备一定人力资本条件下，可以通过引进和模仿相对容易地实现绿色技术进步。因此对于发展中国家而言，若更多选择了绿色技术进步方向，可能就意味着将获得绿色发展的后发优势。

由于作者已经提出并验证了人力资本积累可以促使绿色技术进步，基于中西部地区人力资本比较优势，以及绿色技术进步质量升级跨度更大背景下，中

---

① 需注意的是，如果经济增长主要依靠绿色技术进步，但若绿色技术收入占国民收入的比重 s_w 不够大，则可能导致 $\dot{G}<0$，即经济增长下滑。出现这种情况的原因可能是绿色技术进步不足，边际产出较低。这意味着以绿色技术进步为主要动力的经济增长阶段增速可能下降。本书不考虑这种情况。

西部地区与东部地区间的绿色技术进步率差距小于技术进步率的事实，本文进一步提出待验证命题1：中国中西部地区人力资本的比较优势，促使这些地区更多地选择了绿色技术进步。若中西部地区在两种技术中，更多地选择了绿色技术进步，根据本节分析可以进一步提出待验证命题2：中国中西部地区应更多地选择绿色技术进步方向，这将使这些地区获得绿色发展"后发优势"。如果以上观点得到证实，对于缓解中国中西部地区经济赶超和环境保护的矛盾具有指导意义，对其他发展中国家经济转型和可持续发展也具有重要借鉴意义。本文通过系统广义矩估计(sys-GMM)方法，利用1995—2017年中国29个省级地区面板数据进行实证检验。本章将进一步丰富可持续发展理论和后发优势理论，是一项新的工作。

7.3 计量模型及数据说明

7.3.1 基本模型

首先，本章检验人力资本积累对绿色技术进步方向选择的影响。在景维民和张璐(2014)关于绿色技术进步的实证研究基础上设置如下模型：

$$GTP_{it}=\alpha_0+\alpha_1 H_{it}+\alpha_2 \ln E_{it}+\alpha_3 \ln E^2{}_{it}+X'_{it}B+f_i+f_t+e_{it} \quad (7\text{-}8)$$

式中，GTP 为绿色技术进步，H 为人力资本。考虑到"波特假说"中环境规制对绿色技术进步可能的"U"型的影响(景维民和张璐，2014；Zhang，2016)，设置环境规制变量 E 和 E^2。f_i 和 f_t 为非观测的地区固定效应和时间固定效应，e_{it} 为误差项。X' 为控制变量，包括以下变量：物质资本 K，外商直接投资 FDI，研发经费 RD，劳动力 L，外贸依存度 Tr，环境污染 P。考虑到"向底线赛跑假说""污染天堂假说"等指出了贸易开放对环境规制的重要影响，因此本文设置贸易开放与环境规制的交叉项 $\ln Tr^* \ln E$，用以考察贸易开放下环境规制对绿色技术进步的影响。关于环境污染变量 P,本文以现代文明最具代表性的污染物二氧化碳排放作为环境污染变量,变量记为 P_CO_2。由于环境污染指标众多,为了分析结果的稳健性,增加废水的代表性污染物化学需氧排放指标,变量记为 P_COD,以及增加环境污染综合损失,变量记为 P_pul。

其次,为检验绿色技术进步的绿色发展后发优势效应,借鉴 Eicher 和 Schreiber (2010),Vu 和 Asongu(2020)等的做法,设置如下动态模型:

$$\ln GGDP_{it} = \alpha_0 + \alpha_1 \ln GGDP_{it-1} + \alpha_2 \ln W_{it-1} + \alpha_3 \ln GTP_{it-1} + \alpha_4 \ln GTP_{it-1} * Backward_t + X'_{it}B + f_i + f_t + e_{it} \quad (7\text{-}9)$$

式中,$GGDP$ 为人均绿色 GDP;W 为居民收入水平,用以控制条件收敛效应。$GGDP_{it-1}$、W_{it-1}、GTP_{it-1} 分别为变量每个时期的初期水平。$GTP_{it-1} * Backward_t$ 为交互变量,用来检验不同地区是否能从绿色技术进步中获得巨大的绿色增长收益。其中 $Backward_t$ 是虚拟变量,如果该地区定义为 $Backward_t$,则等于 1,否则等于 0。当地区为中部时设变量为 $Backward\_mid$,当地区为西部时设变量为 $Backward\_west$。为更好比较各地区绿色技术进步对于绿色 GDP 的影响,东部也设置变量为 $east$。X' 为可能影响绿色 GDP 增长的控制变量向量,可包括以下内容:人力资本 H,物质资本 K,劳动力 L,环境规制 E。

7.3.2　变量说明

由于部分变量数据可得性受限,研究时间范围设定为 1995—2017 年。如无特殊说明,本文数据均取自各期《中国统计年鉴》、各省级地区统计年鉴、《中国教育统计年鉴》《中国人口和就业统计年鉴》《中国科技统计年鉴》《中国环境统计年鉴》《中国能源统计年鉴》等。除本书前文已有变量说明外,其他变量的选取和说明见表 7-5。

表 7-5 部分变量选取和描述

环境污染 1:CO_2	P_CO_2	二氧化碳排放估算方法借鉴陈诗一(2009)的研究,以煤炭、石油、天然气等化石能源消费量为基础进行估算。
环境污染 2:COD	P_COD	为各省历年化学需氧排放量。
环境污染 3:环境污染损失	P_pul	借鉴谭晶荣和温怀德(2010)、Ma 等(2019b)、Wen 和 Dai(2021)的方法,利用主要污染物排放量估算环境污染综合损失,并以 PPI 指数将价格转换为 1995 年不变价格。

7.3.3 变量的统计性描述

表 7-6 列出了主要变量的描述性统计。

表 7-6 主要变量的描述性统计

变量	均值	中位值	标准差	最小值	最大值	观测值数
$\ln GGDP_{it}$	9.380	9.392	0.873	7.000	11.449	667
GTP_{it}	4.232	2.460	4.963	0.892	73.86	667
$\ln H_{it}$	2.090	2.101	0.149	1.546	2.526	667
$\ln E_{it}$	8.735	8.780	0.538	7.400	9.793	667
Tr_{it}	6.756	6.720	1.817	2.109	10.99	667
$\ln FDI_{it}$	6.017	6.149	1.727	−3.042	9.098	667
$\ln RD_{it}$	−0.148	−0.140	0.874	−3.760	2.130	667
$\ln P\_CO_{2it}$	9.697	9.760	0.924	6.430	11.650	667
$\ln P\_COD_{it}$	3.675	3.770	0.817	1.160	5.290	667
$\ln P\_pul_{it}$	5.271	5.354	1.010	1.744	7.412	667
$\ln W_{it}$	9.670	9.727	0.739	8.327	11.26	667
$\ln K_{it}$	9.470	9.447	1.124	6.354	11.97	667
$\ln L_{it}$	7.525	7.634	0.839	5.483	8.820	667

7.4 估计方法与结果分析

7.4.1 估计方法

模型的被解释变量与其他变量之间可能存在着双向交互影响关系，尤其是解释变量含有被解释变量的一阶滞后项时，模型可能存在内生性问题。为解决该问题，得到方程的无偏估计值，Arellano 和 Bond(1991)提出用一阶差分 GMM 估计方法来解决。Arellano 和 Bover(1995)，Blundell 和 Bond(1998)进一步提出系统 GMM(Sys-GMM)估计方法，以解决一阶差分 GMM 估计方法容易受到弱工具变量的影响而得到有偏估计结果的问题。Sys-GMM 又可以分为一步法和两步法，Arellano 和 Bond(1991)通过蒙特卡罗模拟表明两步法估计相对于一步法估计更为稳妥。基于此，本研究拟采用的估计方法为两步法 Sys-GMM。

通过以下五个方面来可以说明两步法 Sys-GMM 方法的适用性。第一，横截面数($n=29$)大于时间序列数($t=23$)，满足实施 GMM 的基准要求。第二，因变量是连续性的，绿色 GDP、绿色技术进步与其一阶滞后的相关系数分别为 0.999、0.904，高于建立持续性所需的经验阈值 0.800。第三，使用面板数据结构的 GMM 技术不会消除跨省变化。第四，估计方法一方面考虑了解释变量的同时性，另一方面又考虑了内生性，即通过工具变量过程计算解释变量的同时性，并用非时变的指标控制未观察到的异质性。第五，系统 GMM 能够修正未观察到的异方差问题，同时选择两步法系统 GMM 是因为它控制异方差性，而一步法只控制同方差性。

本书特别关注了可能存在的多重共线性。陈强(2015)认为如果多重共线性影响到所关心变量的显著性，应设法处理模型。但如果多重共线性并不影响所关心变量的显著性，则不必处理。因为如果没有多重共线性，变量系数只会更加显著。第一，本文使用了 Stata14 进行面板数据测试，严格共线性变量会被 Stata 自动剔除（陈强，2015）。第二，计算式（7-8）解释变量之间的方差膨胀因子，三种环境污染解释变量情形下的 lnE、$\ln E^2$ 和 LnTr * lnE 的 VIF 均超过 1000，导致模型平均 VIF 过大，初步判断存在严重多重共线性问题。但由于上述变量的设置均有理论基础，且观察表 7-7、表 7-8 发现模型主要变量 t 检验均显著，变量系数符号与预想基本一致，因此本文不做处理。正如伍德里奇（2012）提出，为了消除多重共线性可以去掉一些变量，但不幸的是这可能会导致模型偏误，认为变量 VIF 太高并不能真正影响我们的决定。计算式（7-9）所有解释变量方差膨胀因子，当 GTP_{it-1}、$GTP_{it-1} * east$、$GTP_{it-1} * Backward_t\_mid$、$GTP_{it-1} * Backward_t\_west$ 等四个变量，同时置入模型时，平均 VIF 达到 10000 以上，且四个变量的 t 检验均不显著，显示多重共线性已经严重影响模型的检验。因此本文放弃这种模型设置，在式（7-9）的基础上分别设定 3 个计量模型，考虑仅包含 GTP_{it-1} 的模型（7-9a），不包含 $GTP_{it-1} * east$ 的模型（7-9b），以及不包含 GTP_{it-1} 的模型（7-9c）。分别如下：

$$\ln GGDP_{it} = \alpha_0 + \alpha_1 \ln GGDP_{it-1} + \alpha_2 \ln W_{it-1} + \alpha_3 \ln GTP_{it-1} + X'_{it}B + f_i + f_t + e_{it} \tag{7-9a}$$

$$\begin{aligned} \ln GGDP_{it} = &\alpha_0 + \alpha_1 \ln GGDP_{it-1} + \alpha_2 \ln W_{it-1} + \alpha_3 \ln GTP_{it-1} + \\ &\alpha_4 \ln GTP_{it-1} * Backward_t\_mid + \alpha_5 \ln GTP_{it-1} \\ &* Backward_t\_west + \\ &X'_{it}B + f_i + f_t + e_{it} \end{aligned} \tag{7-9b}$$

$$\begin{aligned} \ln GGDP_{it} = &\alpha_0 + \alpha_1 \ln GGDP_{it-1} + \alpha_2 \ln W_{it-1} + \alpha_3 \ln GTP_{it-1} * east + \\ &\alpha_4 \ln GTP_{it-1} * Backward_t\_mid + \alpha_4 \ln GTP_{it-1} \\ &* Backward_t\_west + \\ &X'_{it}B + f_i + f_t + e_{it} \end{aligned} \tag{7-9c}$$

上述三种模型设置完全可满足本章的分析需求。计算上述三种解释变量情形下模型的平均 VIF 分别为 5.01、4.77 以及 4.87，故判断该模型不存在严重多重共线性问题。

7.4.2　对绿色技术进步的估计分析

1）整体检验与结果分析

表 7-7　GTP 为被解释变量的系统广义矩估计(sys-GMM)结果

变量	环境污染变量为 P_COD	环境污染变量为变量 P_CO_2	环境污染变量为变量 P_pul
ln *H*	7.119 8***	3.203 4***	2.452 2
	(4.41)	(3.34)	(1.47)
ln *E*	−219.522 0***	−159.876 6***	−97.430 3***
	(−8.31)	(−13.65)	(−3.36)
ln E^2	12.761 5***	8.943 5***	5.423 5***
	(7.98)	(11.51)	(3.04)
ln *Tr*	−4.131 4	−19.059 4***	−17.510 4***
	(−1.32)	(−4.73)	(−3.58)
ln *Tr* * *ln E*	0.307 9	1.955 3***	1.745 6***
	(0.88)	(4.33)	(3.26)
ln *FDI*	0.604 5	−0.575 4*	0.129 4
	(1.44)	(−1.78)	(0.26)
L. ln *RD*	2.770 3***	2.135 9***	0.477 6*
	(9.41)	(6.23)	(1.69)
ln *P*	1.538 6***	3.322 0***	4.261 0***
	(4.16)	(7.08)	(11.70)
Constant	930.165 6***	692.656 8***	424.805 6***
	(8.61)	(15.33)	(3.56)
Wald 检验	714.17(0.000)	1 225.33(0.000)	574.72(0.000)

续表

变量	环境污染变量为 P_COD	环境污染变量为变量 P_CO_2	环境污染变量为变量 P_pul
AR(2)检验	1.41(0.158)	1.38(0.169)	1.61(0.107)
Hansen 检验	27.07(0.301)	25.30(0.711)	21.34(0.126)
DHT for instruments (a) GMM instruments for levels H excluding group Dif (null H = exogenous)	0.51(0.972)	1.67(0.893)	1.63(0.898)
(b)IV (Years, eq (diff)) H excluding group Dif (null H = exogenous)	4.38(0.356)	2.07(0.556)	0.18(0.981)
Number ofInstruments	33	39	24
Number ofProvinces	29	29	29
obs	609	580	580

注：＊＊＊、＊＊、＊分别代表 1%、5%、10%的显著性水平。各变量及常数项系数括号内为 z 统计值；Wald 检验、Hansen 检验、AR(2)检验、DHT 检验值括号内为 P 值。

对式(7-9)进行面板数据检验，并用三个不同污染指标作为被解释变量以增强检验结果的稳健性，估算结果见表 7-7。三个计量结果中，Wald 系数均显著。AR(2)检验结果表明，扰动项不存在二阶序列相关。Hansen 检验 p 值均大于显著性水平 0.1，接受原假设，表明工具变量不存在过度识别问题。DHT 检验包括两个部分，一个是检验(a)GMM 括号中的工具变量是否外生，另一个是检验(b)iv 括号中的工具变量是否外生，其原假设是工具变量是外生的。DHT 检验 P 值均大于显著性水平 0.1，接受原假设，表明工具变量是外生的。总体检验效果良好。

人力资本 H 对绿色技术进步存在正向促进作用。这说明教育水平越高，对绿色技术进步就越具有促进作用。这是由于教育是提升居民绿色意识和劳动力素质的主要源泉，也是实现清洁生产和管理创新的重要前提。另外，中国人力资本存在显著的跨地区流动，这也有利于知识和技术传播，因此促进绿色技术进步。

环境规制 E 显著为负，E^2 显著为正，表明环境规制对绿色技术进步存在着"U"型影响，即环境规制较弱时倾向于恶化绿色技术进步，而当建立起一定技术经济基础后提升环境规制会倾向于促进绿色技术进步。计算三个 $\mathrm{Ln}E_{it}$ 检验结果的二次曲线拐点，它们分别为 8.60、8.94 和 8.98，明显低于 2017 年各省均值 9.31，表明总体上中国已经通过了拐点，即当前的环境规制有利于提升绿色技术进步。当前中国环境规制强度不断提升，促使国内企业为具备更强竞争力，不得不发展更朝阳的产业，引进、吸收和创新更先进的绿色技术。

其他控制变量方面。贸易开放度 Tr 对绿色技术进步存在着负面影响。这表明中国中低端制造品世界工厂的国际分工地位未彻底变化的情况下，贸易开放总体上倾向于强化劳动密集型和资源密集型产业，这不利于绿色技术进步。贸易开放与环境规制交叉项显著为正，表明贸易开放背景下提升环境规制能够促进绿色技术进步。贸易开放使得国内企业有机会引进、模仿和创新先进绿色技术，同时环境规制强度提高强化了绿色技术进步激励，因此贸易开放与环境规制的交互作用促进了绿色技术进步。FDI 在第二个模型中对绿色技术进步存在负面影响，在第一、第三个模型中未通过检验。这可能是由于中国吸收 FDI 的环境友好程度还不高，或者是 FDI 技术外溢效应还不足。研发经费 RD 对绿色技术进步有显著为正的促进作用。表明研发经费投入是保障绿色技术进步的重要物质基础。环境污染 P_COD、P_CO_2 和 P_pul 对绿色技术进步存在正面影响，表明在当前较强的环境规制和各级政府高度重视环境保护的背景下，一个地区若是环境污染严峻则会激发当地的绿色技术进步。

2）分东中西部的检验和结果分析

表 7-8　GTP 为被解释变量的分东中西部系统广义矩估计(sys-GMM)结果

变量	东部	中部	西部
$\ln h$	25.806 1***	26.268 8***	26.114 8***
	(3.50)	(2.71)	(2.77)
$\ln e\_energy$	−604.025 2**	−191.610 2***	−76.707 5

续表

变量	东部	中部	西部
	(−2.28)	(−2.87)	(−1.08)
ln *e_energy*2	33.756 9**	11.276 2***	4.643 5
	(2.30)	(2.97)	(1.09)
ln *tr*	−6.323 5	−22.171 8*	−20.564 6*
	(−1.83)	(−0.73)	(−1.88)
ln *trlne_energy*	0.925 8*	3.052 6	2.789 1*
	(1.88)	(1.37)	(1.76)
ln *fdi*	−1.894 2**	−1.368 8	0.384 4
	(2.34)	(−1.58)	(0.77)
L. ln *rd*	5.339 3	3.591 1	1.491 2**
	(1.49)	(1.12)	(2.29)
ln P_CO_2	2.006 8	5.661 0***	6.257 8***
	(0.86)	(4.02)	(5.66)
Constant	1 320.551 1***	1 910.156 4***	956.654 8***
	(9.16)	(11.25)	(5.25)
Wald 检验	31.54(0.000)	293.77(0.000)	31.62(0.000)
AR(2)检验	1.13(0.260)	1.17(0.241)	0.85(0.395)
Hansen 检验	7.79(0.100)	4.79(0.780)	0.77(0.679)
DHT for instruments (a) GMM instruments for levels H excluding group Dif (null H = exogenous)	1.09(0.297)	0.50(0.778)	0.69(0.407)
(b)IV (Years, eq (diff)) H excluding group Dif (null H = exogenous)	3.89(0.274)	2.74(0.254)	0.09(0.770)
Number ofInstruments	9	13	7
Number ofProvinces	11	8	10
obs	220	160	200

注：***、**、*分别代表1%、5%、10%的显著性水平。各变量及常数项系数括号内为 z 统计值；Wald 检验、Hansen 检验、AR(2)检验、DHT 检验值括号内为 P 值。

为进一步检验中国中西部地区人力资本的比较优势，是否促使这些地区更多地选择了绿色技术进步，本文分东中西部进行系统广义矩估计 sys-GMM 检验，估计结果见表 7-8。以下检验结果中，Wald 检验、AR(2)检验、Hansen 检验、DHT 检验等均符合要求，总体检验效果良好。

根据表 7-8，东中西部地区人力资本对绿色技术进步均存在显著正向作用，同时中西部地区人力资本系数均大于东部地区。各地政府在中央政府统一领导下具有大致相同的环境保护政策，东中西部均有绿色技术进步动力。但中西部地区充分发挥人力资本比较优势，在产业选择和技术研发方向等方面可以扬长避短，因此更能促进绿色技术进步。东部地区虽然主要生产要素均具有绝对优势，但相对而言人力资本绝对优势更小，因此人力资本对绿色技术进步的促进作用反而更小。另外，中国改革开放到 21 世纪初，人才跨地区流动主要是中西部向东部单向流动，但 2009 年金融危机基本结束后，东部地区人才返乡工作和创业日益普遍，人才单向流动转变为双向流动，这进一步提升了中西部地区常住人口平均受教育年限，同时促进了知识和技术传播，有利于中西部地区绿色技术进步。

环境规制 E 显著为负，E^2 显著为正，表明环境规制对绿色技术进步存在着“U”型影响。计算东中西部地区三个检验结果 LnE_{it} 的二次曲线拐点，它们分别为 8.9467、8.4962 和 8.2596，分别低于 2017 年东中西部地区的均值 9.5781、9.3552 和 8.8603，表明东中西部地区总体上均已经通过了拐点。我们发现，东中西部环境规制拐点递减。中西部地区更快的人力资本积累速度和相应的产业和技术选择，可能导致了这些地区更快达到能够促进绿色技术进步的环境规制拐点。

中西部地区人力资本对绿色技术进步促进作用更高，以及环境规制转为促进绿色技术进步的拐点更低。结合中西部地区与东部地区之间，绿色技术进步率差距比技术进步率差距明显更小的事实，可以得出结论，中国中西部地区基于人力资本的比较优势，更多地选择了绿色技术进步方向。命题 1 得证。

7.4.3 对中西部地区 GDP 后发优势的估计分析

为检验中西部地区是否因绿色技术进步而存在经济增长的后发优势，依据式(7-9)的三个形态检验绿色技术进步对经济增长的影响，估计结果见表 7-9。以下计量结果中，Wald 检验、AR(2)检验、Hansen 检验、DHT 检验等均符合要求，总体表明 sys-GMM 估计结果表现良好。

表 7-9 以人均 GDP 为被解释变量的系统广义矩估计(sys-GMM)结果

变量	(7—9a)	(7—9b)	(7—9c)
L1. *lnY*	1.162 0***	1.165 0***	1.180 4***
	(54.88)	(55.76)	(56.61)
L1. *lnW*	−0.009 3	−0.027 9***	−0.041 1***
	(−0.83)	(−2.74)	(−2.83)
L1. *GTP*	0.001 0***	0.001 8***	0.014 4***
	(2.82)	(2.87)	(3.01)
L1. *GTP* * *east*			0.004 5***
			(3.22)
L1. *GTP* * *Backward_mid*		0.002 9***	0.018 5***
		(4.53)	(6.50)
L1. *GTP* * *Backward_west*		0.004 3***	0.018 4***
		(2.81)	(3.71)
ln *H*	0.114 9***	0.146 6***	0.222 9***
	(5.78)	(6.99)	(4.59)
ln *K*	0.115 8***	0.114 3***	0.126 5***
	(9.22)	(7.93)	(9.92)
ln *L*	0.116 9***	0.107 6***	0.125 3***
	(11.64)	(7.07)	(8.47)
ln *E*	−0.136 7***	−0.120 5***	−0.157 3***

续表

变量	(7－9a)	(7－9b)	(7－9c)
	(－15.69)	(－8.70)	(－9.91)
Constant	－0.158 1**	－0.362 6	－0.247 9
	(－2.18)	(－1.29)	(－0.32)
Hansen 检验	7.79(0.100)	4.79(0.780)	0.77(0.679)
DHT for instruments (a) GMM instruments for levels H excluding group Dif (null H = exogenous)	1.09(0.297)	0.50(0.778)	0.69(0.407)
(b)IV (Years, eq (diff)) H excluding group Dif (null H = exogenous)	3.89(0.274)	2.74(0.254)	0.09(0.770)
Number ofInstruments	9	13	7
Number ofProvinces	29	29	29
obs	609	609	609

注：***、**、*分别代表1%、5%、10%的显著性水平。各变量及常数项系数括号内为z统计值；Wald检验、Hansen 检验、AR(2)检验、DHT 检验值括号内为P值。环境污染变量为P_CO_2。

基于以上检验，可以发现主要变量符号均符合预期，人力资本H、物资资本K、劳动投入L的系数显著为正，而环境规制E的系数显著为负。我们发现工资收入W的系数显著为负，这支持了条件收敛效应，该结果类似研究一致(Vu和 Asongu，2020)。

我们聚焦于绿色技术进步变量，可以发现所有回归结果中L1.*GTP*均能够显著促进经济增长。同时，第二个回归结果中，L1.*GTP* * *Backward_mid*和L1.*GTP* * *Backward_west*系数均显著为正，即中部、西部地区绿色技术进步可以带来更多的经济增长。第三个回归结果中，L1.*GTP* * *east*系数也显著为正，却明显小于L1.*GTP* * *Backward_mid*和L1.*GTP* * *Backward_west*的系数。这说明，绿色技术进步能够带来经济增长，但相对落后的中西部地区绿色技术进步对经济增长促进作用要比东部地区大得多。可以得出结论，中西部地区更多选择绿色技术进步，可以使这些地区获得经济发展的“后发优势”。

7.4.4 对中西部地区绿色GDP后发优势的估计分析

为检验中西部地区是否因绿色技术进步而存在绿色发展的后发优势，依据式(7-9)检验绿色技术进步对绿色GDP的影响，估计结果见表7-10。以下计量结果中，Wald检验、AR(2)检验、Hansen检验、DHT检验等均符合要求。

表7-10 以人均绿色GDP为被解释变量的系统广义矩估计(sys-GMM)结果

变量	(7—9a)	(7—9b)	(7—9c)
$\ln GGDP_{it-1}$	1.071 1***	1.116 9***	1.124 9***
	(79.26)	(60.28)	(55.57)
$\ln W_{it-1}$	−0.027 9***	−0.056 8***	−0.065 6***
	(−3.23)	(−4.28)	(−4.34)
GTP_{it-1}	0.001 0***	0.001 3**	
	(2.73)	(2.13)	
$GTP_{it-1} * east$			0.001 9***
			(2.79)
$GTP_{it-1} * Backward\_mid$		0.002 2***	0.004 6***
		(3.17)	(4.19)
$GTP_{it-1} * Backward\_west$		0.002 0*	0.003 1***
		(1.83)	(2.77)
$\ln H$	0.069 7***	0.080 0***	0.107 5*
	(3.44)	(3.48)	(1.70)
$\ln E$	−0.133 8***	−0.120 8***	−0.145 2***
	(−13.56)	(−5.67)	(−7.51)
$\ln K$	−0.028 4***	−0.057 1***	−0.055 8***
	(−2.82)	(−4.48)	(−4.20)

续表

变量	(7－9a)	(7－9b)	(7－9c)
ln L	0.051 5***	0.058 1***	0.064 0***
	(5.79)	(4.91)	(5.70)
Constant	0.612 4***	0.546 8***	0.650 7***
	(5.29)	(4.35)	(4.95)
Wald 检验	205 006(0.000)	223 141.21(0.000)	213 607.94(0.000)
AR(2)	－1.37(0.172)	－1.43(0.152)	－1.41(0.160)
Hansen 检验	22.98(0.816)	18.07(0.204)	20.13(0.126)
DHT for instruments (a) GMM instruments for levels H excluding group Dif (null H = exogenous)	1.32(0.933)	8.41(0.298)	11.53(0.117)
(b)IV (Years, eq (diff)) H excluding groupDif (null H = exogenous)	2.12(0.347)	4.27(0.118)	2.67(0.264)
Number ofInstruments	21	24	24
Number ofProvinces	29	29	29
obs	609	609	609

注：***、**、*分别代表 1%、5%、10%的显著性水平。各变量及常数项系数括号内为 z 统计值；Wald 检验、Hansen 检验、AR(2)检验、DHT 检验值括号内为 P 值。环境污染变量为 P_CO_2。

我们聚焦于绿色技术进步 GTP，可以发现绿色技术进步能够显著促进绿色 GDP 增长。同时，第二个回归结果中，$GTP_{it-1}{}^{*} Backward\_mid$ 和 $GTP_{it-1}{}^{*} Backward\_west$ 系数均显著为正，且大于 GTP_{it-1} 系数，表明中部、西部地区绿色技术进步可以带来比全国平均更多的绿色 GDP 增长。第三个回归结果中，$GTP_{it-1}{}^{*} east$ 系数也显著为正，却明显小于 $GTP_{it-1}{}^{*} Backward\_mid$ 和 $GTP_{it-1}{}^{*} Backward\_west$ 的系数。这说明，相对落后的中西部地区绿色技术进步对绿色 GDP 增长促进作用要比东部地区更大。

其他变量方面，我们发现工资收入 W 的系数显著为负，这支持了条件收敛效应，该结果类似研究一致（Vu 和 Asongu，2020）。人力资本 H、劳动投入 L 的系数显著为正，这表明人的因素尤其是智力因素是绿色发展的重要原因。物质资本 K、环境规制 E 的系数显著为负，表明中国当前发展仍然较为粗放，物质资本较少投资于绿色产业，在此背景下加强环境规制就可能不利于整个经济的增长。

在环境规制下，中西部地区基于人力资本比较优势，选择了绿色技术进步方向；同时，中西部地区绿色技术进步更能够促进绿色 GDP 增长。因此，可以判断中西部地区更多选择绿色技术进步，使这些地区获得绿色发展的“后发优势”。命题 2 得到证实。

7.5 主要结论与讨论

7.5.1 主要研究结论

中国中西部各省经济相对落后，有强烈的经济发展愿望，但也纷纷认识到了自身更为脆弱的生态环境问题，并提出了绿色发展战略。本章重点探讨中西部地区是否具有绿色发展的后发优势。如该观点得到证实，对这些地区实现经济赶超与环境保护的双重目标具有重要意义。本章发现中西部地区具有人力资本的比较优势；同时，与东部地区的绿色技术进步率差距明显小于技术进步率的差距。本章提出，中西部地区人力资本的比较优势，促使这些地区更多地选择了绿色技术进步。而中西部地区选择绿色技术进步方向，使这些地区获得了绿色发展“后发优势”。通过系统广义矩估计（sys-GMM）方法，利用 1995—2017 年中国东中西部 29 个省级地区面板数据，对东中西部面板数据进行了实证研究，结果表明：

①人力资本对绿色技术进步存在积极作用，并且中西部地区依据人力资本

比较优势更多地选择了绿色技术进步。

②环境规制一次项系数显著为负，而环境规制的二次项系数显著为正，这表明环境规制对绿色技术进步存在着"U"型影响，根据拐点值计算发现当前的环境规制有利于促进绿色技术进步。同时，中西部地区环境规制转为促进绿色技术进步的拐点更低。这使得中西部地区具有了实施更为积极环境规制政策的可能性。

③中西部地区绿色技术进步对 GDP 的促进作用更强，即这些地区能够从绿色技术进步获得更大 GDP 增长收益。当 GDP 换为绿色 GDP 后，这一结论不变，即中西部地区能够从绿色技术进步获得更大的绿色发展收益。也就是说中西部地区选择绿色技术进步方向可以使这些地区获得绿色发展的"后发优势"。这一结论就证实了中国中西部地区存在绿色发展后发优势的假说。

7.5.2 简要讨论

本章提出并证实了中西部地区充分利用人力资本比较优势，能够促进这些地区的绿色技术进步获得更快发展，而中西部地区绿色技术进步可以进一步带来绿色发展的"后发优势"。上述结论对可持续发展理论、后发优势理论形成有益补充，对破解中西部地区经济赶超和环境污染的矛盾具有重要理论意义，对当前的中国经济改革具有重要现实意义，对其他发展中国家经济转型和可持续发展也具有重要借鉴意义。不过，为了增强本章所提出理论观点的可信度，还有待更多的证据支撑。第一，对于中国而言还需要更多环境数据加入实证研究，包括 PM2.5、生态足迹等在内环境数据还可以进一步进行实证研究。第二，本研究未对行业数据进行估计，也使得研究结论具有局限性。第三，本章所计算的绿色 GDP 仅扣除了环境污染损失和资源损耗，还需要进一步完善测算方法。第四，本章仅针对中国，还需要世界范围内更多国家数据的支撑。上述进一步的研究对丰富经济可持续发展理论具有重要意义。

7.6 人力资本、绿色技术进步与中西部地区绿色发展案例：数字经济

根据国务院《“十四五”数字经济发展规划》，数字经济是继农业经济、工业经济之后的主要经济形态，是以数据资源为关键要素，以现代信息网络为主要载体，以信息通信技术融合应用、全要素数字化转型为重要推动力，促进公平与效率更加统一的新经济形态。数字经济发展速度快、辐射范围广、影响程度深，正推动生产方式、生活方式和治理方式深刻变革，成为重组全球要素资源、重塑全球经济结构、改变全球竞争格局的关键力量。数字经济是当代推动经济增长方式转型，实现绿色发展、创新发展的关键手段。在一些具有人力资本优势和底层技术能力的中西部地区省市，在发展传统经济的同时，充分发挥后发优势大力发展数字经济等新兴经济，实现了更好的经济追赶。

2022 年 1 月 1 日，四川省政府印发实施《国家数字经济创新发展试验区（四川）建设工作方案》，对试验区建设工作进行全面部署安排。《方案》提出，四川省数字经济发展的主要目标是力争到 2022 年，初步构建与数字经济发展相适应的政策体系和制度环境，数字产业化和产业数字化取得显著成效，数字经济对四川省地区生产总值贡献率大幅提升，全省数字经济规模超过 2 万亿元、占地区生产总值比重达到 40%。四川提出，积极推广数字技术应用，加快建设数字化转型促进中心，推动重点行业领域数字化转型，打造数字化制造“灯塔工厂”。2021 年四川省数字经济核心产业增加值为 4012.2 亿元，占地区生产总值的比重为 7.5%，比上年提高 0.7 个百分点。其中，数字技术应用业发展最快，增加值现价增速达到 30.8%。

近几年贵州省建成了全国首个全省统一的数字政府平台；率先在全国组建大数据交易所；率先在全国开展数据开放共享地方立法；获批建设全国一体化算力网络国家枢纽节点；数博会成为业界最具国际性和权威性的成果交流平台

之一。贵州省通过“揭榜挂帅”解决大数据领域技术难题，积极引导大数据企业加大创新投入力度，攻关关键核心技术，抢占行业制高点。加大力度解决大数据在“聚、通、用”中的核心关键技术瓶颈，推动全省数字经济高质量发展。2021年，贵州省数字经济增速连续六年位居全国第一，数字经济增加值超过6500亿元，占地区生产总值比重达到34%。贵阳贵安拥有11个超大型数据中心，是全球聚集超大型数据中心最多的地区之一，贵州成为我国“东数西算”的重要支撑。作为全国首个国家大数据综合试验区，近几年来，贵州连续开展大数据与实体经济深度融合工作，通过“千企改造”“万企融合”等行动，加速布局工业互联网，在数字经济上抢新机，拓展以制造业为代表的工业经济增长新空间。目前，全省累计形成标杆项目401个、示范项目4234个，带动8485户企业开展融合，推动2.3万家企业上云。

近年来重庆市大力统筹推进数字产业化、产业数字化，推动数字经济和实体经济深度融合，优化完善“芯屏器核网”全产业链、“云联数算用”全要素群、“住业游乐购”全场景集，促进智能产业、智能化应用协同发展，集中力量建设“智造重镇”“智慧名城”，大数据智能化发展取得显著成效。2018—2020年，重庆市数字经济分别增长13.7%、15.9%、18.3%，增速逐年走高，数字经济规模达到6387亿元。重庆市数字经济发展已经进入全国第一方阵。

据中国新闻网2021年10月10日的报道，安徽省以数据为关键资源，以推动“数字产业化、产业数字化”为发展主线，着力突破数字经济关键核心技术，提升数字产业发展能级，推动数字经济与实体经济深度融合，优化数字经济发展生态，全面赋能“制造强省”。2020年全省数字经济规模达11202亿元，同比增长约11%。中国声谷聚焦人工智能、智慧医疗等主攻方向，加快打造人工智能领域国家级产业基地，目前入园企业数已达1385家。在5G新基建方面，截至2021年9月底，安徽省已建成5G基站47848个；建设5G典型应用场景285个，涵盖智能制造、智慧家电、智能网联汽车等近20个行业，实现5G技术在重点行业全覆盖应用。建立“5G＋工业互联网”场景应用项目库，入库项目53个。

安徽省电子信息制造业规上工业增加值五年年均增速超过 20%，营业收入总量规模跃居全国同行业第 10 位。软件和信息服务业产业规模稳健增长，全省行业营业收入年均增长约 30%。在企业数字化、网络化、智能化转型方面，围绕“上云用数赋智”，大力推动企业数字化转型，已有超过 1.6 万家企业与云资源深度对接。

7.7 本章小结

一般认为绿色技术研发难度更大，但本章观察到中国中西部地区与东部地区的绿色技术进步率差距，明显小于技术进步率差距。本章提出中西部地区人力资本比较优势是这些地区选择绿色技术进步方向的原因，同时中西部地区绿色技术进步可能进一步带来这些地区绿色发展的后发优势。这对可持续发展理论和后发优势理论都是有益补充。通过系统广义矩估计(sys-GMM)方法，利用 1995—2017 年中国 29 个省级地区面板数据，对分东西部的面板数据进行实证研究，上述观点得到了证实。具体来说，中西部地区由于人力资本的比较优势，因此更多地选择了绿色技术进步方向；进一步地，中西部地区能够从绿色技术进步获得更大绿色 GDP 增长收益，即绿色技术进步使这些地区获得绿色发展的后发优势。

第8章

8 研究结论与展望、启示与建议

8.1 研究结论与研究展望

8.1.1 研究结论

本书在梳理以往关于绿色发展和后发优势的经典文献及前沿文献基础之上，提出了中国中西部地区绿色发展也存在后发优势的观点。首先是结合EKC经济增长源动力解释论，提出中国绿色发展的内在关键影响因素是人力资本和绿色技术进步。其次，结合偏向性技术选择模型等提出了环境规制是促进中国人力资本水平和绿色技术进步的主要内在机制，并认为人力资本水平和绿色技术进步存在相互促进的关系。最后，提出中西部地区根据自身的人力资本比较优势，可以使得绿色技术进步获得更快发展，并因此进一步带来绿色发展的"后发优势"。为了更好地使用计量经济学方法验证上述假说，本书对核心变量选取了适当的指标进行测算，包括利用主要化石能源投入估算CO_2排放、利用主要环境污染排放指标估算各省综合环境污染损失等，然后在此基础之上对环境规制强度指标进行测算；利用环境污染损失和资源损耗损失测算，核算了各省绿色GDP；利用DDF方向性函数和Malmquist-Luenberger指数对中国各省的绿色技术进步指数进行测算；利用平均受教育年限法对人力资本水平进行测算；等等。最后使用ARDL边限检验方法、空间计量方法、广义矩估计方法等对上述理论命题进行实证研究。本书提出的主要观点均得到了验证。主要研究结论如下：

1）经济增长源动力升级有利于绿色发展

中国经济增长源动力从传统的物质资本、劳动力向新兴的人力资本和绿色技术进步转变，即中国正由传统经济向知识经济转型，这将使环境污染出现先增长而后下降的趋势，有利于中国绿色发展。广义矩估计结果表明：

①环境污染存在先增长而后下降的趋势，即 EKC 假说在中国是成立的。SO_2 排放已经通过 EKC 拐点，对于 CO_2 和综合环境污染损失，部分省份也已经通过 EKC 拐点。这说明中国环境保护和绿色经济政策已经取得了积极成效。

②传统经济的主要生产要素物质资本和劳动力投入均与环境污染正相关，而知识经济的主要生产要素人力资本和绿色技术进步与环境污染负相关。这说明过去中国积极发展知识经济的正确性，也说明未来发展知识经济符合经济增长和环境保护的双重需要。

③中国正处于传统经济向知识经济转型的过程中，知识经济的生产要素已经成为促进经济增长的重要因素，促进了中国经济的可持续增长。当前中国经济增长阶段、环境污染趋势与扩展的 EKC“经济增长源动力解释论”观点相契合，即传统经济向知识经济转型，将使环境污染出现先增长而后下降的趋势。

2）当前中国环境规制有利于人力资本积累

人力资本作为促进绿色发展的内在动因之一，必须弄清楚环境经济学领域中人力资本积累的促进机制。本书通过系统矩估计和 ARDL 边限检验均发现，中国当前阶段环境规制有利于倒逼人力资本水平提升，主要研究结果如下：

①人力资本积累存在滞后效应与累积效应。这表明人力资本积累是一个长期过程，需要不断地持续发展。对国家而言，这进一步证实了教育是百年大计的普遍共识，也提醒着每一个人都需要不断学习和进步。

②生均教育经费投入增加有利于支撑教育事业发展和人力资本水平提升；研发投入强度提高有利于形成正面的示范作用和引领作用，促进人力资本积累。这表明提升人力资本水平必须加强各方面的资金投入。

③对外贸易和 FDI 带来的技术知识转移和技术知识外溢，有利于人力资本积累；绿色技术进步有利于提升人力资本水平。这表明知识和技术的进步通过示范引领和倒逼机制对人力资本起着促进作用。

④环境规制对人力资本水平存在着长期"U"型影响，而中国当前阶段的环境规制有利于提升人力资本水平。这说明中国已经具备了一定的技术经济条件，使得环境规制能够对人力资本水平提升形成倒逼促进作用。这也预示着发展中国家不必过分担心由于缺乏足够的人力资本支撑，从而导致难以从粗放的高碳增长方式转型为集约的低碳增长方式。实际上，发展中国家有可能通过加强环境规制倒逼人力资本水平提升。

⑤环境规制是人力资本水平的格兰杰原因；人力资本水平是贸易开放的格兰杰原因；贸易开放与环境规制互为格兰杰因果关系；环境规制、贸易开放与人力资本水平存在长期协整关系。

3）中国环境规制促进绿色技术进步

由于绿色技术进步作为促进绿色发展的内在动因之一，必须进一步研究环境经济学领域中促进绿色技术进步的机制。本书通过空间计量方法，发现当前阶段环境规制有利于促进绿色技术进步。同时，还发现人力资本水平和绿色技术进步存在相互促进的关系。主要研究结果如下：

①人力资本水平对本地区的绿色技术进步存在正向促进作用，间接效应表明还存在一定程度的积极空间外溢效应。由于第五章已经证明绿色技术进步有利于提升人力资本水平，因此可以进一步得知人力资本水平和绿色技术进步存在相互促进的关系。"科学技术是第一生产力"，以及"人才是第一生产力"，两个看似不同的观点，实际上是同一个问题相辅相成的两个方面。

②环境规制对绿色技术进步存在着"U"型影响，根据拐点值计算，笔者发现当前的环境规制有利于提升绿色技术进步。这说明中国已经具备了一定技术经济条件，使得环境规制能够对绿色技术进步形成倒逼促进作用。这同时也表明发展中国家存在主动提升环境规制，实施更为积极的环境政策的可能性。

③贸易开放不利于绿色技术进步，但提升环境规制削弱了这一抑制效应，导致贸易开放与环境规制的交互作用反而促进了绿色技术进步。贸易开放度对本地区绿色技术进步存在着负面影响，同时存在着积极的空间外溢效应；FDI

对本地区绿色技术进步存在显著积极影响，同时存在着显著的正向空间外溢效应。这表明，在经济开放过程中加强环境规制是必要举措。

④人均 GDP 对本地区绿色技术进步有显著促进作用，并存在空间负外溢效应。这表明地区经济越发达越能够为本地区绿色技术进步提供物质条件支撑。这也说明发展中国家实施绿色发展战略还需根据自身经济条件因地制宜、差异实施，不能够完全脱离自身经济发展阶段的实际情况。

⑤物质资本对本地区的绿色技术进步存在显著的抑制作用，并存在一定的正向外溢效应；环境污染对绿色技术进步存在一定的负面影响，同时还存在负的空间外溢效应。这表明传统经济增长模式下实施绿色发展战略是非常困难的，必须将传统经济增长模式调整为知识经济增长模式。

⑥研发对本地区绿色技术进步有显著积极的促进作用，其他地区研发对本地绿色技术进步的空间外溢效应并不显著，但本地区研发对其他地区绿色技术进步存在一定的空间正向外溢效应。

4）绿色技术进步引致中西部地区的绿色发展后发优势

中西部地区在金融、技术、劳动力等方面似乎均存在比较劣势，但由于国家实施相对均衡的教育政策使得这些地区存在人力资本的比较优势。中西部地区根据自身的人力资本比较优势，可以使得绿色技术进步获得更快发展，并因此可以进一步带来绿色发展的“后发优势”。通过系统广义矩估计方法的检验，主要研究结果如下：

①中西部地区人力资本对绿色技术进步的促进作用更强。这表明中西部地区依据人力资本比较优势更多地发展了绿色技术进步。而根据前文的研究结论，人力资本和绿色技术进步具有相互促进作用，因此中西部地区更加具备了良好的绿色发展条件。由于绿色发展对于中国而言仍属于新课题，各省绿色发展差距并不大，因此中西部地区就很可能具有了绿色发展的后发优势。

②中西部地区环境规制转为促进绿色技术进步的拐点更低，结合第一点结论可以表明，在合理环境规制下，人力资本比较优势能够促使中西部地区选择

绿色技术进步方向。这使得中西部地区具有了实施更为积极环境规制政策的可能性。

③中西部地区绿色技术进步对 GDP 的促进作用更强,即这些地区能够从绿色技术进步获得更多的绿色 GDP 增长收益。当 GDP 换为绿色 GDP 后,这一结论不变,即中西部地区能够从绿色技术进步获得更多的绿色 GDP 增长收益。也就是说中西部地区选择绿色技术进步方向可以使这些地区获得绿色发展的"后发优势"。这一结论就证实了中国中西部地区存在绿色发展后发优势的假说。

总结起来,中国绿色发展的内在关键影响因素是人力资本和绿色技术进步。而环境规制是促进中国人力资本水平和绿色技术进步的主要内在机制,并且人力资本水平和绿色技术进步存在相互促进的关系。中西部地区根据人力资本比较优势,更多地发展绿色技术,并因此带来中西部地区的绿色发展"后发优势"。上述结论进一步强调了人力资本积累、绿色技术进步的重要意义,以及实施更为积极环境规制政策的可能性。本书的研究进一步丰富了绿色发展理论、后发优势理论,以及可持续发展理论。这对中国以及类似经济技术水平的发展中国家,在贸易开放背景下积极实施更为严格的环境政策提供了一定的理论支持。

8.1.2 研究展望

1)绿色发展后发优势研究处于起始阶段

本书较早地对中西部地区的绿色发展是否具有后发优势进行了初步探索,进一步丰富了新时代后发地区的新发展理论。但由于该研究处于初步探索阶段,理论与经验研究所得结论还应得到进一步的关注和更多研究支撑,相关的理论分析、研究样本、研究方法都有待进一步丰富。

2)本书的实证研究还存在进一步深化的空间

第一,受制于数据的收集问题,指标体系构建并未尽善尽美,例如本书所计算的绿色 GDP 仅扣除了环境污染损失和资源损耗，因此还需要进一步完善测算方法。随着统计方法和数据的完善本书还需得到进一步检验。第二，对 EKC 的实证研究还需要更多环境数据加入，本书认为利用烟粉尘、COD 等已经明显下降的污染物排放数据进行实证意义不大，未来包括生态足迹等在内的环境数据还可以进一步加以利用。第三，区域总量数据偏多，缺乏行业结构性数据，这在一定程度上制约了本书研究的深刻程度；第四，本书仅针对中国，还需要世界范围内更多国家数据的支撑。后续研究可以在指标体系完善、行业结构数据、国际数据等方面进行新的研究尝试。

3）应进一步探讨合适的经济技术水平具体是什么水平

本书提出经济技术水平相对较高的发展中国家积极实施环境规制政策，会促使人力资本水平和绿色技术进步提升，进而有利于绿色发展。这实际上就是认为经济技术水平较低的国家可能难以通过持续提升环境规制来促进绿色发展。对于究竟什么样发展水平的发展中国家有条件通过大幅度提升环境规制以实现可持续发展，本书并未涉及。因此对其他发展中国家样本的研究就显得十分重要。后续研究可以重点对国际样本进行实证分析。

4）还可以进一步研究环境规制的倒逼机制

本书的研究着重探讨了环境规制的倒逼机制，这为未来的绿色发展研究提供了进一步的方向。由于大多发展中国家都有发展经济与环境保护的双重渴望，因此进一步讨论倒逼效应促进环境与经济的协调可持续发展，将是非常有意义的理论探索方向。

8.2 研究启示与政策建议

8.2.1 研究启示

1) 环境政策可以从无为而治转向有为而治

(1)环境规制角度

环境规制对人力资本和绿色技术进步均存在倒“U”型影响,而通过拐点计算发现当前阶段中国环境规制对后二者均有着正向促进作用。环境规制的这一积极作用值得关注。传统思想一般认为,较强的环境规制可能带来生产成本和技术要求大幅提升,因而不利于发展中国家的经济发展。这种思想阻碍了一些发展中国家主动实施环境友好政策。但本研究发现,具备一定经济技术条件时积极提升环境规制,既可以提升人力资本水平,也可以促进绿色技术进步,这既保障经济高质量发展,也能够更好地保护环境,进而实现绿色发展。可以看到,过去西方国家先污染后治理的治理方式并不适用于发展中国家,要实现环境的改善有必要实施更加积极有为的环境规制。

(2)经济增长动力升级角度

本研究发现中国正由传统经济向知识经济转型,这使环境污染出现先增长而后下降的趋势,有利于中国绿色发展。发达国家实现经济增长源动力转变是经过长时期的演变而来的,并且是基于将落后产能和环境污染向发展中国家转移,保留和发展知识密集型或技术密集型产业而得来的。发展中国家在发达国家产业和技术垄断下,经济增长源动力的转变很难自发实现。因此从这一角度看,发展中国家要实现经济与环境的协调,也有必要使环境政策从无为而治转变成有为而治。

2) 后发地区的人力资本积累更需积极可为

通过本研究可以发现,中国绿色发展的内在关键影响因素是人力资本和绿色技术进步，并认为人力资本水平和绿色技术进步存在相互促进的关系。研究进一步发现，中西部地区根据自身的人力资本比较优势，可以使绿色技术进步能够获得相对更快发展。因此，促进人力资本积累是实现环境与经济协调发展的重要手段，尤其是实现中西部地区绿色发展的重要条件。我国明确提出了绿色发展理念，同时一般认为中西部地区实现绿色发展更为困难。因此毫无疑问，中西部地区应更加积极有为地促进人力资本积累，将大力发展教育、培养创新型人才作为一条长期和根本之策。

3）技术进步偏向绿色生产并不必然自动实现

本研究发现，绿色技术进步可以促进绿色发展，是绿色发展的直接决定因素，尤其是在人力资本比较优势下，它可以使中西部地区绿色 GDP 实现更快的发展，因此在绿色发展和环境保护日益得到重视的今天，必须更加积极发展绿色技术。但是，指望技术进步自动往绿色方向发展也是不现实的。要使技术进步转向清洁生产，需要做一些准备性的工作，如人才基础和产业发展基础。

4）要区分贸易开放对绿色发展的直接效应和间接效应

从直接效应看，虽然贸易开放不利于绿色技术进步，但提升环境规制削弱了这一抑制效应。从间接效应看，贸易开放与环境规制的交互作用反而促进了绿色技术进步；同时对外贸易带来的技术知识转移和技术知识外溢，有利于人力资本积累，因而也有利于绿色发展。由此可以推论，环境规制背景下贸易开放对于中国绿色发展总体上是有利的。当贸易开放使得国内部分产业尤其是绿色产业受到冲击时，强硬的市场保护行为只能保护短期经济利益，既不能帮助中国更好地融入世界经济体系去借鉴和学习世界先进技术和经验，也不能有效促进绿色技术进步，不利于促进人力资本积累，更加不利于绿色发展。

5）欠发达地区的绿色发展后发优势不一定具有普遍性

以往的大多数研究已经证实了许多欠发达地区往往具有后发优势，而本书进一步明确了中国中西部地区具有绿色发展的后发优势。但中西部地区的绿色发展后发优势，是基于这些地区具有人力资本比较优势而来的，因此带来了相对更快的绿色技术进步，而这又进一步带来了中西部地区相对更快的绿色GDP增长。我们完全可以推知，如果一个欠发达地区不具备人力资本积累的比较优势，灰色技术进步发展更快，那么也很可能因此不具备绿色发展的后发优势。

8.2.2 政策建议

本书根据前述主要研究结论，提出以下几点政策建议。

1）积极提升环境规制强度

当前阶段中国环境规制对人力资本和绿色技术进步均有着正向促进作用，同时环境规制还可以削弱贸易开放对绿色技术进步的不利作用，因此要实现绿色发展就必须积极提升环境规制强度。近几年环境执法力度也越来越强，甚至掀起了史无前例的环保风暴。中国的环境管理部门不断出台绿色环保产业刺激政策，同时环境法律法规体系逐渐完善。但当前阶段，仍可以适时主动提升环境规制力度，逐渐形成倒逼机制，促进绿色技术进步和绿色环保产业发展，促进人力资本水平提升，从根本上避免成为“污染天堂”。对于中西部地区来说，环境规制力度不能低于东部地区。具体来说，有如下内容：

(1)充分发挥环境规制作用，不能理想化照搬EKC假说

现有文献已经充分证明了环境规制对于环境治理的重要意义（Ma，2019），因此，不能理想化照搬EKC假说，指望经济发展达到一定水平后，环境污染自动下降。先污染后治理的道路不能再走，中国要实现环境持续改善，还需在继续发展市场经济的条件下，充分发挥环境规制的作用。具体来说，第一，充分利用自由贸易协议的环境条款，推动环境政策法规的建立和完善；第二，充分利用《联合国气候变化框架公约》的技术机制，促进技术进步尤其是环保技术的发展；第三，制定有利于环境保护的产业政策和税收政策；第四，积极倡导环保意

识和环保文化，完善并严格执行环保法；等等。

对于中西部地区，由于其生态环境更为脆弱，因此国家需要通过转移支付或生态环境补偿等方式加强中西部地区在环境保护方面的资金、技术和人才支持力度。提高中西部地区环保设施的建设标准，利用高端环境装备化解环境治理难题。中西部地区只有立足自身特点并加大国家投入，才能更好地发挥环境规制作用。

(2)避免运动式环保，逐步实现制度化环保

切忌在环境规划期末或年末运动式提升环境规制强度，通过要求制造企业、火力发电企业关停或限产的方式实现环境保护。这首先要求国家加强顶层设计，出台制度设计相对完善、较为严格的环境保护法律法规；其次是环境执法部门严格按照制定好的法律法规进行环境保护与治理。

中西部地区市场主体数量和规模均相对薄弱，更加经不起运动式环保冲击，因此更加要做好绿色发展的制度与政策设计，进而稳定、严格地执行，为市场经济发展和绿色发展营造稳定的预期。中西部地区环境脆弱、化石能源丰富的特点，决定了该地区绿色发展必须是一个循序渐进的过程。

(3)环境政策需要做好跨区域协同

环境污染的“公地悲剧”效应决定了环境治理必须全国一盘棋、协同治理，避免部分地区大幅提升环境规制而另一部分地区则原地不动，导致污染性企业跨区域转移，使区域整体环境污染排放形势继续恶化。在经济发展水平比较接近的区域，尤其要谋划做好环境与经济政策的协调统一。

全国一盘棋的思路决定了生态环境更为脆弱的中西部地区必须更加重视绿色发展，但也决定了中西部地区绿色化进程不需要整齐划一。中西部地区作为化石能源主要输出地，绿色发展过程不可避免会对当地经济发展造成影响，因此切不可施行一刀切的环保或绿色考核指标。

(4)提升企业绿色生产意愿

环境规制不仅在于国家的环境保护政策，还在于企业的绿色生产意愿，以

及居民的整体绿色观念。在企业生产层面，现有研究已经表明，较弱的环境规制不能刺激企业进行绿色研发，而是促使企业进行环保设备购买，仅仅增加运行成本而已。只有在一定的环境规制强度下企业才更有意愿进行生产流程和生产技术的改进，进行绿色生产技术的研究开发。此外，国家环境规制不仅可以体现在环境税、费征收方面，还可以体现在优惠政策方面，如专门针对绿色研发提供更好的贷款政策和税收优惠政策。

中西部地区拥有优质的水源、干净的空气、丰富的风能光照、优美的自然景观等生态环境资源，企业具备一定的生态产品价值的现实基础条件。因此中西部地区要更好地设计和用好绿色财政金融政策，为企业提升绿色生产意愿营造优质政策环境。

(5)提升居民的绿色发展观念

对于居民而言，他们的绿色观念决定着绿色发展战略的成败。首先是要引导居民建立起科学的绿色消费观念，包括出行、购物、使用、回收等方面。在消费环节，可以选购环保产品，例如选择那些低污染低消耗的绿色产品，包括购买生态洗涤剂、无磷洗衣粉、绿色食品、环保电池等，以实际购买行为支持企业的绿色生产。在使用环节，可以节约能源和资源使用，增加重复使用次数，减少浪费和污染。包括节约使用水、木制品、纸、化石能源、电力等；多用节能灯，尽量少用一次性制品。在出行环节，尽量选择公共交通工具或自行车等。在回收利用方面，做好垃圾分类，在生活中尽量地分类回收，使它们重新变成资源。其次，人们也要尽可能做好自然环境保护，拒绝食用野生动物和使用野生动物制品，并且禁止偷猎和买卖野生动物的行为。

中西部地区生态环境更为脆弱，更需要提升居民的绿色发展观念。然而按照环境库兹涅茨曲线理论，人均收入相对较低的中西部地区可能绿色消费观相对较弱，即中西部地区引导居民绿色消费的难度可能更大。这就需要中西部地区的地方政府更加重视出行、购物、使用、回收等方面的绿色消费观引导。

(6)中西部地区环境规制力度不能低于东部地区

一旦中西部地区环境规制力度明显低于东部地区，则可能促使东部地区的落后产量大量涌入中西部地区，导致中西部地区成为“污染避难所”。中西部地区可以依托更为良好的自然环境，以及更为廉价的人力资本，吸引来自东部乃至全球的符合环境保护标准的产业。为此，中西部地区还需进一步完善绿色发展配套政策。配套政策可以包括多个方面，例如：完善的环境政策和强有力的环境执法；有利的绿色技术引进政策和绿色技术研发政策；倾斜的绿色金融支持政策；优惠的绿色税费政策；有针对性的绿色贸易壁垒政策；加强国际绿色发展协调；等等。

(7)中西部地区需更加重视能源结构优化

非清洁能源方面。中西部地区化石能源资源丰富，其中煤炭产量全国占比为94.2%，原油产量全国占比为55%。在绿色发展和降碳过程中，这些丰富的能源资源不是要封存不用，而是要提升利用效率。具体措施是将非清洁能源进行二次能源开发，并实施“西电东送”。中西部地区要不断提高能源加工能力和效率，将更大比例的化石能源资源转化为电力资源，通过世界领先的超高压输电系统进行“西电东送”。这不仅是提高了能源的使用效率，而且可以减少煤炭等资源长途运输所产生的能源浪费和碳排放。

清洁能源方面。中西部地区由于土地资源、风力和太阳照射条件优良，风力发电、太阳能发电能力等方面均占全国70%以上。因此，中西部地区尤其是其西北和北部地区可以进一步提高清洁能源生产比重，降低对非清洁能源的依赖，进而通过“西电东送”满足东部地区巨大的能源需求。中西部地区天然气产量占比约为90%，需更好实施“西气东输”战略。天然气作为绿色天然能源，应减少二次能源开发，通过管道运输安全绿色地运输至用量更大的东部地区。

2）不断加强教育提升人力资本水平

(1)要以更大力度发展教育事业

由于本文以平均受教育年限代表人力资本，因此大力发展教育成为实现绿色发展的重要手段。生均教育经费显著有利于人力资本水平提升，因此，当前有必要提高教育经费在GDP中所占的比重，使教育经费与经济发展速度相匹配，与国家对教育的需求相匹配。发展教育的重点还在于努力提高教育的质量，扩大人力资本存量；在基础类教育中突出环境保护意识教育；同时还应重视各种形式的实践培训，使教育与实际需求相匹配，这也是素质教育的必要措施之一。除加强政府投入外，还需加强引导社会各界对教育事业的投入热情。

中西部地区发展教育，尤其是发展高等教育对于促进人力资本积累的意义更为重要。中西部地区搞好高等教育不仅是扩大“量”的问题，更应注重提升“质”的问题，逐步深入进行素质教育改革，进而弥补中西部地区高等教育与东部地区的差距。在专业类教育中加强环境保护相关课程的建设，鼓励环境保护相关专业设置及各层次环境保护相关学位教育的开展。

(2)做好教育大政方针的长期延续性

基于人力资本水平的累积效应，必须充分认识到人力资本积累是一个长期过程，中国教育事业必须得到持续不间断的大力发展；对于教育政策，既要看准方法坚定不移地改革，也要注意教育大政方针的长期延续性。各级各地政府在制定教育政策时，一定要坚定不移地认识到教育的重要性，切实做到长期优先发展教育。

国家对中西部地区的教育倾斜政策近年来有弱化的迹象，在高等学校布局、学科点布局等方面的东中西部地区原有平衡有打破的趋势。但鉴于人力资本对于中西部地区绿色发展的重要意义，中西部地区教育倾斜政策也需要长期延续。

(3)中西部要将发展教育事业作为绿色发展基石

中西部作为欠发达地区既要发展经济又要保护环境，挑战性较大。本研究发现人力资本的比较优势使中西部地区更多地发展了绿色技术进步，也因此具有绿色发展的后发优势。中西部地区要确保人力资本后发优势就必须要更加坚定不移地优先发展教育事业。在国家层面，要继续对中西部地区实施倾斜性的教育发展政策,包括在转移支付的教育经费投入方面,以及在“双一流”建设、学位点和学科专业布局等方面,均给予优先支持。中西部地区自身也要将教育作为各项事业发展的重中之重,不断提高教育发展质量。同时,中西部地区还可以更多地发展知识密集型产业,为各类人才就业和创业提供足够的空间,避免出现人才高消费现象。

中西部地区还应培育挖掘有利于新旧动能转移转化和传统产业转型升级的人才培养政策,对清洁能源、文化旅游、循环农业、创意经济、数字经济等领域的潜在领军人才进行专门培养。

(4)中西部地区倾斜的人力资本政策

中西部地区虽然有倾斜的教育政策,但多年来一直受困于人才流失,人力资本的相对优势有所削弱。因此中西部地区还需要倾斜的人力资本政策。这首先是制定综合性的引进人才和留住人才政策,包括工资福利、子女就学、住房医疗、工作环境等方面;其次是国家层面出台政策防止东部地区无序挖人,提升人才工作稳定性;最后是出台政策在一定程度上、一定范围内提升人才所产生科技成果的共享性。

3)在贸易开放背景下积极促进绿色发展

(1)坚定不移地进一步扩大贸易开放

中国提出了国内国际双循环的发展格局,就是要依托国内庞大的市场,推动建设开放型世界经济,实现国内国际双循环的相互促进、有机统一。这一新发展格局将促使中国技术结构、产业结构持续与世界经济发展方向相匹配,不断产生新兴的优势产业。中国当前持续的经济改革与贸易开放带来的经济增长,为环境规制提升提供了经济技术保障。通过贸易开放,可以积极促进技术结构、产业结构升级,以贸易开放促进人力资本积累。对于贸易开放度而言,当前已经进入了一个相对平稳的时期,但对于贸易开放的质量水平而言,还可以进一步提升。这就包括进一步加快构建国际性的区域自由贸易区、自由贸易港政策体系,完善内外贸政策一体化等方面。此外,还可以考虑通过开放办学进一步提升教育水平和人力资本积累。

中西部地区扩大贸易开放难度明显大于东部沿海地区，在政策供给方面更要给足用足。首先，中西部地区可以进一步提高边贸口岸能级。在贸易政策、投资政策、金融政策、人员交流、跨境电商试点等方面给予高级别政策供给，在交通物流医疗等基础设施方面做好配套。其次，中西部地区要用好用足自贸区政策红利。国家在中西部地区先后批准了河南、湖北、重庆、四川等10个省市作为自贸试验区，后续甘肃、贵州、新疆、内蒙古、山西、江西等中西部地区应进一步聚焦地区特色力争成为自贸试验区。同时，在建自贸区本身也要立足实际形成可推广可复制的开放政策体系，为本省进一步开放提供政策基础，为人才、技术与资金汇集提供平台，为辐射周边地区经济发展提供依托，同时也为将来核心区域升格为自由贸易港打下基础。

(2)借助绿色贸易开放促进绿色发展

当贸易开放使得国内部分产业尤其是绿色产业受到冲击时，强硬的市场保护行为只能保护短期经济利益，既不能帮助中国更好地融入世界经济体系去借鉴和学习世界先进技术和经验，也不能有效促进绿色技术进步，不利于促进人力资本积累，更加不利于绿色发展。必须借助国际国内两个市场，通过绿色产业引进和绿色产品进口，提升绿色生产能力；同时通过大力发展绿色产业，实现绿色产品出口替代传统产品出口。当然，在贸易开放过程中应全面考虑环境因素，认真执行贸易协议的环境条款，在促使贸易开放的同时实现环境保护。

在当前新贸易壁垒兴起的时代背景下，中国也要适时构建绿色壁垒。构建本国的绿色壁垒不仅是为了保护环境，而且有利于在国际贸易争端中起到相应的威慑作用。在构建绿色贸易壁垒中，要恰当应用世贸组织环境例外规则和遵守中国入世承诺。要通过完善国内环境资源政策来内在化对外贸易的环境成本，限制“两高一资”产品在国内的生产和消费，并进一步完善这些产品的出口限制措施，减轻国际社会对中国“碳泄漏”的指责压力。此外要对贸易政策进行环境影响评价，包括国内制定的绿色贸易政策，以及多边贸易协议或双边贸易协定，从而推动对外贸易的可持续发展。

对于中西部地区而言，首先是要通过不断提升自身的绿色发展水平，构筑起坚固的绿色贸易壁垒。中西部地区具有绿色发展的后发优势，但绿色发展的绝对水平仍低于东部地区，因此中西部地区要锚定绿色发展目标不动摇，逐步通过贸易开放和绿色技术进步提升产业的绿色竞争力。中西部自贸区、贸易口岸尤其要贯彻绿色发展理念。其次是中西部地区高等教育资源丰富，要积极培养具备绿色发展理念的国际贸易人才，不仅要熟悉已有贸易协议的环境条款，也要主动研究和参与相关环境条款的设置规则。

(3)中西部地区也要积极实施"走出去"战略

中西部地区实施绿色发展战略，必须充分借鉴和利用国际先进的绿色技术和绿色资源。中西部地区也要积极实施"走出去"战略，充分利用全球绿色生产要素，提升自身的绿色生产能力。如中国近年来在粮食、能源、矿产等方面的国际投资和大规模进口，对于缓解国内资源和能源短缺起到了重要作用。要鼓励和加快中西部地区企业"走出去"步伐，积极寻求技术进步研发与进步的突破口，融入全球绿色生产网络，提高全球资源和能源利用效率，这样能够减轻自身环境退化压力和提升绿色生产能力。

中西部地区还可以借助"一带一路"战略助推环保产业"走出去"。中西部地区在西北、西南、北部等多个方向上都是陆上丝绸之路经济带主要依托，具有各自独特的地理位置、宗教文化、边境贸易、物流交通等优势，是中西部地区"走出去"的又一重要发展契机。充分利用"一带一路"倡议助推本地企业将技术和解决方案进行对外输出，助推绿色工艺装备等产品输送到国外。

4）大力开展绿色技术研发促进绿色技术进步

(1)引导研发和技术进步向绿色方向发展

绿色技术进步已经展现出环境保护的积极作用，但一般的技术研发并不一定能改善环境质量。应大力发展绿色技术，尤其是环境保护、资源节约与资源可持续利用技术等。发展绿色技术还需不遗余力地加强研发投入力度，一方面可以直接提升绿色技术进步，另一方面加强研发投入力度还可以提高对高层次人才的需求，以示范、引领作用促进人力资本水平提升，从而间接促进绿色技术进步。具体来说，各级政府应带头增加科学研究经费投入和鼓励政策的制定；通过人才政策、财税政策、采购政策，甚至资质政策等支持企业进行科学研究和科研经费投入；制定合理的科研激励机制，鼓励研发人员投入科学研究；鼓励企业进行科研创新或与科研机构、科研院所进行研发合作；国家和地方的各类型技术奖励政策要往绿色技术方向倾斜；鼓励企业进行可持续利用的能源和资源研发；加强国际技术合作，或以合理代价引进国外先进技术；鼓励企业进行旨在减少资源消耗和环境污染的生产工艺革新和设备更新；等等。

中西部地区应不断提升技术创新水平，持续优化能源结构。中西部地区化石能源丰富，在降碳过程中将面临可预见的经济冲击。可以积极利用当地水力、风能、太阳能等可再生能源资源，构建系统的低碳技术和低碳能源供应体系；积极运用低碳技术改造和升级传统能源产业，提升传统能源电力转化效率并减少碳排放水平。提前布局新旧能源供给转换，最终形成化石能源、可再生能源互补，碳排放总体可控，能够较好满足全国能源增量需求的能源生产消费格局。

(2)中西部地区要实施更为优惠的绿色技术研发政策

中西部地区可以对企业开展绿色技术研发实施更优惠的税费优惠政策；由于中西部地区企业可能相对实力更弱，还可以由政府主导建立公共大型科学研究平台，完善区域科学研究基础设施，鼓励企业进入研究平台参与科学研究；中西部地区要通过绿色技术进步实现经济赶超与环境保护协调，可以加大实施绿色研发和绿色产业扶持政策，避免简单地接受来自东部的过剩产能转移，促使绿水青山转化为金山银山。

(3)中西部地区加大数字经济技术研发与储备

中西部地区基于良好的自然环境和资源优势，以及良好的教育资源与政策支持，已经具备一定的数字经济发展基础，拥有一定的相关技术研发实力。虽然数字经济发展速度更快，但绝对水平仍低于东部地区。中西部地区普遍在远洋运输方面有明显的劣势，地理条件决定了制造业发展难度大于东部地区，但数字经济一定程度上可以赋能制造业、提升制造业附加值，因此中西部地区应更加坚决地发展数字经济。中西部地区高等教育与研发资源丰富，要通过高水平的技术研发与储备引领地区数字经济高质量发展。中西部地区能源富集地区要积极依托“东数西算”工程，通过不断地升级技术，积极打造绿色数字中心。人才资源富集地区要积极实施创新发展战略，突破数字经济关键核心技术，提升数字产业发展能级，推进数字产业化和产业数字化。

5）促进经济增长源动力转变与经济发展模式转变

(1)中西部地区首先要培育绿色低碳要素

促进人力资本和绿色技术进步成为经济增长的主要动力。第一，中西部地区要不遗余力地发展教育事业，将人力资本打造为实实在在的相对于东部地区的相对优势。从顶层改变贸易发展战略，使对外贸易发展目前由 GDP 导向转向就业导向，保持适当的出口产业的劳动密集度，同时提高人力资本替代物质资本的能力。第二，中西部地区要不遗余力发展绿色技术。充分发挥绿色技术的后发优势，积极引导外商投资和技术贸易，借助全球的技术和管理优势，推动中西部地区社会经济的可持续发展。第三，要千方百计创造和维护中西部地区优美的生态环境，优美的生态环境是中西部地区实现绿色低碳发展的最基本优势所在。

(2)积极促使物质资本、劳动力投入到更为绿色的产业

要坚定不移地走经济增长与环境保护协调的绿色发展道路。经济增长源动力的转变，不仅有利于中国经济的可持续发展，也使得环境污染开始出现了下降趋势。因此，应引导经济增长源动力由物质资本、劳动力驱动的传统经济，转换为以人力资本和绿色技术进步驱动的知识经济，进一步走集约型经济增长和可持续发展道路。这也需要在产业政策、技术政策、教育政策等方面做出积极改变。具体到中西部地区：

第一，物质资本方面，积极引导绿色投资方向。

近年来，中西部地区高能耗、高污染产业投资已经放缓。但物质资本投资仍在导致环境污染的增加，因此应积极引导和鼓励物质资本投向高科技产业、环保产业、第三产业等清洁产业，以及投向农村和农业，促进乡村振兴。中西部地区尤其要继续大力投资水力、风能、太阳能等清洁二次能源，提高清洁能源占比，积极成为全国清洁能源主要供应地。

第二，劳动力方面，积极发展第三产业和传统手工业。

中西部地区劳动力价格相对廉价，应适当发展清洁型劳动密集型产业，鼓励发展绿色环保的传统手工业，逐步限制污染性劳动密集型产业发展。积极引导和发展就业吸纳能力更强的第三产业，尤其是软件和信息技术等生产性服务业。中西部地区旅游资源丰富，对劳动力吸纳能力也较强，因此要充分挖掘旅游资源、开发丰富的旅游线路与旅游周边产品。

6）重视经济结构向清洁型调整

(1)实施绿色经济的供给侧结构性改革

主动调整经济结构是积极提升环境规制效果的重要手段。在当前背景下，就是要积极实施供给侧结构性改革，这包括产业结构层面、技术结构层面、产品结构层面等。中国的经验表明，政府是一个加速经济结构调整的重要力量，如果这一力量使用有力得当，经济结构调整将能够得到更好的实施。政府可利用财政优势和诸多经济资源优势，以及强势行政管理的优势，引领我国经济结构持续向“微笑曲”线两端发展，向清洁产业发展，从而最终有利于可持续发展以及环境污染的控制。清洁产业和相应绿色技术的发展将会带动高端人才就业，进而促进人力资本水平提升，因此也有利于环境与经济的可持续发展。

中西部地区除少数中心城市外，机器设备、交通运输设备、各类型高端仪器设备尤其是通信设备等制造业，发展基础均较为薄弱，但上述产业环境污染相对较低，所需技术水平和人力资本水平较高，而且国际市场空间大，附加值也较高，符合未来产业发展方向，应得到更多的政策鼓励与扶持。中西部地区可以借助已有的数字赋能基础，利用人工智能、“5G＋工业互联网”，有重点地突破高技术制造业。

中西部地区制造业总体还不强，轻易淘汰低端制造业，将导致普通劳动者就业机会减少。因此，应充分利用数字技术降低制造业成本、提升产品附加值，进而稳固已有制造业发展基础，甚至以此引进更多制造业。此外，基于人口众多和环境污染的现实，重点发展第三产业将是一举多得的措施。应切实鼓励各类型资本进入生产性服务业，服务经济社会发展。

(2)促使人力资本优势转化为绿色经济结构优势

中西部地区的生态环境总体上更为脆弱，应实施更为积极的政策促使传统经济逐渐升级为绿色经济。首先对传统产业不断进行改造升级，实施清洁生产和循环经济。其次是对新引进产业要积极瞄准新经济和绿色产业。中西部地区的人力资本具有相对优势，因此需要不断调整经济结构，使得这些地区的人力资本优势可以转化为绿色产业优势。

(3)中西部地区重点发展数字经济引领绿色发展

鉴于中西部地区现有发展基础，可以重点通过数字经济发展促进经济结构绿色化。集中力量构建与数字经济发展相适应的政策体系和制度环境。推进数字产业化、产业数字化，推动数字经济和实体经济深度融合，促进智能产业、智能制造、智能化应用协同发展。积极推广数字技术应用，加快建设数字化转型促进中心，推动重点行业领域数字化转型。加速布局工业互联网，在数字经济上抢新机，拓展以制造业为代表的工业经济增长新空间。中西部地区要重点关注“专特精尖”中小微企业和创新团队。

7）强化中西部地区的绿色发展优势

(1)中西部地区要保持好相对良好的自然生态环境

整体而言中西部地区生态环境更为脆弱，总体开发程度要低于东部地区，大量山川河流还未被开发和污染，因此首先要保护好生态环境，维护生态环境优势；其次要善于利用相对良好的自然生态环境，充分发展绿色产业，包括绿色农业、绿色旅游、各类环保产业以及第三产业。

(2)中西部地区要充分利用资源优势发展绿色产业

中西部地区海拔落差大、水力资源丰富;西部地区相对而言地广人稀,土地资源丰富;中西部地区煤炭、石油、天然气等化石能源储量丰富;西部地区尤其是青藏高原地区海拔高、空气稀薄,太阳能资源丰富;内蒙古等地区植被低矮、地形平坦,风力资源丰富。因此中西部地区利用丰富的土地资源和风能太阳能等资源,不仅适合发展清洁能源产业,还适合发展依托高能耗的绿色产业,包括数据中心,以及围绕数据中心的高技术制造业、软件与信息技术服务业等。

(3)中西部地区要优化绿色产业功能布局

一是,中国中西部地区可以适度优先发展劳动密集型产业和知识密集型产业,勿盲目发展资本密集型的重化工业。二是,优先发展高精尖科技型、高附加值产业,例如航空、航天、发电机、精密仪器等。三是,鼓励发展依托互联网的新兴服务业。四是,对于传统灰色产业,要进行绿色发展改造。国家可在金融支持、技改补贴方面给予传统灰色产业绿色升级的必要帮助。五是,充分利用相对良好的生态环境,吸引来自国际和东部地区的新兴产业,对于转移制造产业的,必须符合环境标准。

参考文献

[1] ABID M. Impact of economic, financial, and institutional factors on CO_2 emissions: Evidence from Sub-Saharan Africa economies [J]. Utilities Policy, 2016 ,41:85-94.

[2] ABRAMOVITZ M. Catching up, forging ahead, and falling behind [J]. The Journal of Economic History, 1986, 46 (2):385-406.

[3] ACEMOGLU D. Directed Technical Change [J]. The Review of Economic Studies, 2002, 69(4):781-809.

[4] ACEMOGLU D, AGHION P, BURSZTYN L, et al. The Environment and Directed Technical Change [J]. American Economic Review, 2012, 102(1):131-166.

[5] ACEMOGLU D, GANCIA G, ZILIBOTTI F. Competing engines of growth: innovation and standardization [J]. Journal of Economic Theory, 2012 ,147(2):570-601.

[6] AGHION P, DECHEZLEPRETRE A, HÉMOUS D, et al. Carbon Taxes, Path Dependency and Directed Technical Change: Evidence from the Auto Industry[J]. Journal of Political Economy, 2016, 124 (1): 1-51.

[7] AHMED Z, WANG Z. Investigating the impact of human capital on the ecological footprint in India: An empirical analysis [J]. Environmental Science and Pollution Research, 2019, 26 : 26782-26796.

[8] ALBRIZIO S, KOZLUK T, ZIPPERER V. Environmental Policies and

Productivity Growth: Evidence across Industries and Firms [J]. Journal of Environmental Economics and Management, 2016, 81(1): 209-226.

[9] ALCAL F, CICCONE A. Trade and Productivity [J]. Quarterly Journal of Economics, 2004, 119(2): 613-646.

[10] ALPAY E, KERKVLIET J, BUCCOLA S. Productivity Growth and Environmental Regulation in Mexican and U. S. Food Manufacturing [J]. American Journal of Agricultural Economics, 2002, 84 (4): 887-90.

[11] GRIMAUD A, TOURNEMAINE F. Why can an environmental policy tax promote growth through the channel of education? [J]. Ecological Economics, 2007, 62(1) :27-36.

[12] OMRI A, HADJ T B. Foreign investment and air pollution: Do good governance and technological innovation matter? [J]. Environmental Research, 2020, 185(6):109469.

[13] ANSELIN L. Spatial Econometrics: Methods and Models [J]. Economic Geography, 1988, 65(2): 160-162.

[14] ARELLANO M, BOND S R. Some Tests of Specification for Panel Data: Monte Carlo Evidence and an Application to Employment Equations[J]. Review of Economic Studies, 1991, 58(2): 277-297.

[15] ARELLANO M, BOVER O. Another look at the instrumental variable estimation of error components models [J]. Journal of Econometrics, 1995, 68 (1), 29-52.

[16] Aşıcı A A, ACAR S. Does Income Growth Relocate Ecological Footprint? [J]. Ecological Indicators, 2016(61): 707-714.

[17] ASONGU S A, NWACHUKWU J C. Foreign aid and governance in Africa[J]. International Review of Applied Economics, 2016, 30(1):

69-88.

[18] ATKIN D. Endogenous Skill Acquisition and Export Manufacturing in Mexico [J]. American Economic Review, 2016, 106 (8): 2046-2085.

[19] BAI L, SU X, ZHAO D, etal. Exposure to traffic-related air pollution and acute bronchitis in children: season and age as modifiers [J]. Epidemiol. Community, 2018, 72 (5): 426-433.

[20] BANO S, ZHAO Y, AHMAD A, etal. Identifying the impacts of human capital on carbon emissions in Pakistan[J]. Journal of Cleaner Production, 2018, (183): 1082-1092.

[21] BARBIER E B. A Global Green New Deal: Rethinking the Economic Recovery[J]. Cambridge Books, 2010.

[22] BARRO R J, Lee, J W. A New Data Set of Educational Attainment in the World, 1950-2010[J]. National Bureau of Economic Research, Cambridge, Mass. , USA. 2010.

[23] BAUMOL W J, OATES W. The Theory of Environmental Policy (2nd ediiton) [M]. New York: Cambridge University Press, 1998.

[24] BECCHETTI L, CASTRIOTA S, MICHETTI M. The Effect of Fair Trade Affiliation on Child Schooling: Evidence from a Sample of Chilean Honey Producers [J]. Applied Economics, 2012, 45 (25): 3552-3563.

[25] BECK T, DEMIRGÜÇ-KUNT A, Levine R. Law and finance: why does legal origin matter [J]. Journal of Comparative Economics, 2003, 31 (4): 653-675.

[26] BERGEK A, BERGGREN C. The Impact of Environmental Policy Instruments on Innovation: A Review of Energy and Automotive Industry Studies[J]. Ecological Economics, 2014, 106 (1): 112-123.

[27] YAN B Q,DUANY W,WANG S Y. China's emissions embodied in exports: How regional and trade heterogeneity matter[J]. Energy Economics, 2020(87):104479.

[28] BIRDSALL N, WHEELER D. Trade policy and industrial pollution in Latin America: where are the pollution havens? [J]. Journal of Environment and Development, 1993(2): 137-149.

[29] BLUNDELL R, BOND S. Initial Conditions and Moment Restrictions in Dynamic Panle Data Models[J]. Journal of Econometrics, 1998, 87 (1):115-143.

[30] BONFATTI R, GHATAK M. Trade and the allocation of talent with capital market imperfections[J]. Journal of International Economics, 2013, 89(1):187-201.

[31] BONFATTI R, GHATAK M. Trade and the Skill Premium Puzzle with Capital Market Imperfections [J]. Social Science Electronic Publishing,2010, 91(7):755-773.

[32] BOVENBERG A L, SMULDERS S A. Transitional Impacts of Environmental Policy in an Endogenous Growth Model [J]. International Economic Review, 1996 (37):861-893.

[33] BOWEN A,HEPBURN C. Green growth: an assessment[J]. Oxford Review of Economic Policy,2014, 30(3):407-422.

[34] BRAUNGARDT S, ELSLAND R, EICHHAMMER W. The environmental impact of eco-innovations: the case of EU residential electricity use[J]. Environmental Economics & Policy Studies, 2016 (18):213-228.

[35] BREZIS E S, KRUGMAN P R, TSIDDON D. Leapfrogging in International Competition: A Theory of Cycles in National Technological Leadership[J]. American Economic Review,1993, 83

(5): 1211-1219.

[36] BROCK W A,TAYLOR M S. The Green Solow Model [Z]. NBER Working Paper Series,2004.

[37] CAI X,LU Y,WU M,etal. Does Environmental Regulation Drive Away Inbound Foreign Direct Investment? Evidence from a Quasi-natural Experiment in China[J]. Journal of Development Economics, 2016(123):73-85.

[38] CHANKRAJANG T, MUTTARAK R. Green returns to education: Does schooling contribute to pro-environmental behaviours? Evidence from Thailand[J]. Ecological Economics, 2017 (131): 434-448.

[39] CHEN H X, ZHANG X L, WU R W, etal. Revisiting the environmental Kuznets curve for city-level CO_2 emissions: based on corrected NPP-VIIRS nighttime light data in China[J]. Journal of Cleaner Production. Volume, 2020, 268(20):121575.

[40] CHEN J, WANG S J, ZHOU S C, etal. Does the path of technological progress matter in mitigating China's PM2. 5 concentrations? Evidence from three urban agglomerations in China. Environ[J]. Pollution, 2019 (254):113012.

[41] CHENQ. Application of Stata in Econometrics[M]. Beijing: Higher Education Press, 2016.

[42] CHEN K J, ZHAO C M. Effects of Trade Opening on Human Capital Accumulation: An Empirical Study Based on China's Provincial Dynamic Panel Data Model[J]. journal of international trade, 2014 (3):86-95.

[43] CHEN W T, WANG YJ, MAO J S. Export Technology Complexity, Labor Market Segmentation and Human Capital Investment in China [J]. management world,2014(2):6-20.

[44] CHEN W T, WANG Y J, LI K W. Productivity of exporting enterprises, dual labor market and human capital accumulation in China[J]. Economic research journal,2014(1):83-96.

[45] CHEN Q. Application of Stata in Econometrics[M]. Beijing: Higher Education Press, 2016.

[46] CHEN SY. Energy Consumption, CO_2 Emission and Sustainable Development in Chinese Industry[J]. Economic Research Journal, 2009, (4):41-55.

[47] CHENG Z, LI L, LIU J. The Emissions Reduction Effect and Technical Progress Effect of Environmental Regulation Policy Tools [J]. Journal of Cleaner Production,2017(149):191-205.

[48] CHINTRAKARN P. Environmental Regulation and U. S. States' Technical Inefficiency[J]. Economics Letters,2008,100(3):363-365.

[49] CHUNG Y H,Färe R,GROSSKOPF S. Productivity and Undesirable Outputs: A Directional Distance Function Approach[J]. Journal of Environmental Management,1997(3): 229-240.

[50] CLARKE M, ISLAM S, SHEEHAN P. Economic Growth and Sustainability: An Empirical Study of the Thai Development Experience[J]. International Journal of Environment and Sustainable Development, 2003, 2 (1):78-99.

[51] COE D T, HELPMAN E. International R&D Spillovers Original Research Article[J]. European Economic Review, 1995, 39(05): 859-887.

[52] COPELAND B R, TAYLOR M S. Trade and the Environment: Theory and Environment [M]. Princeton: Princeton University Publishing House, 2003.

[53] COPELAND B R, TAYLOR M S. Trade and the Environment:

Theory and Evidence[M]. Princeton University Press, 2013.

[54] DALY H, COBB J. For the Common Good[M]. Beacon Press, Boston, 1990.

[55] DAUBANES J, GRIMAUD A, ROUGE L. Green Paradox and Directed Technical Change: The Effect of Subsidies to Clean R&D [R]. CESifo Working Paper, 2013.

[56] de Mello, L. R., Jr., Foreign direct investment in developing countries and growth: A selective survey[J]. Journal of Development Studies, 1997(34):1-34.

[57] DEAN J M, LOVELY M E, WANG H. Are Foreign Investors Attracted to Weak Environmental Regulations? Evaluating the Evidence from China[J]. Journal of Development Economics, 2009, 90 (1):1-13.

[58] DENNIS M. Patten, The accuracy of financial report projections of future environmental capital expenditures: a research note [J]. Accounting, Organizations and Society, 2005, 30 (5): 457-468.

[59] DENG X, YU Y, LIU Y. Effect of construction land expansion on energy-related carbon emissions: empirical analysis of China and its provinces from 2001 to 2011[J]. Energies, 2015, 8 (6): 5516-5537.

[60] Department of Industrial Works, Industry Survey-1985[M]. DIW, Bangkok (in Thai), 1986.

[61] DEREK K, KELLEN B. An empirical investigation of the pollution haven effect with strategic environment and trade policy[J]. Journal of International Economics, 2009, 78 (2):242-255.

[62] DONG F, YU B, HADACHIN T, etal. Drivers of carbon emission intensity change in China [J]. Resource Conserve Recycle, 2018 (129): 187-201.

[63] OH D H，HESHMATI A. A Sequential Malmquist-Luenberger Productivity Index：Environmentally Sensitive Productivity Growth Considering the Progressive Nature of Technology [J]. SSRN Electronic Journal，2009(10).

[64] DUA A， ESTY D C. Sustaining the Asia Pacific Miracle：Environmental Protection and Economic Integration[J]. Asia Pacific Journal of Environmental Law，1997，3(1)：150-152.

[65] DUBEY R，GUNASEKARAN A，CHILDE S J，etal. Examining the role of big data and predictive analytics on collaborative performance in context to sustainable consumption and production behaviour[J]. Clean. Prod，2018 (196)：1508-1521.

[66] LIU D N，XIAO B W. Can China achieve its carbon emission peaking? A scenario analysis based on STIRPAT and system dynamics model [J]. Ecological Indicators，2018，93(10)：647-657.

[67] EIADAT Y，KELLY A，ROCHE F，etal. Green and competitive? An empirical test of the mediating role of environmental innovation strategy[J]. Journal of World Business，2008，43(2)：131-145.

[68] Eicher T S，Schreiber T. Structural policies and growth：Time series evidence from a natural experiment[J]. Dev. Econ. 2010，91 (1)，169-179.

[69] EICHNER T，PETHIG R. Competition in Emissions Standards and Capital Taxes with Local Pollution[J]. Regional Science and Urban Economics，2018(68)：191-203.

[70] ESKELAND G S，HARRISON A E. Moving to greener pastures? Multinationals pollution haven hypothesis [J]. Journal of Development Economics，2003，70(1)，1-23.

[71] ESTY D C，GERADIN D. Market Access，Competitiveness，and

Harmonization: Environmental Protection in Regional Trade Agreements[J]. The Harvard Environmental Law Review, 1997, 21 (2):265-336.

[72] Alshubiri M, Elheddad. Foreign finance, economic growth and CO_2 emissions Nexus in OECD countries[J]. Int. J. Clim. Chang. Strat. Manag, 2019,IJCCSM-12-2018-0082.

[73] DONG B, PAN Y L. Examining the synergistic effect of CO_2 emissions on PM2. 5 emissions reduction: evidence from China[J]. Clean. Prod. , 2019 (223): 759-771.

[74] FU F, MA L W, LI Z,et al. The implications of China's investment-driven economy on its energy consumption and carbon emissions[J]. Energy Convers. Manag, 2014 (85):573-580.

[75] FAGERBERG J. Convergence or divergence? The impact of technology on "why growth rates differ" [J]. Evol Econ 1995(5): 269-284.

[76] FALVEY R, GREENAWAY D, SILVA J. Trade Liberalisation and Human Capital Adjustment[J]. Journal of International Economics, 2010, 81(2):230-239.

[77] FAY M, HALLEGATTE S, BANK W. Inclusive Green Growth: The Pathway to Sustainable Development[M]. World Bank, 2012.

[78] FENG K, HUBACEK K, GUAN D. Lifestyles, technology and CO_2 emissions in China: a regional comparative analysis[J]. Ecol Econ. 2009 (69): 145-154.

[79] FINDLAY R, KIERZKOWSKI H. International Trade and Human Capital: A Simple General Equilibrium Model[J]. Journal of Political Economy, 1983(91):957-978.

[80] FLUG K, GALOR O. Minimum Wage in a General Equilibrium

Model of International Trade and Human Capital[J]. International Economic Review, 1986, 27(1):149-164.

[81] FORBES N, WIELD D. Managing R&D in technology-followers[J]. Research Policy, 2000, 29(9): 1095-1109.

[82] FORSTER B A. A Note on Economic Growth and Environmental Quality[J]. The Swedish Journal of Economics, 1972(6): 281-285.

[83] GERLAGH R, Van der Zwaan B. A sensitivity analysis of timing and costs of greenhouse gas emission reductions[J]. Climate Change, 2004, 65 (1-2):39-71.

[84] GERSCHENKRON. Economic Backwardness in Historical perspective: A book of Essays[M]. Belknap Press of Harvard University Press, Cambridge. 1962.

[85] GHISETTI C, PONTONI F. Investigating Policy and R&D Effects on Environmental Innovation: A Meta-analysis [J]. Ecological Economics, 2015(118):57-66.

[86] GORG H, GREENAWAY D. Much ado about Nothing? Do Domestic Firms Really Benefit from Foreign Direct Investment? [J]. World Bank Research Observer, 2004, 19(2): 171-197.

[87] HOLGER G, DAVID G. Much Ado about Nothing? Do Domestic Firms Really Benefit from Foreign Direct Investment? [J]. World Bank Research Observer, 2004(2):171-197.

[88] GROSSMAN G M, HELPMAN E. Innovation and Growth in the Global Economy [M]. Cambridge: MA, MIT Press, 1991.

[89] GROSSMAN G M, KREUGER A B. Economic growth and the environment[J]. Quarterly Journal of Economics, 1995, 110(2): 353-337.

[90] GROSSMAN G M, KREUGER A B. Environmental Impacts of a

North American Free Trade Agreement[Z]. NBER Working Papers 3914, National Bureau of Economic Research, Inc, 1991.

[91] GROSSMAN G M, HELPMAN E. Quality Ladders and Product Cycles[J]. The Quarterly Journal of Economics, 1991, 106(2): 57-86.

[92] GU W, CHU Z, WANG C. How do different types of energy technological progress affect regional carbon intensity? A spatial panel approach[J]. Environ Sci Pollut Res. 2020 (27): 44494-44509.

[93] GUENNO G, TIEZZI S. The Index of Sustainable Economic Welfare (ISEW) for Italy[J]. Nota Di Lavoro, 1998(5).

[94] GUO L L, QU Y, TSENG M L. The Interaction Effects of Environmental Regulation and Technological Innovation on Regional Green Growth Performance[J]. Journal of Cleaner Production, 2017 (162): 894-902.

[95] HAO Y, DENG Y X, LU Z N, etal. Is Environmental Regulation Effective in China? Evidence from City-level Panel Data[J]. Journal of Cleaner Production, 2018(188): 966-976.

[96] HASANOV M. The demand for transport fuels in Turkey [J]. Energy economics, 2015(51): 125-134.

[97] HASSAN S T, XIA E, KHAN N H, et al. Economic growth, natural resources , and ecological footprints ： evidence from Pakistan. Environ[J]. Sci. Pollut. Res. , 2018 (26): 2929-2938.

[98] HE C, RAN M S, LIU J L. Effects of Environmental Regulation and Firm Heterogeneity on Green Innovation Performance: Evidence from China[J]. Revista de la Facultad de Ingeniería, 2016, 31(11): 264-279.

[99] HORBACH J. Determinants of Environmental Innovation-New Evidence from German Panel Data Sources[J]. Research Policy, 2008, 37(1): 163-173.

[100] HOWITT P. Endogenous growth and cross-country income differences[J]. American Economic Review, 2000, 90 (4): 829-846.

[101] HOWITT P, MAYER-FOULKES D. R&D, implementation and stagnation: a Schumpeterian theory of convergence clubs. NBER Working Paper Series, 9104. 2002.

[102] HUNG V, CHANG P, BLACKBURN K. Endogenous Growth, Environment and R&D [M]. Innovation and Environment, Academic Press, 1994.

[103] IKESHITA K, NAKAMURA T, OSUMI K. A Phase Diagram Analysis on the Environment and Directed Technical Change[J]. Economics Bulletin,2015,35(2):968-977.

[104] International Energy Agency (IEA), Energy Technology Perspectives 2015: Mobilising Innovation to Accelerate Climate Action[M]. Paris:IEA Publications, 2015.

[105] International Energy Agency (IEA),World Energy Outlook Special Report 2013: Redrawing the Energy Climate Map[M]. Paris:IEA Publications, 2013.

[106] IRANI Z, KAMAL M M, SHARIF A. P. E. D. LoveEnabling sustainable energy futures: factors influencing green supply chain collaboration[J]. Prod. Plan. Control, 2017, 28 (6-8): 684-705.

[107] ISMER R, NEUHOFF K. Border Tax Adjustments: A Feasible Way to Address Nonparticipation in Emissions Trading [M]. Cambridge:University of Cambridge,2004.

[108] JAMES B A, JAKOB B, MADSEN M D, et al. The effects of human capital composition on technological convergence[J]. Journal of Macroeconomics, 2011(33): 465-476.

[109] JAMES B. Nonmarket Benefits of Nature: What Should Be Counted

in Green GDP? [J]. Ecological Economics, 2006, 61(04): 716-723.

[110] JEFFREY M W. Introductory Econometrics: A Modern Approach (Fifth edition) [M]. Ohio, USA: South-Western Cengage Learning, 2012.

[111] JERAD A F, JOHN S, MARTIE-LOUISE V. How environmental regulations affect innovation in the Australian oil and gas industry: going beyond the Porter Hypothesis [J]. Journal of Cleaner Production, 2014(84): 204-213.

[112] JIA H, et al. Green travel: Exploring the characteristics and behavior transformation of urban residents in China [J]. Sustainability, 2017 (9).

[113] CHEN J D, GAO M, SACHIN K M, et al. Effects of technological changes on China's carbon emissions[J]. Technological Forecasting and Social Change, 2020, 153(3):119938.

[114] JIAN J H, FAN X J, ZHAO S Y, etal. Business creation, innovation, and economic growth: Evidence from China's economic transition, 1978 - 2017[J]. Economic Modelling, 2020

[115] JIN L, DUAN K, SHI C, etal. The impact of technological progress in the energy sector on carbon emissions: an empirical analysis from China[J]. Int J Environ Res Public Health, 2017 (14):1505.

[116] LAN J, MAKOTO K, HUANG X G. Foreign direct investment, human capital, and environmental pollution in China[J]. Environ. Resour. Econ, 2012 (51): 255-275.

[117] JOHN A, PECCHENINO R, SCHIMMELPFENNIG D, etal. Short-lived Agents and the Long-lived Environment[J]. Journal of Public Economics, 1995(58):127-141.

[118] JOSHE, ARIK L, JENNY M. Footloose and pollution-free[J]. The

Review of Economics and Statistics, 2005, 87 (1):92-99.

[119] JUNGHO B. Environmental Kuznets curve for CO_2 emissions: the case of Arctic countries[J]. Energy economics, 2015(50): 13-17.

[120] YU J Q, ZHOU K L, YANG S L. Regional heterogeneity of China's energy efficiency in "new normal": A meta-frontier Super-SBM analysis[J]. Energy Policy, 2019(134).

[121] JUSTIN L. China's Rise and Opportunity for Structural Transformation in Africa[J]. Journal of African Economies, 2018 (27):i15-i28.

[122] KAN D X, LUO L W. An Empirical Study on the Influence of Foreign Trade and FDI on Human Capital Efficiency in China Based on Provincial Panel Data[J]. International Economics and Trade Research, 2010, 26(6):61-65.

[123] KATZ L F, Murphy K M. Changes in Relative Wages, 1963-1987: Supply and Demand Factors[J]. Quarterly Journal of Economics, 1992, 107(1):35-78.

[124] DU K R, LI P Z, YAN Z M. Do green technology innovations contribute to carbon dioxide emission reduction? Empirical evidence from patent data[J]. Technological Forecasting and Social Change, 2019 (146):297-303.

[125] KEYDICHES. The Environment Effect of Trade[J]. Journal of World Economics, 1993(10):439-451.

[126] KHEDER S B, ZUGRAVN N. The Pollution Haven Hypothesis: A Geographic Economy Model in a Comparative Study[R]. FEEM Working Papers, 2008.

[127] KHUONG M V, SIMPLICE A. Backwardness advantage and economic growth in the information age: A cross-country empirical

study[J]. Technological Forecasting and Social Change, 2020, 159 (10):120197.

[128] KIM J, WILSON J D. Capital Mobility and Environmental Standards: Racing to the Bottom with Multiple Tax Instruments[J]. Japan and the World Economy,1997,9(4):537-551.

[129] KUMAR S. Environmentally Sensitive Productivity Growth: a Global Analysis Using Malmquist- Luenberger Index[J]. Ecological Economics, 2006, 56(2):280-293.

[130] LANDESMANN M A, STEHRER R. Industrial specialization, catching-up and labour market dynamics [J]. Metroeconomica, 2000, 51 (1): 67-101.

[131] LANJOUW J O, MODY A. Innovation and the International Diffusion of Environmentally Responsive Technology[J]. Research Policy,1996,25(4):549-571.

[132] LANTZ V, FENG Q. Assessing income, population, and technology impacts on CO_2 emissions in Canada: where's the EKC? [J]. Ecol Econ, 2006 (57): 229-238.

[133] LAWSON R, LYMAN J R, MC C,etal. A 21st Century Marshall Plan for energy, water and agriculture in developing countries[R]. The Atlantic Council of the United States, 2008.

[134] LEAL P H, MARQUES A C. Rediscovering the EKC hypothesis for the 20 highest CO_2 emitters among OECD countries by level of globalization[J]. International Economics, 2020 (164):279-281.

[135] LEI Z, BANG N J. International R&D Spillovers: Trade,FDI,and Information Technology as Spillover Channels [J]. Review of International Economics,2007,15 (5):955-976.

[136] LESAGE J, PACE R K. Introduction to Spatial Econometrics[M].

New York:CRC Press Taylor & Francis Group, 2009.

[137] YANG L, WANG J M, SHI J. Can China meet its 2020 economic growth and carbon emissions reduction targets? [J]. Journal of Cleaner Production, 2017, 142(2): 993-1001.

[138] LI B, WU S S. Effects of Local and Civil Environmental Regulation on Green Total Factor Productivity in China: A spatial Durbin Econometric Analysis[J]. Journal of Cleaner Production, 2017(153): 342-353.

[139] LI K, LIN B Q. Impact of Energy Conservation Policies on the Green Productivity in China's Manufacturing Sector: Evidence from a Three-stage DEA Model[J]. Applied Energy, 2016(168): 351-363.

[140] LIN L, C Y C, PAUDEL K P, etal. One shape does not fit all: a nonparametric instrumental variable approach to estimating the income-pollution relationship at the global level [J]. Water resources and economics, 2018, 21(1): 3-16.

[141] DU L K. Measuring energy rebound effect in the Chinese economy: an economic accounting approach [J]. Energ Econ, 2015 (50): 96-104.

[142] LIU J G, Diamond J. China's environment in a globalizing world: how China and the rest of the world affect each other [J]. Nature, 2005(435): 1179-1186.

[143] LIU Q Q, WANG SJ, ZHANG WZ, etal. Does Foreign Direct Investment Affect Environmental Pollution in China′s Cities? A Spatial Econometric Perspective [J]. Science of The Total Environment, 2018(613-614): 521-529.

[144] LIU W S, LIU UY, LIN B Q. Empirical analysis on energy rebound effect from the perspective of technological progress-a case study of

China's transport sector[J]. Clean. Prod, 2018, 205 (20) : 1082-1093.

[145] LOREK S, SPANGENBERG J H. Sustainable consumption within a sustainable economy-beyond green growth and green economies[J]. Journal of Cleaner Production, 2014,63(2): 33-44.

[146] LOVELY M, POPP D. Trade, Technology, and the Environment: Does Access to Technology Promote Environmental Regulation? [J]. Journal of Environmental Economics and Management,2011,61 (1):16-35.

[147] LUCAS R. On the Mechanics of Economic Development[J]. Journal of Monetary Economics, 1988, 22(1):3-42.

[148] MA S Q, DAI J, WEN H D. The influence of trade openness on the level of human capital in China: on the basis of environmental regulation[J]. J Clean Prod. , 2019(225), 340-349.

[149] MANELLO A. Productivity Growth,Environmental Regulation and Win-win Opportunities: The Case of Chemical Industry in Italy and Germany[J]. European Journal of Operational Research, 2017,262 (2):733-743.

[150] MARZETTI A. International R&D Spillovers, Absorptive Capacity and Relative Backwardness: A Panel Smooth Transition Regression Model[J]. International Economic Journal,2014,28 (1):137-160.

[151] MATTHEW A C, ROBERT J, KENICHI S. Industrial characteristics, environmental regulations, and air pollution: an analysis of the UK manufacturing sector[J]. Environ. Econ. Manag, 2005 (50): 121-143.

[152] Melitz M J. The Impact of Trade on Intra-Industry Reallocations and Aggregate Industry Productivity[J]. Econometrica, 2003, 71(6): 1695-1725.

[153] MICHAEL D, JOSEPH A A. Assessing the relationships between human capital, innovation and technology adoption: Evidence from sub-Saharan Africa[J] Technological Forecasting & Social Change, 2017 (122) :24-33.

[154] MIDILLI A, DINCER I, AY M. Green energy strategies for sustainable development [J]. Energy Policy, 2006, 34 (18): 3623-3633.

[155] YI M, WANG Y Q, SHENG M Y, etal. Effects of heterogeneous technological progress on haze pollution: Evidence from China[J]. Ecological Economics, 2020, 169(3):106533.

[156] MUNIR K, AMEER A. Effect of economic growth, trade openness, urbanization, and technology on environment of Asian emerging economies[J]. Manag. Environ. Qual., 2018, 29 (6): 1123-1134.

[157] NARAYAN P K. The saving and investment nexus for China: evidence from cointegration tests[J]. Appl. Econ., 2005, 37 (17): 1979-1990.

[158] NESTA L, VONA F, NICOLLI F. Environmental Policies, Competition and Innovation in Renewable Energy[J]. Journal of Environmental Economics and Management, 2014, 67(3):396-411.

[159] NIKZAD R, SEDIGH G. Greenhouse gas emissions and green technologies in Canada[J]. Environmental Development, 2017(24): 99-108.

[160] Nordhaus W. To Slow or Not to Slow: The Economics of the Greenhouse Effect[J]. Economic Journal, 1990(101): 920-937.

[161] OECD. Interim Report of the Green Growth Strategy - Implementing our commitment for a sustainable future [J]. Sourceoecd Environment & Sustainable Development, 2010: i-94

(95).

[162] OMRI J, EUCHI A H, HASABALLAH, etal. Determinants of environmental sustainability: evidence from Saudi Arabia[J]. Sci. Total Environ., 2019 (657): 1592-1601.

[163] PAN X F, AI B W, Li C Y, etal. Dynamic Relationship among Environmental Regulation, Technological Innovation and Energy Efficiency based on Large Scale Provincial Panel Data in China[J]. Technological Forecasting and Social Change,2017.

[164] PEARCE D W, MARKANDYA A, BARBIER E B. Blueprint for a Green Economy[M]. Earthscan Publications Ltd, 1989.

[165] PESARAN M H, PESARAN B. Working with Microfit4. 0: Interactive Econometic Analysis[M]. Oxford: Oxford University Press, 1997.

[166] PESARAN M H, SHIN Y. An autoregressive distributed lag modelling approach to cointegration analysis. in: Strom, S. (ed.), Chapter 11, Econometrics and Economic Theory in the 20th Century: The Ragnar Frisch Centennial Symposium[M]. Cambridge University Press, Cambridge, 1999.

[167] PESARAN M H, SHIN Y, SMITH R J. Bounds testing approaches to the analysis of level relationships[J]. Appl. Econ, 2001(16): 289-326.

[168] PIERRE A J,CHRISTIAN D P. Green growth: From intention to implementation[J]. International Economics, 2013(134):29-55.

[169] PITKANEN K. What can be learned from practical cases of green economy? Studies from five European countries[J]. Journal of Cleaner Production, 2016(139): 666-676.

[170] WANG P, WU W S,ZHU B Z,etal. Examining the impact factors of

energy-related CO_2 emissions using the STIRPAT model in Guangdong Province, China[J]. Applied Energy, 2013, 106(6): 65-71.

[171] PIOTRK, MICHA M. The role of capital and labour in shaping the environmental effects of fiscal stimulus. Journal of Cleaner Production, 2019, 216(10): 323-332.

[172] PLATFORM G G K. Moving towards a common approach on green growth indicators[J]. Green Growth Knowledge Platform, 2013(3).

[173] POPP. The Role of Technological Change in Green Growth[R]. NBER Working Paper No. w18506. 2012.

[174] PORTER M E, KRAMER M R. Strategy & society: the link between competitive advantage and corporate social responsibility [J]. Harvard Business Review, 2006(12):78-92.

[175] PORTER M E, LINDE, V D. Green and Competitive[J]. Harvard Business Review, 1995 (9-10): 120-134.

[176] PORTER G. Trade Competition and Pollution Standards: "race to the bottom" or "stuck at the bottom"[J]. Journal of Environment & Development, 1999, 8(2): 133-51.

[177] PORTER M E. America's Green Strategy[J]. Scientific American, 1991, 264(4): 168.

[178] PöSCHL J, FOSTER-MCGREGOR N, STEHRER R. International R&D Spillovers and Business Service Innovation [J]. World Economy, 2016, 39 (12): 2025-2045.

[179] SCHOU P. Pollution Externalities in a Model of Endogenous Fertility and Growth[J]. International Tax and Public Finance, 2002 (9): 709-725.

[180] SAPKOTA P, BASTOLA U. Foreign direct investment, income,

and environmental pollution in developing countries: Panel data analysis of Latin America[J]. Energy Economics. 2017, 64(6): 206-212.

[181] QIU L D, ZHOU M, WEI X. Regulation, Innovation, and Firm Selection: The Porter Hypothesis under Monopolistic Competition [J]. Journal of Environmental Economics & Management, in press,2018.

[182] QU Y, etal. Measuring Green Growth Efficiency for Chinese Manufacturing Industries[J]. Sustainability. 2017, 9 (4):637.

[183] RAHMAN M M, KASHEM M A. Carbon emissions, energy consumption and industrial growth in Bangladesh: Empirical evidence from ARDL cointegration and Granger causality analysis [J]. Energy Policy, 2017 (110): 600-608

[184] RAHMAN M M. Do population density, economic growth, energy use and exports adversely affect environmental quality in Asian populous countries? [J]. Renew. Sustain. Energy Rev. , 2017(77): 506-514.

[185] RAMIREZ M D. Foreign direct investment in Mexico: A cointegration analysis[J]. Journal of Development Studies, 2000 (37): 138-162.

[186] RANJAN P. Dynamic Evolution of Income Distribution and Credit-constrained Human Capital Investment in Open Economies [J]. Journal of International Economics, 2001, 55(2):329-358.

[187] RANJAN P. Trade Induced Convergence through Human Capital Accumulation in Credit-constrained Economies [J]. Journal of Development Economics, 2003,72(1):139-162.

[188] RAPHAEL A A. Human Capital and the Dynamic Effects of Trade

[J]. Journal of Development Economics, 2015, 117(11):107-118.

[189] RASLI A M, QURESH M I, ISAH-CHIKAJI A,etal. New Toxics, Race to the Bottom and Revised Environmental Kuznets Curve: The Case of Local and Global Pollutants[J]. Renewable and Sustainable Energy Reviews, 2018,81(P2):3120-3130.

[190] REINAUD J. Climate policy and carbon leakage, impacts of the European emissions trading scheme on aluminium [R]. Paris: International Energy Agency, 2008.

[191] ROMER P. Increasing Returns and Long-Run Growth[J]. Journal of Political Economy, 1986, 94 (5), 1002-1037.

[192] RUBASHKINA Y,GALEOTTI M,VERDOLINI E. Environmental Regulation and Competitiveness: Empirical Evidence on the Porter Hypothesis from European Manufacturing Sectors [J]. Energy Policy, 2015(83):288-300.

[193] SALIM R, YAO Y, CHEN G S. Does human capital matter for energy consumption in China? [J]. Energy Economics, 2017,67: 49-59.

[194] RYBCZYNSKI T M. Factor Endowment and Relative Commodity Prices[J]. Econometrica. 1955, 22(88):336-341.

[195] JEFFREY S, WOO W T, YANG Y K, Economic Reforms and Constitutional Transition [J]. Annals of Economics and Finance, 2000(2): 435-491.

[196] BANO S, ZHAO Y H, AHMAD A,etal. Identifying the impacts of human capital on carbon emissions in Pakistan [J]. Journal of Cleaner Production, 2018, 183(5):1082-1092.

[197] SHAHBAZ M, NASIR MA, ROUBAUD D. Environmental degradation in France: the effects of FDI, financial development,

and energy innovations[J]. Energy Econ. , 2018(74): 843-857.

[198] SHAHBAZ M, NASREEN S, ABBAS F, etal. Does Foreign Direct Investment Impede Environmental Quality in High-, Middle-, and Low-income Countries? [J]. Energy Economics, 2015(51): 275-287.

[199] ZHANG S C, ZHAO T. Identifying major influencing factors of CO_2 emissions in China: Regional disparities analysis based on STIRPAT model from 1996 to 2015[J]. Atmospheric Environment, 2019, 207 (15): 136-147.

[200] SOHAG K, BEGUM R A, ABDULLAH SM S, etal. Dynamics of energy use, technological innovation, economic growth and trade openness in Malaysia[J]. Energy, 2015 (90): 1497-1507.

[201] SMARZYNSKA B K, WEI S J. Pollution Havens and Foreign Direct Investment: Dirty Secret or Popular Myth? [J]. Contributions to Economic Analysis & Policy, 2004(12): 1-31.

[202] STOKEY N L. Are There Limits to Growth? [J]. International Economic Review, 1998, 39(1): 1-31.

[203] PARAMATI S R, MO D, HUANG R X, The role of financial deepening and green technology on carbon emissions: Evidence from major OECD economies[J]. Finance Research Letters, 2020, 41 (7), 101794.

[204] SU H N, MOANIBA I M. Does innovation respond to climate change? Empirical evidence from patents and greenhouse gas emissions[J]. Technological Forecasting & Social Change, 2017 (122): 49-62.

[205] SUN Y, Li M, ZHANG M, etal. A study on China's economic growth, green energy technology, and carbon emissions based on the Kuznets curve (EKC) [J]. Environ Sci Pollut Res. , 2021, (28):

7200 - 7211.

[206] SUN Z, AN C, SUN H. Regional Differences in Energy and Environmental Performance: An Empirical Study of 283 Cities in China[J]. Sustainability, 2018(10): 2303.

[207] TAGUCHI H, MUROFUSHI H. Environmental Latecomer's Effects in Developing Countries: The Case of SO_2 and CO_2 Emissions[J]. The Journal of Developing Areas, 2011(44).

[208] TAHVONEN O, KUULUVAINEN J. Economic Growth, Pollution and Renewable Resources[J]. Journal of Environmental Economics and Management, 1993(24):101-118.

[209] TAN J R, WEN H D. Analysis on the Stage of environmental pollution in economy in Yangtze River Delta[J]. Finance & Trade Economics, 2010(5):123-129.

[210] THAI-HA L, CHANG Y, PARK D Y. Trade openness and environmental quality: International evidence[J]. Energy Policy, 2016(92): 45-55.

[211] TRAVIS W, FARLEY R J, HUBER C. Investing in human and natural capital: An alternative paradigm for sustainable development in Awassa, Ethiopia[J]. Ecological Economics, 2010, 69(11): 2140-2150.

[212] TSUTOMU, HARADA. Advantages of backwardness and forwardness with shifting comparative advantage[J]. Research in Economics, 2012, 66(1):72-81.

[213] PATA U K, AYDIN M. Testing the EKC hypothesis for the top six hydropower energy-consuming countries: Evidence from Fourier Bootstrap ARDL procedure[J]. Journal of Cleaner Production, 2020,264(10):121699.

[214] ULPH A L. Valentini Environmental Regulation, Multinational Companies and International Competitiveness [A]. Discussion Papers. Conference on Internationalization of the Economy. Environmental Problems and New Policy Options, Potsdam, 1998.

[215] ULPH A, VALENTINI L, JONES T. Environmental Regulation, Multinational Companies and International Competitiveness [C]. University of Southampton, Economics Division, School of Social Sciences, 2000: 25-78.

[216] UNESCAP. Eco-efficiency Indicators: Measuring Resource-use Efficiency and the Impact of Economic Activities on the Environment [R]. United Nations publication, 2009.

[217] UNESCAP. State of the Environment in Asia and the Pacific 2005 [R]. United Nations publication, 2006.

[218] United Nations. Department of Economic and Social Affairs Statistics Division. Integrated Environmental and Economic Accounting [M]. New York: United Nations Publishing, 1994.

[219] United Nations. European Commission., International Monetary Fund, Organisation for Economic Co-Operation and Development, World Bank. Integrated Environmental and Economic Accounting 2003 [M]. New York: United Nations Publishing, 2003.

[220] UTKU-İSMIHAN F M. Knowledge, technological convergence and economic growth: a dynamic panel data analysis of Middle East and North Africa and Latin America[J]. Qual Quant., 2019(53): 713 - 733.

[221] WANG F, SHACKMAN J, LIU X. Carbon emission flow in the power industry and provincial CO_2 emissions: Evidence from cross-provincial secondary energy trading in China[J]. Cleaner Prod., 2017

(159):397-409.

[222] WANG K L, MIAO Z, ZHAO L M S. China's provincial total-factor air pollution emission efficiency evaluation, dynamic evolution and influencing factors[J]. Ecol. Indic., 2019 (107):05578.

[223] WANG Z H, ZHANG B, ZENG H L. The effect of environmental regulation on external trade: empirical evidences from Chinese economy[J]. Journal of Cleaner Production, 2016(114): 55-61.

[224] WANG Y, SHEN N. Environmental Regulation and Environmental Productivity: The Case of China [J]. Renewable and Sustainable Energy Reviews, 2016(62): 758-766.

[225] WANG Z, YANG Z, ZHANG Y, etal. Energy technology patents - CO_2 emissions nexus: an empirical analysis from China[J]. Energy Policy, 2012 (42): 248-260.

[226] WEI T Y, ZHOU J J, ZHANG. Rebound effect of energy intensity reduction on energy consumption. Res. Conservation. Recycling, 2019 (144): 233-239.

[227] WEINA M, GILLI M, MAZZANTI F, etal. Green inventions and greenhouse gas emission dynamics: a close examination of provincial Italian data. Environ[J]. Econ. Policy Stud. 2016 (18):247-263.

[228] WEN H D, TAN J R. Low-Carbon Strategy with Chinese SMEs [J]. Energy Procedia, 2011(5):613-618.

[229] WEN H D, DAI J. Trade openness, environmental regulation, and human capital in China: based on ARDL cointegration and Granger causality analysis [J]. Environ Sci Pollut Res, 2020 (27): 1789-1799.

[230] WEN H, DAI J. The Change of Sources of Growth and Sustainable Development in China: Based on the Extended EKC Explanation[J].

Sustainability, 2021(13):2803.

[231] Wen H D, Dai J. CO_2 emissions and economic growth nexus in China: a cointegration analysis of the four-stage environmental Kuznets Curve[J]. Bulgarian Chemical Communications, 2017(49): 59-63.

[232] WHEELER D. Racing to the Bottom? Foreign Investment and Air Pollution in Developing Countries [J]. Policy Research Working Paper, 2010,10 (3):225-245.

[233] BAUMOL W J, OATES W E. The Theory of Environmental Policy. 2nd edition[M]. New York: Cambridge University Press, 1988.

[234] WOOLDRIDGE J M. Introductory Econometrics: A Modern Approach, 5th ed. [M]. South-Western Cengage Learning: Mason, OH, USA, 2012.

[235] XIA X H, HU Y. Determinants of electricity consumption intensity in China: analysis of cities at sub-province and prefecture levels in 2009[J]. Sci World J. , 2012 (12): 1-12.

[236] XIE R H, YUAN Y J, HUANG J J. Different Types of Environmental Regulations and Heterogeneous Influence on "Green" Productivity: Evidence from China[J]. Ecological Economics, 2017 (132):104-112.

[237] SONG X G, ZHOU Y X, JIA W. How do Economic Openness and R&D Investment Affect Green Economic Growth? —Evidence from China[J]. Resources, Conservation and Recycling, 2019, 146(7): 405-415.

[238] YABAR H, UWASU M, HARA K. Tracking environmental innovations and policy regulations in Japan: case studies on dioxin emissions and electric home appliances recycling [J]. Journal of

Cleaner Production, 2013(44): 152-158.

[239] YANG C H, TSENG Y H, CHEN C P. Environmental Regulations, Induced R&D, and Productivity: Evidence from Taiwan's Manufacturing Industries [J]. Resource and Energy Economics, 2012, 34(4): 514-532.

[240] HUANG Y H, SU D J, KIM Y. Timing choice and catch-up strategy for latecomers in emerging green technologies: An exploration study on China's high-speed rail industry [J]. Journal of Cleaner Production, 2020 (276): 124257.

[241] YUAN B L, XIANG QL. Environmental Regulation, Industrial Innovation and Green Development of Chinese Manufacturing: Based on an Extended CDM Model [J]. Journal of Cleaner Production. 2018(176): 895-908.

[242] ZAFAR M W, ZAIDI S A H, KHAN NR, etal. The impact of natural resources, human capital, and foreign direct investment on the ecological footprint: the case of the United States[J]. Resour. Pol., 2019 (63): 101428.

[243] AHMED Z, ASGHAR M M, MALIK M N, etal. Moving towards a sustainable environment: The dynamic linkage between natural resources, human capital, urbanization, economic growth, and ecological footprint in China [J]. Resources Policy, 2020 (67): 101677.

[244] AHMED Z, ZAFAR M W, DANISH S A. Linking urbanization, human capital, and the ecological footprint in G7 countries: An empirical analysis [J]. Sustainable Cities and Society, 2020 (55): 102064.

[245] ZHANG E Z, JIANG PY. On International Trade, Technical

Innovation and Human Resources Reallocation [J]. Business Economics and Administration, 2006,180(10):53-57.

[246] ZHANG J, WU G Y, ZHANG J P. The Estimation of China. s provincial capital stock: 1952-2000[J]. Economic Research Journal, 2004(10):35-44.

[247] ZHANG C, HE W D, HAO R. Analysis of Environmental Regulation and Total Factor Energy Efficiency[J]. Current Science, 2016,110 (10):1958-1968.

[248] ZHANG C H, LIU H Y, BRESSERS H T A, etal. Productivity Growth and Environmental Regulations- Accounting for Undesirable Outputs: Analysis of China's Thirty Provincial Regions Using the Malmquist-Luenberger Index [J]. Ecological Economics, 2011, 70 (12):2369-2379.

[249] ZHANG N, WANG B, LIU Z. Carbon emissions dynamics, efficiency gains, and technological innovation in China's industrial sectors[J]. Energy, 2016 (99):10-19.

[250] ZHANG Y, WANG J R, XUE Y J, et al. Impact of Environmental Regulations on Green Technological Innovative Behavior: An Empirical Study in China[J]. Journal of Cleaner Production, 2018 (188):763-773.

[251] ZHAO X, LIU C, YANG M. The Effects of Environmental Regulation on China's Total Factor roductivity: An Empirical Study of Carbon-intensive Industries [J]. Journal of Cleaner Production, 2018(179):325-334.

[252] ZHAO X, SUN B W. The Influence of Chinese Environmental Regulation on Corporation Innovation and Competitiveness [J]. Journal of Cleaner Production, 2016,112 (4):1528-1536.

[253] LI Z R，SONG Y，ZHOU A，etal. Study on the pollution emission efficiency of China's provincial regions：The perspective of Environmental Kuznets curve[J]. Journal of Cleaner Production，2020，263(1)：121497.

[254] ZHANG J，ALHARTHI M，ABBAS Q，etal. Reassessing the Environmental Kuznets Curve in Relation to Energy Efficiency and Economic Growth[J]. Sustainability，2020(12)：8346.

[255] 曹鹏，白永平. 中国省域绿色发展效率的时空格局及其影响因素[J]. 甘肃社会科学，2018(4)：242-248.

[256] 曹孜，陈洪波. 城市化和能源消费的门槛效应分析与预测[J]. 中国人口·资源与环境，2015，25(11)：59-68.

[257] 曾贤刚，毕瑞亨. 绿色经济发展总体评价与区域差异分析[J]. 环境科学研究，2014，27(12)：1564-1570.

[258] 柴志贤. 利用外资、环境约束与中国工业全要素生产率的增长——基于 Malmquist 指数与 Malmquist-Luenberger 指数的比较研究[J]. 技术经济，2013，32(1)：64-70.

[259] 常青山，侯建，宋洪峰，等. 科技人力资源对工业绿色转型的门槛效应——基于环境规制的视角[J]. 科技管理研究，2020，40(12)：220-228.

[260] 陈超凡. 中国工业绿色全要素生产率及其影响因素——基于 Ml 生产率指数及动态面板模型的实证研究[J]. 统计研究，2016(3)：53-63.

[261] 陈开军，赵春明. 贸易开放对我国人力资本积累的影响——动态面板数据模型的经验研究[J]. 国际贸易问题，2014(3)：86-95.

[262] 陈柯. 湖南省绿色发展水平评价研究[D]. 长沙：湖南师范大学，2019.

[263] 陈龙桂. 区域发展评价方法研究[M]. 北京：中国市场出版社，2011.

[264] 陈梦根. 绿色 GDP 理论基础与核算思路探讨[J]. 中国人口·资源与环境，2005，16(1)：6-10.

[265] 陈诗一. 能源消耗、二氧化碳排放与中国工业的可持续发展[J]. 经济研究,2009(4):41-55.

[266] 陈维涛,王永进,李坤望. 地区出口企业生产率、二元劳动力市场与中国的人力资本积累[J]. 经济研究,2014(1):83-96.

[267] 陈维涛,王永进,毛劲松. 出口技术复杂度、劳动力市场分割与中国的人力资本投资[J]. 管理世界,2014(2):6-20.

[268] 陈耀辉,孙春燕. 环境公平下绿色 GDP 的测算模型[J]. 荆州师范学院学报,2002,26(1):73-74.

[269] 程钰,王晶晶,王亚平,等. 中国绿色发展时空演变轨迹与影响机理研究[J]. 地理研究,2019,38(11):2745-2765.

[270] 戴鹏. 青海省绿色发展水平评价体系研究[J]. 青海社会科学,2015(3):170-177.

[271] 戴军. 贸易开放下环境规制与人力资本研究 ——以绿色技术进步为传导[D]. 杭州:浙江工商大学,2020.

[272] 单豪杰. 中国资本存量 K 的再估算:19522006 年[J]. 数量经济技术经济研究,2008(10):17-32.

[273] 董艳梅,朱英明. 高铁建设能否重塑中国的经济空间布局——基于就业、工资和经济增长的区域异质性视角[J]. 中国工业经济,2016(10):92-108.

[274] 冯俊华,李瑞,刘歆语. 区域绿色 GDP 核算方法的模糊综合评价[J]. 科技管理研究,2014,34(14):217-220.

[275] 冯相昭,田春秀,任勇. 高度重视气候变化与国际贸易关系新动向[J]. 环境保护,2008(22):76-78.

[276] 冯之浚,周荣. 低碳经济:中国实现绿色发展的根本途径[J]. 中国人口·资源与环境,2010,20(4):1-7.

[277] 傅京燕,胡瑾,曹翔. 不同来源 FDI、环境规制与绿色全要素生产率[J]. 国际贸易问题,2018(7):134-148.

[278] 傅京燕,张春军. 国际贸易、碳泄漏与制造业 CO_2 排放[J]. 中国人口·资源与环境,2014(3):13-18.

[279] 高峰. 中国省际环境污染的空间差异和环境规制研究[D]. 兰州:兰州大学,2015.

[280] 高敏雪,王金南. 中国环境经济核算体系的初步设计[J]. 环境经济,2004,1(9):27-33.

[281] 高鑫. 支持民族地区利用后发优势加快绿色发展的财政政策研究[D]. 呼和浩特:内蒙古财经大学,2016.

[282] 高雪,李惠民,齐晔:中美贸易的经济溢出效应及碳泄漏研究[J]. 中国人口·资源与环境,2015(5).

[283] 高赢. 中国八大综合经济区绿色发展绩效及其影响因素研究[J]. 数量经济技术经济研究,2019(9):3-23.

[284] 葛联迎. 基于可持续发展的绿色 GDP 核算[J]. 统计与决策,2013,28(17):27-29.

[285] 呙小明,黄森. "美丽中国"背景下中国区域产业转移对工业绿色效率的影响研究—基于 SBM-undesirable 模型和空间计量模型[J]. 重庆大学学报(社会科学版),2018(4):1-11.

[286] 郭玲玲,卢小丽,武春友,等. 中国绿色增长评价指标体系构建研究[J]. 科研管理,2016,37(6):141-150.

[287] 郭熙保. 后发优势与跨越式发展[N]. 光明日报,2004-1-6.

[288] 国家发展和改革委员会能源研究所. 中国可持续发展能源暨碳排放情景分析[M]. 2003.

[289] 何爱平,安梦天. 地方政府竞争、环境规制与绿色发展效率[J]. 中国人口·资源与环境,2019,29(3):21-30.

[290] 何建莹,陈民恳. 宁波绿色发展指标体系构建与评价分析[J]. 宁波经济(三江论坛),2017(11):28-31.

[291] 何玉梅,吴莎莎. 基于资源价值损失法的绿色 GDP 核算体系构建[J].

统计与决策，2017，32(17)：5-10.

[292] 胡鞍钢，周绍杰. 绿色发展：功能界定、机制分析与发展战略[J]. 中国人口·资源与环境，2014(1)：14-20.

[293] 胡鞍钢. 最典型的绿色发展规划[N]. 光明日报，2016-01-08(011).

[294] 胡书芳，苏平贵. 生态文明导向下区域绿色发展研究——以浙江省为例[J]. 科技管理研究，2017(21)：254-259.

[295] 胡涛，吴玉萍，沈晓悦，等. 贸易顺差背后的环资逆差[J]. WTO经济导刊，2007(8)：10-12.

[296] 胡志伟，刘勇. 低碳经济视角下的省域竞争研究[J]. 中国工业经济，2010(4).

[297] 华逢梅，周俐，李静芝. 长株潭"3+5"城市群绿色竞争力分析[J]. 国土与自然资源研究，2008(4)：19-21.

[298] 黄寰，刘登娟，罗子欣. 西藏自治区绿色发展水平测度与对策思考[J]. 西南民族大学学报(人文社科版)，2019(3)：126-129.

[299] 黄建欢，吕海龙，王良健. 金融发展影响区域绿色发展的机理——基于生态效率和空间计量的研究[J]. 地理研究，2014，33(3)：532-545.

[300] 黄茂兴，叶琪. 马克思主义绿色发展观与当代中国的绿色发展——兼评环境与发展不相容论[J]. 经济研究，2017(6)：17-30.

[301] 黄兴国. 要金山银山更要绿水青山——学习习近平同志关于生态文明建设的重要论述[J]. 求是，2014(3)：20-22.

[302] 黄羿，杨蕾，王小兴，等. 城市绿色发展评价指标体系研究——以广州市为例[J]. 科技管理研究，2012，32(17)：55-59.

[303] 贾湖，于秀丽. 基于MCDM的非货币化绿色GDP核算体系和六省市算例[J]. 干旱区资源与环境，2013，27(8)：6-13.

[304] 江锦凡. 外国直接投资在中国经济增长中的作用机制[J]. 世界经济，2004(1).

[305] 蒋南平，向仁康. 中国经济绿色发展的若干问题[J]. 当代经济研究，

2013(2):50-54.

[306] 蒋志华,李瑞娟.论绿色 GDP 核算试点中存在的六大问题[J].统计与决策,2010,35(7):4-6.

[307] 金兴华,严金强.我国绿色 GDP 核算困境的症结与突破路径——基于负价值视角[J].兰州学刊,2019,40(9):136-148.

[308] 景维民,张璐.环境管制、对外开放与中国工业的绿色技术进步[J].经济研究,2014(9):34-47.

[309] 阚大学,罗良文. 对外贸易及 FDI 对我国人力资本效率的影响——基于省级面板数据[J]. 国际经贸探索,2010(6): 61-65.

[310] 柯水发.绿色经济理论与实务[M].北京:中国农业出版社,2013.

[311] 孔德新.绿色发展与生态文明[M].合肥:合肥工业大学出版社,2007.

[312] 乐菡. 人口老龄化对人力资本支出的影响研究[D].上海:上海社会科学院,2018.

[313] 雷明.1995 年中国环境经济综合核算矩阵及绿色 GDP 估计[J].系统工程理论与实践,2000,20(11):1-9.

[314] 雷明.绿色投入产出核算:理论与应用[M].北京:北京大学出版社,2000.

[315] 类骁,韩伯棠.环境规制、产业集聚与贸易绿色技术溢出门槛效应研究[J].科技管理研究,2019,39(17):220-225.

[316] 李光龙,周云蕾.环境分权、地方政府竞争与绿色发展[J].财政研究,2019(10):73-86.

[317] 李虹,熊振兴.生态占用、绿色发展与环境税改革[J].经济研究,2017(7):124-138.

[318] 李怀政,林杰.出口贸易的碳排放效应:源于中国工业证据[J].国际经贸探索,2013(3).

[319] 李金华.中国环境经济核算体系范式的设计与阐释[J].中国社会科学,2009,29(1):84-98,206.

[320] 李婧,谭清美,白俊红.中国区域创新生产的空间计量分析——基于静态与动态空间面板模型的实证研究[J].管理世界,2010(7):43-65.

[321] 李荣,张雪花,李磊.绿色经济发展水平评价体系探究[J].商情,2012(43):16-16.

[322] 李婉红.中国省域工业绿色技术创新产出的时空演化及影响因素:基于30个省域数据的实证研究[J].管理工程学报,2017,31(2):9-19.

[323] 李伟,劳川奇.绿色GDP核算的国际实践与启示[J].生态经济,2006(9).

[324] 李晓西,刘一萌,宋涛.人类绿色发展指数的测算[J].中国社会科学,2014(6):69-95,207-208.

[325] 李晓西,潘建成.中国绿色发展指数的编制——《2010中国绿色发展指数年度报告—省际比较》内容简述[J].经济研究参考,2011(2):36-64.

[326] 李晓西.中国绿色发展指数报告:区域比较[M].北京:北京师范大学出版社,2012.

[327] 李正图.中国发展绿色经济新探索的总体思路[J].中国人口.资源与环境,2013,23(4):11-17.

[328] 李佐军.中国绿色转型发展报告[M].北京:中共中央党校出版社,2012.

[329] 梁凤翔.环境高质量发展水平评价及驱动因素分析[D].长沙:湖南师范大学,2020.

[330] 廖明球.国民经济核算中绿色GDP测算探讨[J].统计研究,2000,17(6):16-21.

[331] 林芳惠,许培源.我国环境逆差的制度根源及法律对策[J].东南学术,2013(6):177-184.

[332] 林毅夫,张鹏飞.后发优势、技术引进和落后国家的经济增长[J].经济学(季刊),2005(4):53-74.

[333] 刘金林. 环境规制、生产技术进步与区域产业集聚[D]. 重庆:重庆大学,2015.

[334] 刘钧霆,程伟,宋雅杰:从狭义生态到广义生态的后发国家视角分析[J]. 国际经济评论,2010(11).

[335] 刘凯,任建兰,穆学英,等. 中国地级以上城市绿色化水平测度与空间格局[J]. 经济问题探索,2017(11):77-83.

[336] 刘明广. 中国省域绿色发展水平测量与空间演化[J]. 华南师范大学学报(社会科学版),2017(3):37-44,189-190.

[337] 刘世锦,张永生. 关于贫困地区利用后发优势加快绿色发展的若干建议[N]. 中国经济时报,2015-03-04(005).

[338] 刘世锦,张永生. 贫困地区利用后发优势加快绿色发展的思考[J]. 新重庆,2015(8).

[339] 刘思华. 科学发展观视域中的绿色发展[J]. 当代经济研究,2011(5):65-70.

[340] 娄昌龙. 环境规制、技术创新与劳动就业[D]. 重庆:重庆大学,2016.

[341] 吕传俊. 中国后发展地区的界定与低碳发展策略[J]. 中国人口·资源与环境, 2014, 24(2):30-37.

[342] 马伯钧. 绿色发展思想研究——基于《资本论》的研究[J]. 社会科学,2016(5):42-49.

[343] 马翠萍,史丹. 开放经济下单边碳减排措施加剧全球碳排放吗——对碳泄漏问题的一个综述[J]. 国际经贸探索,2014(5):4-15.

[344] 马国霞,赵学涛,吴琼,等. 生态系统生产总值核算概念界定和体系构建[J]. 资源科学,2015,37(9):1709-1715.

[345] 马丽,刘卫东,刘毅. 外商投资对地区资源环境影响的机制分析[J]. 中国软科学,2003(10).

[346] 马骍. 云南省绿色经济发展评价指标体系研究[J]. 西南民族大学学报(人文社科版),2018,39(12):128-136.

[347] 马淑琴,戴军,温怀德.贸易开放、环境规制与绿色技术进步——基于中国省际数据的空间计量分析[J]. 国际贸易问题,2019(10):132-145.

[348] 麦思超. 长江经济带绿色发展水平的时空演变轨迹与影响因素研究[D].南昌:江西财经大学,2019.

[349] 宁婧.FDI、环境规制和绿色全要素生产率之间的关系研究[D].西安:西安电子科技大学,2017.

[350] 牛文元."绿色 GDP"与中国环境会计制度[J].会计研究,2002(1).

[351] 欧阳康.绿色 GDP 绩效评估论要:缘起、路径与价值[J].华中科技大学学报(社会科学版),2017,31(6):1-5.

[352] 潘士远.技术选择、工资不平等与经济发展[M]. 杭州:浙江大学出版社,2009.

[353] 潘勇军.基于生态 GDP 核算的生态文明评价体系构建[D].北京:中国林业科学研究院,2013.

[354] 庞丹靛.城市绿色发展指标体系及评价方法研究[D].南京:南京师范大学,2017:22-24.

[355] 彭水军, 包群. 环境污染、内生增长与经济可持续发展[J].数量经济技术经济研究,2006(9).

[356] 彭涛,吴文良.绿色 GDP 核算——低碳发展背景下的再研究与再讨论[J].中国人口·资源与环境,2010,20(12):81-86.

[357] 祁巧玲.环保部重启绿色 GDP 研究[J].中国生态文明,2015,2(2):70-73.

[358] 钱争鸣,刘晓晨.中国绿色经济效率的区域差异与影响因素分析[J].中国人口.资源与环境,2013,23(7):104-109.

[359] 邵帅,李欣,曹建华,杨莉莉.中国雾霾污染治理的经济政策选择——基于空间溢出效应的视角[J].经济研究,2016(9):73-88.

[360] 谭晶荣,温怀德.长三角地区环境污染在经济增长中所处阶段的研究

[J],财贸经济,2010(5):123-129.

[361] 谭亚荣.环境污染核算体系研究[D].咸阳:西北农林科技大学,2007.

[362] 佟贺丰,杨阳,王静宜,等.中国绿色经济发展展望——基于系统动力学模型的情景分析[J].中国软科学,2015(6):20-34

[363] 童超.绿色GDP核算的理论与方法重构[D].太原:山西财经大学,2020.

[364] 王兵,刘光天.节能减排与中国绿色经济增长——基于全要素生产率的视角[J].中国工业经济,2015(5):57-69.

[365] 王惠,卞艺杰,王树乔.出口贸易、工业碳排放效率动态演进与空间溢出[J].数量经济技术经济研究,2016(1):3-19.

[366] 王金南,马国霞,於方,等.2015年中国经济—生态生产总值核算研究[J].中国人口·资源与环境,2018,28(2):1-7.

[367] 王金南,於方,曹东,等.中国环境经济核算研究报告:2005-2006[M].北京:中国环境科学出版社,2009.

[368] 王金南,於方,马国霞,等.中国经济生态生产总值核算报告2017[M].北京:中国环境出版集团,2019.

[369] 王丽纳,李玉山.农村一二三产业融合发展对农民收入的影响及其区域异质性分析[J].改革,2019(12):104-114.

[370] 王树林,李静江.绿色GDP:国民经济核算体系改革大趋势[M].北京:东方出版社,2001.

[371] 王裕瑾,于伟.我国省际绿色全要素生产率收敛的空间计量研究[J].南京社会科学,2016(11):31-38.

[372] 温怀德.杭州市绿色GDP核算指标体系及应用研究[J].技术经济与管理研究,2011(2):110-113.

[373] 温怀德.中国经济开放与环境污染的关系研究[D].杭州:浙江工业大学,2012.

[374] 温怀德.引进FDI下的经济增长与环境污染损失关系研究[D].重庆:

重庆大学,2008.

[375] 温怀德. 中国环境-经济系统协调发展分析[A]. Proceedings of International Conference on Engineering and Business Management (EBM2011). Ed. Scientific Research Publishing,USA(美国科研出版社), 2011, 3126-3130.

[376] 吴翔. 中国绿色经济效率与绿色全要素生产率分析[D]. 武汉:华中科技大学,2014.

[377] 郗希,李超,王克西. 生态环境对中国经济增长的影响及绿色 GDP 测算[J]. 生态经济,2010,26(12):60-64,121.

[378] 向书坚,杜凌. 可持续发展评价与绿色 GDP 核算述评[J]. 统计与信息论坛,2006,20(6):17-22.

[379] 谢来辉. 欧盟应对气候变化的边境调节税:新的贸易壁垒[J]. 国际贸易问题,2008(2):65-71.

[380] 辛晓彤. 基于后发优势推进内蒙古绿色发展的策略[J]. 内蒙古财经大学学报,2016,14(4):31-33.

[381] 徐斌. 绿色 GDP 核算统计指标体系的构建[J]. 统计与决策,2009,24(2):26-27.

[382] 徐鹏杰. 环境规制、绿色技术效率与污染密集型行业转移[J]. 财经论丛,2018(2):11-18.

[383] 徐维祥,郑金辉,刘程军. 环境规制、绿色技术创新与城镇化效率——基于空间计量与门槛效应视角[J]. 浙江工业大学学报(社会科学版),2020,19(1):31-38.

[384] 许宪春,任雪,常子豪. 大数据与绿色发展[J]. 中国工业经济,2019,(4):5-22.

[385] 杨多贵, 高飞鹏. "绿色"发展道路的理论解析[J]. 科学管理研究,2006,24(5):20-23.

[386] 杨桂元,吴青青. 我国省际绿色全要素生产率的空间计量分析[J]. 统

计与决策,2016(16):113-117.

[387] 杨杰,卢进勇.外商直接投资对环境影响的门槛效应分析——基于中国247个城市的面板数据研究[J].世界经济研究,2014(8):81-86,89.

[388] 杨缅昆.国民福利:诺德豪斯—托宾核算模式评析[J].统计研究,2007,24(5):23-27.

[389] 杨缅昆.论国民福利核算框架下的福利概念[J].统计研究,2008,25(6):72-77.

[390] 杨缅昆.绿色GDP核算理论问题初探[J].统计研究,2001,17(2):40-43.

[391] 杨小杰,杜受祜.后发地区低碳经济发展模式研究——以四川省广元市为例[J].农村经济,2012(8):44-47.

[392] 杨志江,文超祥.中国绿色发展效率的评价与区域差异[J].经济地理,201703:10-18.

[393] 姚先国,张海峰.教育、人力资本与地区经济差异[J].经济研究,2008(6).

[394] 於方,蒋洪强,曹东,等.中国绿色国民经济核算技术体系与方法概论[J].环境保护,2006,33(18):30-39.

[395] 於方,王金南.中国环境经济核算技术指南[M].北京:中国环境科学出版社,2009.

[396] 於方,王金南,彭非.台湾地区绿色国民所得帐编制架构、评量系统与实践[A].过孝民,王金南,於方.绿色国民经济核算研究文集.北京:中国环境出版社,2009:249-274.

[397] 于鹏,李鑫,张剑,等.环境规制对技术创新的影响及其区域异质性研究——基于中国省级面板数据的实证分析[J].管理评论,2020,32(5):87-95.

[398] 于晓雷.中国特色社会主义生态文明建设:人与自然高度和谐的生态文明发展之路[M].北京:中共中央党校出版社,2013.

[399] 余华义，黄燕芬. 货币政策效果区域异质性、房价溢出效应与房价对通胀的跨区影响[J]. 金融研究，2015(2)：95-113.

[400] 原毅军，谢荣辉. FDI、环境规制与中国工业绿色全要素生产率增长——基于 Luenberger 指数的实证研究[J]. 国际贸易问题，2015(8)：84-93.

[401] 岳立，李文波. 环境约束下的中国典型城市土地利用效率——基于 DDF-Global Malmquist-Luenberger 指数方法的分析[J]. 资源科学，2017，39(4)：597-607.

[402] 占华. 贸易开放对中国碳排放影响的门槛效应分析[J]. 世界经济研究，2017(2)：38-49，135-136.

[403] 张海燕，彭德斌. 碳泄漏问题评析[J]. 价格月刊，2011(6)：86-90.

[404] 张军，吴桂英，张吉鹏. 中国省际物质资本存量估算：1952—2000[J]. 经济研究，2004(10)：35-44.

[405] 张念瑜. 绿色文明形态：中国制度文化研究[M]. 北京：中国市场出版社，2014.

[406] 张友国. 协调贸易增长与节能减排[J]. 科学新闻，2008(17)：8-9.

[407] 赵细康，吴大磊，曾云敏. 基于区域发展阶段特征的绿色发展评价研究——以广东 21 地市为例[J]. 南方经济，2018(3)：42-54.

[408] 张一飞. 人力资本对城乡收入差距的作用研究[D]. 北京：首都经济贸易大学，2018.

[409] 甄霖，杜秉贞，刘纪远，等. 国际经验对中国西部地区绿色发展的启示：政策及实践[J]. 中国人口·资源与环境，2013，23(10)：8-16.

[410] 郑长德. 走包容性绿色发展之路 推进民族地区县域经济的后发赶超[J]. 当代县域经济，2014(9)：11-17.

[411] 中国科学院可持续发展研究组. 中国可持续发展战略报告[M]. 北京：科学出版社，1999.

[412] 中国绿色国民经济核算体系框架研究课题组. 中国环境经济核算体系

框架(第一版本)[R].北京:国家环保总局,2004.

[413] 钟定胜. 绿色国民经济核算的理论问题探讨[J]. 中国软科学,2006,27(2):74-81.

[414] 周民良.关于绿色 GDP 核算理论及与政策的研究[J]. 徐州工程学院学报(社会科学版),2015,30(3):32-39.

[415] 周文斌.论人力资源能力的区域异质性[J]. 中国工业经济,2007(10):111-118.

[416] 褚海燕. 绿色 GDP 核算方法探讨及浙江省的实际估算[D]. 杭州:浙江工商大学,2006.

[417] 朱斌,吴赐联.福建省绿色城市发展评判与影响因素分析[J]. 地域研究与开发,2016, 35(4):74-78.

[418] 朱金鹤,叶雨辰.新常态背景下新疆绿色经济发展水平测度及空间格局分析[J]. 生态经济,2018,34(3):84-89,146.

[419] 诸大建.从“里约+20”看绿色经济新理念和新趋势[J]. 中国人口·资源与环境,2012(9):1-7.

[420] 邹巅,廖小平.绿色发展概念认知的再认知——兼谈习近平的绿色发展思想[J]. 湖南社会科学,2017(2):115-123.

[421] 邹璇,雷璨,胡春.环境分权与区域绿色发展[J]. 中国人口.资源与环境,2019,29(6):97-106.